Rosi Nieder

EIFELLUFT

edition winterwork

Bibliografische Informationen der Deutschen Nationalbibliothek:
Die Deutsche Nationalbibliothek verzeichnet diese Publikation in der
Deutschen Nationalbibliographie. Detaillierte bibliographische Daten
im Internet über http://www.d-nb.de abrufbar.

Nachdruck oder Vervielfältigung nur mit Genehmigung des Verlages gestattet. Verwendung oder Verbreitung durch unautorisierte Dritte in allen gedruckten, audiovisuellen und akustischen Medien ist untersagt. Die Textrechte verbleiben beim Autor, dessen Einverständnis zur Veröffentlichung hier vorliegt. Für Satz- und Druckfehler keine Haftung.

Impressum

Rosi Nieder, »Eifelluft«
www.edition-winterwork.de
© 2013 edition winterwork
Alle Rechte vorbehalten.
Satz: Rosi Nieder
Umschlag: edition winterwork
Druck und Bindung: winterwork Borsdorf

ISBN 978-3-86468-493-7

Rosi Nieder

EIFELLUFT

Heitere Geschichten
von eigensinnigen, liebestollen und
ganz normalen Landbewohnern

edition winterwork

Inhaltsverzeichnis

Vorwort 7

Um drei Ecken 11

Frühstücksgespräch 16

Bauer sucht Frau 20

Der Filou 27

Sommernacht 34

In der Kneipe 41

Berta und Hermann 44

Hochwürdiger Besuch 50

Alt und blöd? 57

Sterbefall 64

Großeltern 70

In der Kneipe 75

Im Baumarkt 78

Der Brätscheler 81

Verliebt 87

Sperrmülltag 93

Kommunalwahl 100

Papa kocht 109

Nachbarn 115

Tierisches Liebesleben 121

Kriminalfall 126

Schnee 133

In der Kneipe 144

Saulus oder Paulus 145

Versteh nix 151

Beim Arzt 155

Das Hörgerät 160

Deko 168

Berta und Hermann 174

Die Busreise 177

Erotischer Kalender 186

Nerv-Worte 192

Ein Samstagabend 195

Sonntagsausflug 197

In der Kneipe 203

Berta 205

Ach Mama 208

Versuchung mit Folgen 214

Die Hausfrau 220

Kindergarteneltern 227

Runder Geburtstag 229

Die gute alte Zeit 235

Wellness 242

Weihnachtsgeschenke 247

Vorwort

Wer ein Buch mit dem Titel „Eifelluft" liest, kommt entweder selbst aus der Region oder interessiert sich dafür, wie die Menschen dieses Landstriches so sind, die Eifelluft atmen.

Einheimischen werden bestimmte Satzstellungen, Redensarten und Ausdrücke vermutlich nicht weiter auffallen, durch die manche Dialoge in meinen Geschichten erst die typischen Sprach- und Verhaltensmuster der Landbevölkerung widerspiegeln. Nicht-Eifelern sei hier erklärt, dass Eifeler manchmal Worte verdrehen, Sätze umbilden und Ausdrücke gebrauchen, die Außenstehenden eher merkwürdig erscheinen. Ähnlich wie in anderen Regionen, die stark von Dialekten geprägt sind. Es liegt also nicht an den mangelnden Deutschkenntnissen der Autorin, wenn hier und da die Menschen in den Geschichten sprechen, wie ihnen ‚der Schnabel gewachsen' ist, es handelt sich vielmehr um ganz bewusst eingestreute Stilmittel der Authentizität. Im Vorfeld dazu hier einige Aufklärungen:

Das Wort ‚nehmen' wird in unserem Landstrich so gut wie gar nicht gebraucht. Eifeler holen! Sie holen die Milch aus dem Kühlschrank, holen sich ein Stück Kuchen (hol et in die Hand), holen den Bus oder das Auto, ihre Medizin und holen ab (im Sinne von abnehmen).

‚Da je!' ist eine typische Aussage von Eifelern zu allen möglichen Gelegenheiten. Man sagt es, wenn man jemanden zur Eile drängt, beispielsweise wenn Mann im Flur steht, fix und fertig in Mantel und Schal, und Frau muss noch schnell Lippenstift auflegen, aufs Klo gehen oder nachschauen, ob das Bügeleisen auch aus ist. Dann sagt Mann: „Da je, mach mal voran!"

„Da je", sagen aber auch Leute, denen man etwas berichtet, mit dem sie nicht unbedingt einverstanden sind, sie sich aber weiterer

Kommentare enthalten möchten. Dann sind die zwei Wörtchen eher so etwas wie die Gelassenheit, das Gesagte einfach so stehen zu lassen. Da je, dann ist das halt so. Andere nutzen die Worte, um am Ende einer Unterhaltung oder eines Telefongesprächs eine Art Abschluss zu signalisieren. Da je, bis dann.

Dass Eifeler die Worte ‚das' und ‚was' so gut wie nie in reinem Hochdeutsch sagen, selbst wenn sie glauben, Hochdeutsch zu reden, ist normal. Sie sagen nämlich ‚dat' und ‚wat'. Und ‚net' anstatt nicht und ‚nee' anstatt nein. Und so einiges mehr.

Wenn echte Eifeler der eher wortkargen Art einander begegnen, die noch in ihrer ureigenen moselfränkischen Mundart miteinander kommunizieren, dann läuft die Begrüßung ungefähr so ab:

Pitter: „Unn?" (Und? Was hier so viel heißt wie: wie geht es dir, was ist los, was gibt's Neues?)

Klaus: „Jo, jo, un dou?" (ja, ja, und du?)

Pitter: „Et mooß". (es muss)

Klaus: „Ei, da je!" (Nun, dann machen wir mal so weiter oder so ähnlich).

Dann gibt es noch das lang gezogene ‚naaa?' was ungefähr das Gleiche besagt wie das ‚unn?'. Eine Antwort darauf könnte dann - zusammen mit einer wegwerfenden Handbewegung - auch ein ‚Ooch!' sein. Womit man sagen will, na ja, es geht so, nicht gerade glänzend. Ältere Männer würden das dann eher einfach so unkommentiert stehen lassen. Bei Frauen aber folgt hinter einem solchen „Ooch!" meist eine längere Aufzählung von Krankheiten und missliebigen Begebenheiten aus Familie und Umfeld, was wiederum eine weibliche Gegenseite veranlassen könnte, auch ihrerseits von sämtlichen Krankheits- und Katastrophenfällen aus dem Bekanntenkreis zu berichten. Und dann gibt es ernste Gesichter, Bedauern, Mitleid und schließlich die Erkenntnis, dass man ja noch zufrieden sein muss. Anderen geht es ja noch viel schlechter. Und man kann es ja nicht ändern!

Wem vielleicht die ‚Hmm's' und ‚Emm's' auffallen, deren Verwendung man Autoren abrät: - sie gehören hier dazu, weil Eifeler damit bekunden, dass die Rädchen in ihrem Gehirn gerade dabei sind, zu rotieren und dass sie einen Satz erst loslassen, wenn er durchdacht ist. Undurchdachtes Blabla ist nicht ihr Ding.

Und dann ist da noch die Sache mit dem Genitiv: so etwas kennt man in der Eifeler Umgangssprache nicht. Wessen = wem seine. „Dem Margret sein Mann und dem Peter seine Schwägerin, dat waren doch Geschwister, und denen ihre Mutter ist doch jetzt mit dem Jupp verheiratet, dem seine Frau war ja früh gestorben." Oh ja, die Verwandtschaftsverhältnisse spielen auch immer noch eine große Rolle, und ‚wem seine' Familie sich über die ganze Eifel erstreckt, der hat viel zu erzählen. (Hören Sie mal alten Leuten zu!)

Dass die Mundart leider auf dem besten Wege ist, auszusterben, ist eine Sache. Die andere Sache ist die, dass junge Leute immer mehr Anglizismen benutzen und selbst die Generation Mitte sich so sehr daran gewöhnt, dass vielen gar nicht mehr bewusst wird, wie sehr sich ihre Ausdrucksweise verändert. Auf der einen Seite erfreuen sich Mundartabende großer Beliebtheit (allerdings fast ausschließlich bei Älteren) und auf der anderen Seite bleibt selbst älteren Mitbürgern kaum etwas anderes übrig, als sich an die verenglischten Worte zu gewöhnen, die ihnen aus sämtlichen Werbeblättchen, aus Fernsehnachrichten und aus dem Umgang mit den modernen Medien und Kommunikationsmitteln aufgedrängt werden.

Dies kurz zur Sprache. Bei der Mentalität ist es ähnlich. Durch die zunehmende Mobilisation kommt es in den Dörfern und Kleinstädten immer mehr zu einer Vermischung in der Bevölkerung. Während sich früher alle Leute aus dem Dorf kannten und man nahezu alle sonntags in der Kirche sah, laufen heute fast in allen Dörfern Fremde herum, die längst nicht immer in die Dorfgemeinschaft integriert sind oder es auch gar nicht wollen. Kirchenbesuche sind nicht mehr obligatorisch, Tante-Emma-Läden gibt es kaum noch und wegen des Pendelns zu den

Arbeitsstätten sowie dem Einkauf in zentral gelegenen Supermärkten sind Dorfbewohner viel mehr als früher nach außen hin orientiert.

Doch trotz aller Veränderungen und Schlagworten wie Landflucht und Bevölkerungsrückgang können sich viele Landbewohner ein Wohnen in einer anonymen Großstadt kaum vorstellen. Auch ich empfinde es zusätzlich zu den Vorzügen der landschaftlichen Schönheit rundum als ein hohes Maß an Lebensqualität, wenn ich beim Einkaufen, bei Spaziergängen, bei Veranstaltungen und Festen in der Region oder einfach nur auf der Straße überall bekannte Gesichter sehe und ein paar Worte mit den Leuten reden kann. Ich freue mich darüber, dass in den Dörfern noch ein gewisser Gemeinschaftssinn herrscht und die Leute Anteil nehmen an Freud und Leid ihrer Mitmenschen. Und auch wenn es nicht immer für alle einfach ist, die kleinen und größeren Macken so mancher Mitbürger zu tolerieren (die ja immer nur die anderen haben), so finde ich das Landleben doch immer noch (oder vielmehr jetzt umso mehr) um einiges schöner als den anonymen Großstadttrubel.

Meine Gedanken über das Leben auf dem Land verarbeite ich in kleinen Geschichten. Nicht ganz ernst zu nehmen und immer mit einem kleinen Augenzwinkern. Geschichten, wie sie uns tagtäglich begegnen oder wie sie nur in Einzelfällen vorkommen. Natürlich alle frei erfunden. Ähnlichkeiten mit lebenden Personen und Namen wären wirklich rein zufällig. Trotzdem immer hautnah an der Eifeler Mentalität und hoffentlich für viele wieder ein Grund zu sagen: „Su ass et." (So ist es.)

Um drei Ecken

Bei Schmitts tropfte die Regenrinne. Ausgerechnet genau vor dem Wohnzimmerfenster und genau auf die Mitte einer Terrassenfliese. Wenn es regnete, wurde Gerdas Blick wie magisch von den Tropfen angezogen, die im Abstand von einigen Sekunden nach unten fielen. Und jedes Mal gab es einen Ton. Platsch, platsch. „Jochen, sieh endlich zu, dass die Regenrinne geflickt wird", sagte Gerda, „das nervt ja total!"

Jochen überlegte. Wegen eines kleinen Loches einen Handwerker beauftragen, viel Geld bezahlen und womöglich noch Wochen auf einen Termin warten? Ach was! Selber machen? Auf einer großen Leiter da oben in schwindelnder Höhe herumhantieren? Besser nicht. Vielleicht könnte ja … Walter? Walter war Installateur und hatte ihm schon mal eine Kleinigkeit im Haus repariert. „Hmm", sagte Jochen zu Gerda, „ich glaube, ich frage mal den Walter. Dem habe ich neulich noch geholfen, sein Auto aus dem Graben zu ziehen. Der könnte mir eigentlich auch einen Gefallen tun."

Und so rückte Walter einige Tage später mit einer großen Leiter an und machte sich an der Regenrinne der Schmitts zu schaffen. Nach einer dreiviertel Stunde war das Werk vollbracht.

„Wat kriegst du?" fragte Jochen, denn so ganz umsonst wollte er es ja doch nicht haben.

„Ooch", sagte Walter, „ist gut so. Hast mir ja kürzlich auch geholfen!"

Damit hatte Jochen insgeheim gerechnet. Doch weil Gerda schon im Vorfeld geäußert hatte, nein, sie wollte nichts umsonst haben und wenn man schon den Dachdecker spare, dann müsste man dem Walter wenigstens so ein bisschen was geben …, vielleicht zwanzig Euro, hatte er sich vorsichtshalber einen solchen Schein in die Hosentasche gesteckt. Zusammengefaltet drückte er diesen Walter in die Hand. „Hier, dann nimm wenigstens eine Kleinigkeit."

Walter zögerte, wollte erst abwehren, ließ sich dann aber überreden und quittierte das mit den eifeltypischen, äußerst vielfältig einsetzbaren Worten „da je." „Wär aber nicht nötig gewesen", fügte er noch dazu und zog von dannen.

Er hatte es eilig. An diesem Samstag musste er unbedingt noch seinen Rasen vertikutieren, der nach dem langen Winter eine Menge Moos angesetzt hatte. Nachbar Hannes war nämlich so freundlich, ihm den elektrischen Vertikutierer auszuleihen. Deshalb beeilte sich Walter, holte das Gerät aus Nachbars Garage und vertikutierte was das Zeug hielt. Berge von Moos kamen zum Vorschein. Als er fertig war, überlegte er, was er Nachbar Hannes für das Ausleihen geben sollte. Schließlich brauchte er sich selbst dann nicht auch noch so ein teures Gerät kaufen. Da fühlte er gerade den Zwanzig-Euro-Schein in seiner Hosentasche, den er sich bei den Schmitts verdient hatte, drückte ihn Nachbar Hannes in die Hand, bedankte sich und überlegte gleichzeitig, wo er das ganze Moos entsorgen sollte.

„Was, zwanzig Euro? Zehn wären aber auch genug gewesen", meckerte seine Frau wenig später, als Walter im Haus seinen Kaffee trank. Als dann aber Hannes klingelte und anbot, das ausgemachte Moos mit zur Grüngutannahmestelle zu nehmen, relativierte sich das wieder. Hannes hatte nämlich einige Sträucher geschnitten und um das ganze Reisig zu entsorgen, hatte er sich bei seinem Vetter Jakob aus dem Nachbarort dessen Anhänger ausgeliehen.

„Siehst du", sagte Walter zu seiner Frau. „Dann hat sich der Zwanziger doch gerechnet. Jetzt bin ich das Moos wenigstens auch los."

Hannes musste zur Grüngutannahmestelle zwei Fahrten machen. Und weil er schon mal den Anhänger nutzen konnte, holte er damit auch noch zwei Fuhren Holz und ein Fitnessgerät für seinen Hobbykeller, das er bei EBay ersteigert hatte. Währenddessen überlegte er, was er wohl seinem Vetter Jakob für das Leihen des Anhängers geben könnte.

„Haben wir noch eine Flasche Schnaps, die noch nicht offen ist? Oder Zigaretten aus Luxemburg?" fragte er seine Frau.

„Nix", sagte die, „der Jakob säuft schon genug und mit der Flemmserei soll er sowieso aufhören. Und außerdem weiß der ja nur von der Grüngutannahmestelle. So ein Anhänger hat ja schließlich keinen Kilometerzähler."

Klar, Hannes kannte seine Frau, sie war ziemlich geizig. Aber, dachte er, als er gegen Abend den Hänger zurückbrachte, so einen Anhänger bekam man sicher nicht unter 800 Euro.

„Was kriegst du denn fürs Ausleihen?" fragte er also vorsichtig.

„Ooch, nix", winkte Jakob ab, der bereits frisch geduscht mit sauberer Jeans und lilafarbenem Hemd im Feierabendoutfit da stand. „Ist gut so! Vielleicht brauche ich dich ja auch mal." Hannes zögerte erst ein wenig, steckte dann aber spontan den Zwanziger in Jakobs Hosentasche, den er gerade aus seiner eigenen gefischt hatte.

„Wenn du's nicht anders tust … da je!" meinte Jakob, und so wechselte der doppelt zusammengefaltete 20-Euro-Schein erneut seinen Besitzer.

Jakob war an diesem Samstagabend mit seiner neuen Freundin Anne verabredet. Sie wollten essen gehen. Als er ihre Wohnung betrat, um sie abzuholen, musste er noch ein wenig warten. Anne wurde noch geföhnt. Nachbarin Jenny hatte ihr die Haare geschnitten und war gerade dabei, ihr eine feine Ausgehfrisur zu verpassen. Jakob setzte sich auf die Couch und wartete. Frauen. Nie wurden sie fertig.

Als es endlich so weit war, dass Anne zufrieden ihre Frisur im Spiegel betrachtete, packte die Friseuse Jenny ihre Siebensachen zusammen. „Warte", rief Anne, bevor Jenny die Wohnung verließ und kramte in ihrem Geldbeutel. „Nee, nee, ist gut, ich will nichts dafür haben", wehrte Jenny ab. Doch das ließ Anne auf keinen Fall zu. „Nein, Jenny, du hast den ganzen Tag gearbeitet. Wenn ich zum Friseur gehe, muss ich auch bezahlen." Dummerweise hatte Anne aber nichts kleiner als einen 50-Euro-Schein. Und den lehnte Jenny strikt ab. „Ich habe kein Geld dabei, kann dir nicht rausgeben. Nee nee, lass mal, ich mache das doch gerne."

Jakob wurde allmählich ungeduldig. Er hatte einen Tisch bestellt im Restaurant. „Hier, nimm den", flüsterte er seiner Liebsten ins Ohr und steckte ihr den 20-Euro-Schein zu, der noch den Geruch von männlichen Arbeitshosen trug. Der wanderte dann in die nach Parfüm und Haarspray duftende Jackentasche der Friseuse und nahm dort bis zum nächsten Montag einen wesentlich besseren Geruch an.

Von dort aus zog der Schein für kurze Zeit in die Mappe der benachbarten Abiturientin Nadine, die nun bereits dreimal Jennys Sohn Tim Nachhilfeunterricht in Mathe gegeben hatte, ohne dafür einen Gegenleistung entgegenzunehmen. Aus deren Mappe ging der Weg des Scheines in das Handschuhfach eines Autos. Und zwar das Auto der Eltern von Nadines Freundin, das sie öfters als Mitfahrerin nutzen durfte. Mutter Resi holte die Jugendlichen ganz oft von der Schule in der Kreisstadt ab, wenn deren Kurse so lagen, dass sie allzu lange auf einen Bus warten mussten. Auch kutschierte sie die Mädels immer wieder zu abendlichen Diskobesuchen zwei Dörfer weiter. Also machte es sich für Nadine ganz gut, sich mit dem geschenkten Geldschein ein wenig für die Fahrdienste zu revanchieren.

Natürlich zierte sich Mutter Resi, den Zwanziger anzunehmen. Doch bei der kurzen Überlegung, wie viel sie davon tanken konnte bei den hohen Spritpreisen, fand sie das kleine Dankeschön durchaus angemessen.

Einen Tag später traf Resi im Supermarkt auf Gerda. Gerda Schmitt, Sie erinnern sich? Die mit der tropfenden Dachrinne.

„Ah", sagte Gerda „Resi, gut dass ich dich treffe." Die beiden besuchten zusammen die Rückenschule. „Ich habe nämlich die Socken für deinen Mann fertig, die liegen im Auto." Resis Mann trug so gerne gestrickte Strümpfe aus guter Wolle und bei Gesprächen während der

Übungen auf Gynmastikmatten hatte man festgestellt, dass Gerda sooo gerne strickte, aber keiner in ihrer Familie Strickstrümpfe mochte. Und dass Resis Mann so gerne selbstgestrickte Socken trug. Also hatte Resi bei Gerda ein Paar Socken in Größe 47 bestellt. Riesige Socken für riesige Füße.

„Was kriegst du? Sag ehrlich. Ist doch eine wahnsinnige Arbeit, mit diesen kleinen dünnen Stricknadeln so große Socken zu stricken."

„Ach was", sagte Gerda, „ich muss abends beim Fernsehen etwas zu tun haben. Ist ja auch eine gute Fingergymnastik. Bezahl mir nur die Wolle."

„Nee, nee, kommt gar nicht in Frage" erwiderte Resi, erinnerte sich plötzlich an den Schein in ihrem Handschuhfach und ließ nicht locker, bis Gerda ihn endlich in die Tasche steckte. Nicht ohne zu versichern, dass sie dafür aber noch ein paar weitere Socken stricken würde.

Und so landete der gute 20-Euro-Schein wieder bei den Schmitts. Alle hatten etwas bekommen, niemand hatte etwas ausgegeben und alle waren zufrieden.

Wenn es doch so einmal mit Europa funktionieren würde!

Frühstücksgespräch

Älteres Ehepaar morgens am Frühstückstisch:
„Es ist zum Weglaufen", sagte Berta und ihr mächtiger Busen hob und senkte sich, weil sie stöhnend tief ein und ausatmete. „Jetzt hab ich doch schon wieder die ganze Nacht nicht geschlafen. Das ist immer, wenn der Wind vom Osten kommt. Dann guckt nämlich der Kirchenhahn direkt in mein Schlafzimmer. Und dann... dann kann ich nicht schlafen!"

„Ey", gab Hermann zur Antwort „warum machst du denn nicht einfach die Jalousien runter, dann sieht er dich nicht mehr."

„Oh nein, nein, das geht gar nicht. Nee, ich kann einfach nicht schlafen, wenn die Jalousien runter sind. Stell dir mal vor, dann wär was. Es könnte ja brennen oder ... jemand um Hilfe rufen oder ... nee nee, dann würde ich mich viel zu eingesperrt fühlen. Und außerdem, wenn ich nicht schlafen kann, dann muss ich immer aus dem Fenster schauen."

„Dann könnte ich auch nicht schlafen."

„Das ist es ja. Wie diese Nacht wieder. Kaum hab ich das Fenster aufgemacht, fing der dämliche Hund von gegenüber an zu bellen. Der von den Schusters, der hässliche, der aussieht wie ein Wildschwein. Also ich kann mir ja sowieso nicht begreifen, wie Leute sich solch grässliche Tiere halten können. Aber es ist wirklich so, meistens sind die Leute genauso wie die Tiere, die sie halten. Ei – und dann hat der Hund gebeipst und dann war es sowieso aus mit meiner Schlaferei. Aber glaubst du, die würden dann aufstehen und dem Hund mal Ruhe gebieten? Nichts! Die schlafen. Das ist eine Unverschämtheit. – Und weißt du, was noch eine Unverschämtheit ist? Den Müllers ihr Junge, wie heißt er denn noch gleich ..., ah, der Joshua – Namen haben die heute – also der Joshua, wenn der heimkommt vom Tanzen aus der

Disco, dann hält der mit seinem Auto vor der Garage und drückt auf die Fernbedienung. Und dann, dann geht das Garagentor auf, von ganz allein! Stell dir mal vor, der ist noch zu faul, um auszusteigen. Das hätten wir früher mal machen sollen, dann hätte unser Vater uns was anderes erzählt. Abgesehen davon, dass wir ja gar kein Auto hatten, und schon gar keine Garage. Und überhaupt keine mit so einem automatischen Garagentor.

Und das Schlimmste ist, die ganze Zeit, wo das Tor hochgeht, lässt der dann das Auto laufen – und die schreckliche Musik, bum bum bum. Und umso mehr bellt der verrückte Hund. Da wirst du bekloppt im Kopf. Also da soll noch ein Mensch schlafen können!

„Der ist aus der Bibel", brummte Hermann, der zwischendurch immer wieder einen Blick in die Zeitung warf.

„Wer, der verrückte Hund?"

„Der Name."

„He? Wie heißt der denn, der Hund?"

„Der Joshua!"

„Der Joshua? Aus der Bibel????"

„Ja, das ist der, bei dem die Mauern umgefallen sind, in Jericho!"

„Die Mauern? Das haben wir aber in der Bibelstunde nicht gelernt. Die Mauern ... hmm. Vielleicht merken sich ja Männer so etwas besser, wenn es ums Kaputtmachen geht. Die Mauern umgefallen, aha ..., ei dann lieber das Garagentor."

Hermann schüttelte den Kopf. „Und warum hast du dann das Fenster nicht zugemacht? Dann hättest du doch nichts mehr gehört. Wofür haben wir denn extra die teuren neuen Fenster, da hörst du doch nichts mehr durch."

„Hab ich doch dann. Aber dann, als ich gerade nochmal im Bett gelegen habe, da gingen die anderen Geräusche wieder los. Die üblichen."

„Hmm??"

„Ja du! Chchchrrrr, deine Schnarcherei! Denkst du vielleicht, dass dann noch ein Mensch schlafen kann?"

„Ich hab gut geschlafen!"

„Ja ja, das hab ich gehört. Fünf Mal musste ich dich schubsen, bis du dich endlich rumgedreht hast."

„Ach du warst das. Und ich hab geträumt, mein Chef…"

„Ey und dann, dann habe ich Hitzewallungen bekommen. Und dann ist es mit dem Schlafen ja ganz vorbei. Mir war so heiß, ich musste doch glatt mein Nachthemd ausziehen. Und dann ist immer noch der Schweiß runtergelaufen. Also, was hab ich gemacht? Ich musste das Fenster wieder aufmachen. Und schon fing der dämliche Hund wieder an zu bellen."

„Kein Wunder, wenn er dich gesehen hat. Ohne Nachthemd!"

„Und weißt du, was dann passiert ist? Also man sollte ja nicht glauben, was in so einem Dorf nachts los ist. Da meinst du doch, die Leute würden alle in ihren Betten liegen und schlafen, aber denkste! Weißt du, wer aus der Dunkelgasse rauskam? Der Schneiders Benno. Exakt um viertel vor drei. Was sagst du jetzt? Nun frag nicht, was der wohl da gemacht hat."

„Was hat der da wohl gemacht?"

„Der kam bestimmt von der Greta. Neulich hat mir noch die Hilde erzählt, dass der Greta ihr Mann angeblich andauernd beruflich unterwegs ist und dass der Benno ganz schön um die Greta herumscharwenzelt. Wo er doch selbst Frau und Kinder hat. Sodom und Gomorrha! Heieiei, da kannst du mal sehn…"

„Oh, Berta, was du dir immer zurechtdenkst. Kein Wunder, dass du nachts nicht schlafen kannst. Nun erzähl das ja nicht weiter, sonst heißt es gleich …"

„Was heißt es gleich? Was so ist, das ist so! Und wenn der Benno nachts durch die Gegend schleicht und mit anderleuts Frauen … , also wenn ich das der Hilde erzähle …"

„Berta, nun gib dich! Du weißt doch gar nicht, was da war und du warst auch nicht dabei. Und außerdem geht uns das überhaupt nichts an."

„Ei was? Nichts an? Nun hör mal! Wenn du fremd gingst und nachts aus irgendwelchen Häusern kämst, dann wäre ich auch froh, wenn mir jemand das sagen würde."

„Dann wärst du froh – ei dann …! Aber sag mal Berta, der Benno hat dich nicht etwa am Fenster stehen sehn?"

„Bist du jeck? Ich hab mich natürlich schnell hinter die Gardine gestellt, ich hatte doch nichts an!"

„Eben."

„Tja, und dann ist mir doch kalt geworden. Das ist immer, wenn ich vorher so geschwitzt habe, dann wird mir hinterher schrecklich kalt. Und dann – oh nee, was kann eine Nacht so lang werden. Dann habe ich mich zugedeckt bis zum Hals, aber habe immer noch kein Auge zugetan. Oh, dass ihr Männer aber auch einfach so schlafen könnt. So gegen drei hab ich dann angefangen, zu zählen. Aber keine Schafe, die kann man ja nicht auseinanderhalten. Und außerdem, wer hat schon so viele Schafe? Ich hab Ameisen gezählt, davon haben wir ja genug im Garten. Aber sag mal, diese Biester sind ja so etwas von schnell! Und klein! Also da hätte ich ja glatt meine Brille anziehen müssen. Als ich bei fünfzig war, hab ich mir gedacht, ich zähle doch besser Autos. Die Straße rauf und runter. Aber als ich wieder bei fünfzig war, da war mir ganz schwindlig davon, andauernd den Kopf nach rechts und links zu drehen. - Ich musste doch gucken, was für Autonummern die hatten. Also du kannst mir sagen was zu willst, das Zählen bringt es auch nicht. Ich hab dann einfach mal gebetet. Anscheinend hat mir der Herrgott dann geholfen, denn ich kann mich nur noch daran erinnern, dass ich bei dem Gesetz war ‚der du oh Jungfrau vom heiligen Geist empfangen hast'."

„Und dann hast du vom heiligen Geist geträumt, was?"

„Hermann! Bist du still! Nee, aber - zwei Stunden - allerhöchstens drei. Nee nee, was bin ich müde. Die Hilde hat ja neulich gemeint, man sollte abends ein Glas Rotwein trinken, das würde helfen. Vielleicht sollten wir auch koffeinfreien Kaffee trinken. Oder vielleicht sollte man abends noch einen Spaziergang machen, das soll ja auch beruhigen. Hermann, das könnten wir ja machen! Heute Abend gehen wir mal eine Runde durchs Dorf."

„Damit du noch mehr Bennos siehst? Oh nein, ich weiß, was wir machen. Wir fahren morgen in die Stadt und dann kaufen wir dir …"

„Hermännchen, was ist denn mir dir los? Ach, du lieber Schatz, du willst mit mir nach Trier fahren und ein neues Kleid kaufen?"

„Nee, in die Apotheke, dann kriegst du Schlaftabletten."

Bauer sucht Frau

30-jähriger Landwirt, gutaussehend, einsam, sucht Frau mit Liebe zu Tieren….

Ach Quatsch. Bereits den fünften Zettel zerknüllte er und warf ihn in den Papierkorb. Seit einigen Wochen hatte Christian ähnliche Kontaktanzeigen studiert. Endlich hatte er sich dazu durchgerungen, selbst eine aufzugeben. Aber ‚Liebe zu Tieren?' Natürlich, das sollte sie schon haben, aber wie hörte sich das denn an? Ihn sollte sie lieben. Doch wie, wenn sie ihn noch gar nicht kannte? Oh je, für so eine Anzeige die richtige Wortwahl zu finden, war schwerer, als mit einem Mähdrescher sämtliche Felder abzuernten.

Vielleicht sollte er doch besser einmal in diesen Internetportalen herumsuchen. Oder an den Fernsehsender schreiben. Was in diesen

Kuppelsendungen manchmal für tolle Frauen anrückten! Oh, seine Eltern würden ihm den Kopf abreißen, wenn die Kamerateams anrücken und sich möglicherweise so einige liebestolle Weibsbilder in seinem Dorf herumtreiben würden. Nein, er musste doch wohl so einen Text für eine Zeitungsanzeige zusammenbekommen!

Es war nicht so, dass Christian unansehnlich gewesen wäre. Bis auf einen kleinen Bauchansatz war seine Figur durchaus akzeptabel. Dumm war er auch nicht und wenn er bedachte, welche Werte in dem Hof, dem Maschinenpark, dem Landbesitz und dem Viehbestand steckten, dann fand er seinen Vermögen gar nicht so unattraktiv. Trotzdem hatte er es bisher nie geschafft, eine Freundin länger als ein paar Monate sein eigen zu nennen. Keine von ihnen wollte einen Landwirt zum Mann haben, der abends den Stallgeruch mit ins Haus brachte. Keine wollte die Arbeiten verrichten, die bis jetzt seine Mutter erledigte. Die beim Melken half, die dafür benutzten Utensilien spülte, die Kälbchen, Pferde, Hühner, Hund und Katze fütterte und das Haus sauber hielt. Keine verspürte Ambition, mit den Schwiegereltern unter einem Dach zu wohnen und keine hatte Verständnis dafür gehabt, dass es ein Landwirt kaum schaffte, einmal länger als eine Woche Urlaub zu machen.

Dabei musste die Frau eines Bauern nicht einmal mehr mit aufs Feld. Dafür gab es ja Maschinen. Eine eigene Wohnung könnte man auch haben, man müsste nur das Haus etwas umbauen.

Christian verspürte eine so große Sehnsucht nach Zweisamkeit, dass ihm manchmal das Herz wehtat. In der Disco glotzte er alle jungen Damen mit blonden Haaren an wie der Bulle, der auf seiner Weide stand und so gerne über den Zaun zu den Kühen springen würde. Blonde Frauen fand er besonders anziehend. Blond, weiche Lippen, voller Busen, hmm, schon bei der Vorstellung daran, eine solche Frau in seinen Armen zu halten, lief es ihm kalt und warm den Rücken und sonst wo herunter. Ja, er hatte das Bild seiner Traumfrau vor Augen. Nicht so wie flachbrüstig und dunkelhaarig wie Eva, die seit ein paar

Monaten im Nachbarhaus zur Miete wohnte, wöchentlich mit seinem Hengst Apple ausritt und dafür ab und zu im Pferdestall half. Sie war zwar ganz nett, aber anscheinend stand sie sowieso mehr auf affige Dandy-Typen mit Sportwagen. Zweimal hatte er sie mit so einem in der Disco gesehen.

Weitere zwei Wochen gingen ins Land, ehe folgende Anzeige in einem regionalen Wochenblatt erschien:

Bauer Anf. 30, 183, 83 kg,
gefühlvoll, vorzeigbar, fleißig
sucht Frau
mit Land- Tier- Kinder- und überhaupt viel Liebe
Kontakt unter Mail@bauer-mit-Liebe.de

Christian hatte sich extra diese Mail-Adresse zugelegt, damit er erst einmal anonym bleiben konnte. An dem Tag, als die Anzeige erschien, musste sein Traktor Schwerstarbeit leisten, denn Christian hatte es eilig, endlich seinen PC einzuschalten. Um die Mittagszeit war die Mail-Liste noch leer. Die Kartoffelsuppe, die Mutti gekocht hatte und die Christian sonst so liebte, blieb zur Hälfte übrig. Der junge Bauer war aufgeregt. Abends saß er wieder vor seinem PC. Er wartete. Als er sich endlich entschloss, wie so oft schon vorher in den Partner-Such-Portalen herumzustreifen, gab es im Mailprogramm ein erstes zartes Klingelzeichen. Wow! Eine Mail war gekommen. Und gleich danach noch eine. Christans Herz klopfte. Ihm war vollkommen bewusst, dass er nicht wirklich hoffen konnte, nun endlich die Frau fürs Leben zu finden. Als er allerdings das erste Foto öffnete, entsorgte er diese erste Mail gleich im Papierkorb. Die zweite Dame schrieb eigentlich ganz nett, wollte aber erst einmal nähere Infos, ehe sie ein Foto schickte.

Am nächsten Tag kamen dann noch so einige Mails herein. Nichts Weltbewegendes, nichts, was Christians Gefühlswelt auf Anhieb durcheinanderbrachte. Bis auf eine vielleicht, die sich zumindest von allen anderen abhob.

Frau, Anf. 30, 1,73, 57 kg
landlieb, tierlieb, kinderlieb und überhaupt ziemlich lieb
schließt Bauer nicht aus,
wenn tatsächlich liebevoll, vorzeigbar, fleißig
und mit viel Gefühl

Sonst nichts. Sonst nichts? dachte Christian und suchte nach einem Foto. Nein, hmmm!

Dass es die weit interessanteste Mail war, wusste er gleich. Sie war geheimnisvoll. Die Mail schrie förmlich danach, beantwortet zu werden. Und dann saß er da und grübelte erneut. Was sollte er bloß schreiben? Die Mailadresse verriet keinen vollen Namen, sie lautete, genauso geheimnisvoll die die Nachricht: Paradiesapfel@....de War das eine Masche? War es ein Heiratsinstitut, das auf diese Weise Kunden ködern wollte, ähnlich wie die als Privatanzeigen verschlüsselten Inserate wie „Vollbusige Inge" oder „Anette, sexy und geil"? Sollte er wirklich zurückschreiben?

Um 11.oo Uhr abends wagte er es, vorsichtig:

„Hallo Frau, die Bauer nicht ausschließt! Gibt es Dich wirklich oder ist das eine Werbemasche für ein Vermittlungsbüro? Dann hätte sich nämlich unsere Korrespondenz erledigt. Ansonsten bitte etwas mehr!"

Zwei Tage dauerte es, in denen sich noch ein paar weitere Interessentinnen meldeten, nicht aber die geheimnisvolle Unbekannte. Erst gegen Abend, als Christian nach dem Melken und vor dem Abendessen noch rasch die Neuigkeiten im Computer checkte und seine Mutter schon schimpfte: „Was fummelst du denn die ganze Zeit an dem Ding da rum?", war eine Antwort da:

"Hallo Bauer! Es gibt mich wirklich. Entschuldige, wenn eine von Männern ziemlich enttäuschte Frau, die trotz allem die Hoffnung auf die große Liebe nicht aufgibt, etwas vorsichtig ist.
Gleich vorweg: ich hasse Machos und Männer, die lügen, die aufschneiderisch, großkotzig, arrogant, blasiert, vulgär, wichtigtuerisch, selbstherrlich, überspannt, egoistisch, befehlerisch, exzentrisch, affektiert, fett, faul oder unpünktlich sind. Solltest Du eine dieser Eigenschaften haben, könnte man versuchen, sie abzustellen. Solltest Du mindestens zwei davon haben – vergiss es! Wenn nicht (bitte ehrlich), darfst Du mir wieder schreiben."

Christian lächelte. Las alles noch einmal genau durch und stellte fest, dass er tatsächlich keine dieser miesen Eigenschaften besaß. Na ja, außer, vielleicht, manchmal so ein klein wenig … unpünktlich? Sofort schrieb er zurück:

"Liebe Paradiesapfel-Frau,
Ehrlich: bis auf die Tatsache, dass es auf Grund verschiedener Ursachen in der Landwirtschaft nicht immer möglich ist, absolut pünktlich zu sein, besitze ich keine der von Dir verhassten Eigenschaften. Aber lass uns doch lieber einmal herausfinden, was wir mögen!"

Gleich einiges davon gab er dann auch bekannt und danach entwickelte sich ein reger E-Mail-Wechsel. Ok, Christian hatte auch ein paar anderen Damen geantwortet und zwei Blondinen fand er auch recht hübsch, aber, diese mysteriöse Paradiesapfel-Frau, die weder Name und Ort preisgab noch ein Foto schickte (was er natürlich dann auch nicht tat), machte es doch ziemlich spannend. Mit jeder Mail, mit all dem, was sie schrieb, wuchs in ihm die Zuneigung zu dieser unbekannten Dame und es entwickelte irgendwie sich ganz schnell ein Zusammengehörigkeitsgefühl.

Im Laufe der nächsten Wochen stellten auch beide fest, dass es ganz viele Punkte gab, in denen ihre Meinungen voll übereinstimmten. Manche Texte verrieten, wie sehr auf beiden Seiten die Sehnsucht vorhanden war, endlich einem Partner seine ganze Liebe schenken zu können. Was sich da anspann, nahm Christian ganz gefangen. Jedes Mal, wenn eine Mail kam, wurde sein Herz ganz warm und klopfte. Was sie schrieb, war ihm so nahe, dass es ihm selbst ganz leicht fiel, ebenfalls Texte zu verfassen, die er sich selbst gar nicht zugetraut hätte. Ihre äußere Erscheinung stellte er sich einfach so vor, wie er sie sich wünschte. Nachts träumte Christian von ihr. So intensiv, dass er ihre Stimme hörte, ihren Mund auf dem seinen fühlte und er nicht aufhören konnte, an sie zu denken.

Er traute sich nicht, sie um ein Rendezvous zu bitten. Ja er wusste noch nicht einmal, wo diese geheimnisvolle Fremde wohnte. Auf seine Frage hatte sie nur geantwortet: Eifel. Immerhin, allzu weit weg konnte sie nicht sein, obwohl die Eifel flächenmäßig nicht eben klein war. Als Nachbarin Eva wie jeden Donnerstag zum Reiten kam und er gerade dabei war, das Güllefass zu füllen, stieg er von seinem Traktor.

„Du Eva, du hast doch Ahnung von Computern und so. Weißt du zufällig, ob man anhand einer Mail-Adresse den Inhaber herausfinden kann?"

„Wieso, bekommst du unanständige Mails? Oder schickt man dir auch Bettelbriefe oder Mails mit Rechnungen im Anhang? Die darfst du auf keinen Fall öffnen, so fängst du dir ruckzuck einen Virus ein." Sie legte dem Pferd die Zügel an.

„Hmm, nee, das nicht, aber ..." Christian wusste nicht so recht, wie er das erklären sollte. Er konnte ihr doch nicht verraten ...

„Du kannst es mal über die IP versuchen, oder google mal..., aber das wird schwierig", meinte Eva hilfsbereit. „Wenn du willst, komme ich mal vorbei."

Uiuiui, bloß nicht, dachte Christian, bedankte sich und bemerkte gleichzeitig, dass Eva richtig schöne Grübchen hatte, wenn sie lächelte.

Nein, er hatte keine Chance, die Adresse von Paradiesapfel herauszufinden. Sie schrieben sich täglich, manchmal sogar mehrmals, aber immer noch unbekannterweise. Sie vertrauten sich gegenseitig intimste Gedanken an, fanden sich von Tag zu Tag sympathischer, schrieben sogar schon von Liebe und hatten trotzdem beide irgendwie Angst, dass alles kaputtgehen könnte, wenn man sich in Wirklichkeit träfe.

Als Christians Pferd hinkte, nachdem Eva damit ausgeritten war, rief sie draußen auf dem Hof nach ihm. Er hatte gerade mal wieder die letzten Mails gelesen. Immer las er sie mindestens fünf Mal, weil es einfach so schön war. Als er seinen Namen rufen hörte, bildete er sich zuerst ein, dass sie es gewesen sei. Sie, die Geheimnisvolle, Liebe, Nette, Angebetete. Genauso stellte er sich ihre Stimme vor.

Es war aber nur Eva. Fast war er enttäuscht, hatten seine Sinne sich doch gerade so nach seiner Herzensdame gesehnt. Als er sich gemeinsam mit Eva über den Huf des Pferdes beugte, berührten sich ihre Köpfe. Wie elektrisiert zuckte Christian zusammen. Was war das denn?

„Es tut mir so leid", sagte Eva, „er muss irgendwie falsch getreten haben, ich bin wirklich nicht zu schnell geritten."

„Mach dir keine Vorwürfe, so etwas passiert nun mal."

Christian half ihr, das Tier in den Stall zu bringen. „Ich glaube, wir haben noch so eine Salbe, ich muss Mutti mal fragen."

„Das kann ich doch machen." Die junge Frau war äußerst besorgt. Schnell sattelte sie ab und lief, während Christian sich noch im Stall nützlich machte, ins Haus. Auf der Suche nach der Dame des Hauses durch sämtliche Räume streiften ihre Blicke den aufgeklappten Laptop ihres Nachbarn. Eine Mailseite leuchtete dort noch auf. Irgendetwas bewog Eva, näher zu treten. Und was sie dann sah, ließ sie plötzlich zutiefst erschrecken. Ihr Herz klopfte bis zu ihren Ohren und eine tiefe Röte breitete sich in ihrem Gesicht aus. Er???

Als Christian leise hinter sie trat, ratterten innerhalb weniger Sekunden auch in seinem Gehirn sämtliche Rädchen. Er sah Evas verwirrten Gesichtsausdruck, er sah die Mail, die er zum wiederholten Male gelesen hatte und er spürte mit einem Male, wie sich irgendetwas zusammenfügte. Eva und das Paradies. Und Apple, der Hengst. Paradiesapfel! Ja natürlich!!! Deswegen hatte er eben dieses Knistern gespürt und so ein merkwürdiges Gefühl, als würde er Eva schon ewig kennen.

Sie schauten sich an. Ihre Blicke versanken ineinander. „Duuu???" fragten beide gleichzeitig. Es dauerte es ein paar Sekunden. Dann fielen sie sich in die Arme. Erwartende Lippen fanden sich zu einem ersten zarten und sehr liebevollen Kuss. Und Christian fand es überhaupt nicht schlimm, dass sie dunkelhaarig war und nur kleine Brüste hatte.

Der Filou

Filou war bekannt wie ein bunter Hund. Dabei war er nur ein Kater. Aber was für einer! Er machte seinem Namen alle Ehre. Bunt war er auch nicht, er war schwarz wie die Nacht. Nur sein Schwanz hatte ganz am Ende einen weißen Fleck. Wenn er im Halbdunkel damit wedelte, dann sah es aus, als ob ein Polizist mit einer Kelle Signale gäbe. Dann sah man nur das Weiße leuchten. Ansonsten sahen die meisten Dorfbewohner Rot, wenn der liebe Filou über ihr Grundstück schlich, überall sein Revier markierte und immer wieder äußerst unangenehme Hinterlassenschaften in fremden Gärten ließ.

„Jeden Morgen ist unsere Haustür bestrunzt", beklagte sich Ilse, „das stinkt wie ein Bock, und außerdem gibt es Flecken. Was soll ich nur machen?"

„Bei mir im Garten hat er anscheinend seine Toilette eingerichtet", schimpfte Marta. „Jedes Mal, wenn ich die Kartoffeln harke, kommt die Kacke zum Vorschein. Und stell dir vor, neulich habe ich sogar mit der Hand rein gegriffen, als ich Unkraut jätete! Ihhh pfui!"

„Der eklige Kater. Der lauert die ganze Zeit auf unserer Terrasse und wartet, bis unsere Mieze rauskommt. Und Töne macht der!" Hermine hatte sich kleine Kieselsteine parat gelegt, die sie dem ungeliebten Kater nachzuwerfen pflegte, denn auf ein einfaches „Schschttt" reagierte er überhaupt nicht.

„Der müsste unbedingt kastriert werden", war die einhellige Meinung. Aber Filous Frauchen, die äußerst tierliebe Helene, dachte nicht daran, ihrem stolzen kuscheligen Kater so etwas anzutun.

Das widersprach der Natur. Und mit der Natur war Helene auf du und du. Bei ihr durften Löwenzahn, Gräser und Moos zwischen den Terrassensteinen wachsen, jede Menge Himbeer- und Brombeerhecken ungekürzt wuchern, und sie fand es überhaupt nicht schlimm, wenn das kleine Rasenstück neben ihrem Haus eher einer bunten Blumenwiese glich als einem gepflegten Gartenrasen. Tiere hatten es gut bei Helene, da gab es gar keine Frage. Aber es war nun mal kein Bauerndorf mehr wie früher, das jetzt schmucke Eifeldorf. Die Bewohner waren stolz auf ihre schön angestrichenen Häuser, auf ihre gepflegten Vorgärten mit den modernen Deko-Artikeln und auf ihren Blumenschmuck. Einige von ihnen bearbeiteten auch noch liebevoll ihre Gemüsegärten.

Eine Katze oder besser gesagt ein streunender Kater passte da nicht hin. Zumindest nicht ein unkastrierter. Denn wie allgemein bekannt war, benahmen sich kastrierte Tiere einfach besser.

Der Frühling lockte mit herrlichen Sonnenstrahlen und angenehmen Temperaturen die Menschen wieder einmal nach draußen. Nach den langen Wintertagen, der vielen Dunkelheit und den Abenden hinter den Fernsehern tat es richtig gut, noch einmal frische Luft zu schnappen und Blumenbeete sowie Rasenflächen zu bearbeiten. In den Gärtnereien wurden bereits Geranien und Balkonpflanzen angeboten und die ersten Blumenkästen standen bereits mit frischen Pflänzchen draußen. Vorerst noch geschützt in einer Ecke, damit nicht eine frostige Nacht die zarte Pflanzenpracht erfrieren ließ.

Für Kater Filou, der genau wie die Menschen auch den Frühling spürte, waren diese frisch gepflanzten Blumenkästen ein wahres Eldorado. Hier konnte er bequem, fast so wie in Frauchens Katzenklo, seine Notdurft verrichten. Die sprießenden Blümchen waren für seine Krallen und Pfoten keinerlei Hindernis, sie wurden einfach hinausbefördert. Danach hinterließ er natürlich auch an den Außenwänden der Blumenkästen noch seine Markierung, damit ja nicht ein anderes Tier seiner Gattung sein neues Katzenklo verunreinigte.

Hermine schimpfte wie ein Rohrspatz am nächsten Morgen. Auf ihr Zetern hin ließ sich Nachbarin Ilse am Zaun blicken. „Was ist los? War Kater Filou mal wieder unterwegs?"

„Genau! Nun schau dir mal die Sauerei an! Jetzt ist aber Feierabend! Die Geranien sind hinüber und die Männertreu total zerzaust. Und die Blumenerde – ich hatte extra die teure gekauft! Oh Mann, jetzt kann ich alles wegschmeißen, und das stinkt! So, jetzt ist Schluss, jetzt kaufe ich Antikatzenspray!"

An die Tierhalterin zu appellieren, das konnte man vergessen und Verbotsschilder aufzustellen, wie es Deutsche so gerne tun, nun - Tiere können nun mal nicht lesen. Aber eine Freundin hatte ihr den Tipp mit dem Anti-Katzenspray gegeben. Das würde sie ausprobieren.

„Übrigens", berichtete Ilse nun, „neulich, als der Werner sein Auto sauber gemacht hat, ist der Filou ihm sogar ins Auto gesprungen und hat ihm die ganzen Polster verkratzt. Der war ganz schön sauer!"

„Jaja, bei uns hat er auch schon mal auf der Kühlerhaube gesessen und die Krallen ausgefahren. Auf dem neuen Auto! Was glaubst du, was der Heinz den gejagt hat."

„Ach, das ist noch gar nichts. Müllers hatten vorgestern ihren Wellensittich mitsamt dem Käfig draußen auf den Terrassentisch gestellt, damit der Vogel mal etwas frische Luft bekäme. Die haben ihn noch keine fünf Minuten unbeaufsichtigt gelassen, schon hat der fette Kater sich an den Käfig rangemacht und dem Vogel so einen Schreck eingejagt, dass der einen Herzinfarkt bekam. Also jedenfalls war der Käfig umgefallen und der Vogel hat tot darin gelegen. Ich habe es mit eigenen Augen gesehen."

Marta, die Nachbarin von der anderen Seite kam näher. „Redet ihr von dem Filou? Also ich kann euch sagen, jetzt fängt der blöde Kater auch noch an zu klauen! Gestern habe ich hinterm Haus Wäsche auf dem Wäscheständer getrocknet und als ich sie reinholen wollte, fehlte eine Socke. Das kann nur der Filou gewesen sein, der ist nämlich um die Zeit ums Haus geschlichen. Und ich glaube, der hatte etwas im Mund. – Also Leute, wir müssen da jetzt mal was unternehmen."

Tags darauf sprühte Hermine alle möglichen Katerwege sowie ihre Treppe mit dem Antikatzenspray ein. Die Blumenkästen hatte sie mit neuer Blumenerde gefüllt und die übrig gebliebenen Pflänzchen so gut es ging wieder eingepflanzt. Sie besprühte auch die Kästen von außen und nahm sich vor, abends eine Folie darüber zu legen.

Nachmittags, nachdem sie gesehen hatte, dass Marta von nebenan heimgekommen und mit ihrem Auto in die Garage gefahren war, stattete sie dieser einen Besuch ab, um ihr das Antikatzenspray zu zeigen. Weil Marta auf ihr Klingeln hin nicht öffnete, ging Hermine ums Haus herum, um nachzuschauen, ob Marta bei dem schönen Wetter vielleicht auf ihrer Terrasse saß. Doch kaum schritt Hermine um die Ecke auf die Terrasse zu, erschrak sie dermaßen, dass sie beim heftigen Zusammenzucken genau wieder den Schmerz im Rücken spürte, den sie bei dem letzten Hexenschuss gehabt hatte. Genau in diesem Moment nämlich bellte unmittelbar neben ihr ein Hund. Marta hatte gar keinen Hund, also war Hermine auf eine solche Bell-Attacke überhaupt nicht gefasst. Und so löste sich ein Schrei aus ihrer Kehle. „Oh mein Gott, was ist das denn?" rief sie aus, als Marta auftauchte.

„Ha", sagte Marta. „Guck mal!" und zeigte stolz auf ihre neueste Errungenschaft. Ein kleiner Plastikhund mit einem Bewegungsmelder, der losbellte, wenn jemand oder etwas in seine Reichweite hineinhuschte. „Was glaubst du, was der Filou dann rennt!"

„Oh je, und was glaubst du, was ich jetzt erschrocken bin", keuchte Hermine und fasste sich an den unteren Rücken. „Jetzt ist mein Hexenschuss wieder da. Also wenn sich der Filou auch so erschreckt …"

Die Filou-Vertreibungsaktion hatte begonnen. Ilse platzierte verschiedene Gegenstände hinter ihrem Haus so, dass sie bei der geringsten Berührung Geräusche machen mussten. Die Polster von den Gartenstühlen kamen abends in eine Kiste und auf die Stühle legte Ilse sämtliche Bürsten, die sich in ihrem Haushalt befanden, mit den Borsten nach oben selbstverständlich. Sollte Filou also auf die Idee kommen, auf einem der Gartenstühle ein Schläfchen zu halten, würde er es nicht sonderlich bequem dort finden.

Müllers hatten sich den Gartenschlauch parat gelegt. Der Kanarienvogel hatte sich zwar nur vorübergehend totgestellt und sich dann wieder erholt, aber Herr Müller würde sich nicht scheuen, den Kater mit einem kräftigen Wasserstrahl zu vertreiben. „Wenn der zweimal nass geworden ist, kommt der nicht mehr."

Hermine mochte sich in den nächsten Tagen selbst nicht mehr draußen um ihr Haus herum aufhalten, weil das Spray einen fürchterlichen Gestank verbreitete. Aber Kater Filou sah sie erst einmal auch nicht. Dann aber überlegte sie, was wohl besser sei, Pest oder Cholera. Denn bei dem Gestank des Sprays, der sich erst nach Tagen so langsam verflüchtigte, konnte man die Nutzung der Terrasse glatt vergessen.

Bei Marta fielen nicht nur einige Besucher beim Vorbeigehen an ihrem ‚Wachhund' fast in Ohnmacht, auch sie selbst und ihr Mann erschraken jedes Mal, wenn sie während des Frühjahrsputzes im Garten in seine Reichweite gerieten. Auch Ilse geriet in ihre eigenen Fallen. Einmal hatte sie sich, müde vom Putzen, voll auf eine Drahtbürste gesetzt und ein anderes Mal war sie mit dem Fuß auf einen Blumentopf-Untersetzer getreten, den sie zuvor mit Murmeln unterlegt hatte, damit der Kater damit wegrutschen sollte. Leider zog es ihr dabei ein Bein weg, so dass sie mit ihrem Po voll in einer Rosenhecke landete. Das erzählte sie aber nicht einmal ihrem Mann, denn dann hätte sie für Spott nicht zu sorgen brauchen. Auf so eine Idee aber auch zu kommen!

Das Spray kam erst einmal nicht mehr zu Einsatz, die Bürsten auch nicht und dem bellenden Plastikhund wurden Tage darauf die Akkus entnommen. Vielleicht, so hoffte Marta, würde ja allein der Anblick eines Hundes, auch wenn er recht klein war, den Kater vertreiben. Es war also bald wieder alles beim Alten und Kater Filou war schlau genug, das zu registrieren. Sein Revier erneut zu markieren, seine Exkremente in Blumenbeeten zu verscharren, sein nächtliches Schläfchen auf weichen Polstern zu halten und zu streunen. Und … natürlich auf Katzenfrauenjagd zu gehen, denn es gab jede Menge Katzen, die froh waren, ihm zu begegnen. Und dann ging es ab! Wenn nachts manche Leute glaubten, lautes Babygeschrei zu vernehmen, dann waren es die Lustschreie der Katzen und Kater, die durch die Nacht heulten. Uuuaaaaauuuuuaaaaauuuu!

Eines Samstags Nachts wachte Hermine genau durch ein solches Geräusch auf. Als sie auf den Wecker schaute, zeigte der Wecker gerade drei Uhr zwanzig. Sie horchte. Uuuaaaaauuuu! Sie zog die Bettdecke weg, stand schlaftrunken auf und lugte durch die Ritzen der Jalousien nach draußen. In der Dunkelheit konnte sie nichts erkennen, aber sie hörte es wieder. Uuuuuaaaaauuuu! Verflixt, das war doch wieder dieses Katzengeschrei. Der Kater, fuhr es ihr durch den Kopf und sie wurde wütend. Doch noch ehe sie sich schläfrig überlegte, mit welchen Mitteln sie die liebenstollen Tiere hinter ihrem Haus vertreiben konnte, wurde sie urplötzlich hellwach. Sie roch etwas: beißenden Rauch. „Heinz, steh auf, Feuer!" rief sie angsterfüllt ihrem schlafenden Ehemann zu, knipste das Licht an, eilte ins Treppenhaus und sah, dass von der Küche her dicke Rauchschwaden durch das Haus zogen. Im Nu rannten beide Eheleute panisch herum, öffneten Fenster und Türen und waren kurz davor, die Feuerwehr zu rufen.

Was passiert war? Der jugendliche Sohn des Hauses hatte sich zu später Nachtzeit nach dem Discobesuch noch eine Pizza in den Ofen geschoben und war während des Wartens eingeschlafen. Die Pizza war verkohlt, der Backofen versaut, die Küche war schwarz. Der junge Mann hustete, prustete und musste erst einmal eine Zeitlang draußen intensiv nach Luft schnappen. Heinz war stinksauer auf seinen Sohn und Hermine war heilfroh, dass nichts Schlimmeres passiert war. Wenig später hätte das ganze Haus in Flammen stehen können.

Und wem hatten sie die Rettung zu verdanken? Dem Kater. Hätte der mit seiner Partnerin nicht dermaßen draußen herumgejault, wäre es womöglich zu einem Brand gekommen. Und vermutlich hätten sie nicht einmal etwas von der Versicherung bekommen, weil Heinz immer noch nicht den Rauchmelder installiert hatte, der schon seit Wochen in der Schublade lag.

Seit dieser Zeit war Kater Filou jedenfalls nicht mehr der Störenfried, der Stinker, der ekelhafte Kater, den man verjagt. Nein, er war der Held des Tages beziehungsweise der Nacht. Seine Heldentat sprach sich herum, und auch wenn er nicht mehr lernte, sich besser zu benehmen und weiterhin überall hin kackte, strunzte und seine Pfotenabdrücke auf frisch geputzten Autos hinterließ, so wurde er fortan längst nicht mehr so vehement verjagt und fand zumindest hinter Hermines Haus ab und zu sogar ein Katzenleckerli.

Sommernacht

Ralf war Bademeister. Und er war verliebt. Ein verliebter Bademeister. Jedes Mal, wenn er in ‚seinem' Freibad eine bildhübsche braungebrannte Bikini-Figur von hinten erblickte, stellte er sich vor, es sei Carmen. Aber Carmen kam so gut wie nie in sein Schwimmbad. Dabei war sie eine recht gute Schwimmerin und sie liebte es auch, ihrem schlanken, äußerst gut gebauten Körper auf einer Decke räkelnd ein Sonnenbad zu gönnen. Allerdings hatte Carmen wenig Zeit für solche Sonnenbäder und Schwimmbadbesuche, denn sie arbeitete in einer Branche, die gerade in den Sommermonaten gefordert war. Also fast genauso wie Ralf. Nur, dass Carmen nicht draußen in der Sonne herumstand, sondern als Köchin in einem Ausflugslokal, wobei es ihr immerhin mindestens genauso heiß wurde.

Weil beide oft an Wochenenden arbeiten mussten und dabei noch unterschiedliche Arbeitszeiten hatten, war es gar nicht so einfach, Verabredungen zu treffen. Noch schwieriger war es, ein gemütliches Plätzchen für ihren beiderseits immer intensiver werdenden Drang nach einem intimen Zusammensein zu finden, denn zu mehr als heißen Küssen und zärtlichen Umarmungen war es bisher nicht gekommen. Carmen wohnte in einer WG zusammen mit ihrer Arbeitskollegin im zweiten Obergeschoss des Lokals und Ralf wohnte, obwohl er schon sechsundzwanzig war, noch im Hause seiner Eltern.

Ralf verspürte zwar große Lust, wollte aber seine Angebetete nicht in ihrem kleinen WG-Schlafzimmer verführen, wenn deren Kollegin sich hinter der dünnen Wand im Nebenraum aufhielt und auf dem angrenzenden Parkplatz die Autotüren auf und zu geworfen wurden. Zu Hause in seinem Zimmer fand er es wohl gemütlich, aber zu den Zeiten, die in Frage kamen, saßen seine Eltern immer im Wohnzimmer vor dem Fernseher. Und wie er seine Mutter kannte, würde sie Carmen zum einen erst einmal in endlose Gespräche verwickeln und sie mit allerlei Leckereien betütteln, zum anderen ganz bestimmt an seiner Zimmertür horchen. Mutti war nämlich sehr froh, dass Ralf endlich mal eine feste Freundin hatte, und dann noch so eine anständige, die sogar gut kochen konnte.

An einem strahlend warmen Sommertag, an dem Ralf beim verträumten Blick auf das sonnenglitzernde Schwimmbadwasser gerade intensiv über dieses Problem nachdachte und im Geiste Carmens strahlende Augen vor sich sah, wurden seine Träume von ein paar wild gewordenen Jugendlichen gestört, die schon öfter äußerst unangenehm aufgefallen waren.

Sie trieben allerlei Unfug, sprangen von allen Seiten ins Becken, ohne sich an irgendwelche Regeln zu halten und belästigten andere Schwimmer erheblich. Das ging zu weit. Es war nicht einfach, sich Respekt zu verschaffen, aber Ralf fühlte sich für ‚sein' Bad verantwortlich. Es gab mal wieder Ärger, und die Störenfriede bekamen bereits zum zweiten Mal für drei Wochen Hausverbot. Als Ralf nach dieser Verbannungsaktion wieder selbstbewusst mit aufmerksamen Blicken über sein Reich wachte und ihm klar wurde, dass er hier so etwas wie Herr im Hause war, kam ihm eine Idee.

Er besaß einen Schlüssel und das Umkleidegebäude stand nachts leer. Genau hier könnte er seiner geliebten Carmen die Welt zu Füßen legen. Sie verwöhnen, sich Zeit nehmen und sie mit den allerhöchsten Freuden der Liebe und Erotik zu beglücken. Und natürlich auch sich selbst.

Nachdem die letzten Schwimmbadbesucher weg und später auch die Putzfrauen mit der Säuberung der Räume fertig waren, zauberte er in einem der Diensträume in dem vorgelagerten Schwimmbadgebäude, wo sich auch die Umkleideräume und Duschen befanden, aus Matten und Decken ein kuscheliges Bett. Ganz so, wie es der Zeit entsprach und wie man es in jeder Fernseh-Seife sehen konnte, stellte er rundum Kerzen auf, verstreute Rosenblätter und bereicherte das Ganze mit verführenden Düften aus der Drogerie, die er zwischendurch noch rasch besorgt hatte.

Als er seine Carmen abholte, nahm er sie liebevoll in den Arm und drückte ihr einen langen feuchten Kuss auf den Mund.

„Ich habe eine Überraschung für dich", sagte er.

„Was denn, jetzt noch? Also wenn wir noch weggehen wollen, muss ich erst noch duschen." Sie hatte sich beeilt und führte noch einen intensiven Küchengeruch mit sich.

„Brauchst du nicht. Ich will ... dir etwas ... zeigen."

Er küsste sie auf den Nacken, fuhr mit einer Hand durch ihr wuscheliges Haar, während die andere Hand nach ihren wohlgeformten Rundungen tastete. Carmen liefen kleine Schauer über den Rücken, obwohl es noch angenehm warm war an diesem Sommerabend, der schon so weit fortgeschritten war, dass es bereits dunkelte.

„Komm, steig ein!"

Im Auto küssten sie sich abermals und während Ralf sein Auto durch die dunklen Eifelstraßen lenkte, legte er auf den wenigen geraden Strecken immer wieder seine rechte Hand auf Carmens nacktes Knie. Seine Erregung stieg. Schon allein die Vorfreude ließ sein Herz klopfen.

Das Schwimmbad lag gut 500 Meter vom Ort entfernt. Außer einer Straßenlaterne am Parkplatzeingang lag alles vollkommen im Dunkeln. Ralf parkte sein Auto so, dass es hinter einer dichten Hecke stand und von der Straße aus keinesfalls zu sehen war.

„Hey? Dein Schwimmbad? Sag bloß, du willst jetzt mit mir schwimmen gehen?" fragte Carmen. „Nachts nackt schwimmen – weißt du was? Das habe ich das letzte Mal gemacht, als ich sechzehn war. Das ist schon fünf Jahre her."

„Du bist nachts ins Schwimmbad eingebrochen?"

„Eingebrochen, wie sich das anhört. Quatsch, wir sind über den Zaun geklettert. Sag bloß, du hast das noch nie gemacht?"

„Doch - ich war achtzehn, glaube ich. War aber nicht so gut, weil wir ziemlich besoffen waren und einer meiner Freunde beim Sprung vom Dreimeterbrett so einen Bauchklatscher hingelegt hat, dass er keine Luft mehr bekam." Nein, daran wollte sich Ralf an diesem Abend wirklich nicht erinnern.

An diesem Abend mussten sie nicht über den Zaun klettern, denn Ralf besaß einen Schlüssel. Trotzdem kicherten beide wie Jugendliche, die dabei waren, etwas streng Verbotenes zu tun.

Im kühlen Flur hinter den Umkleidekabinen küsste Ralf seine Liebste wieder. Dieses Mal schon erheblich intensiver. Carmen wehrte ihn keineswegs ab. Und dann zeigte er ihr das Liebesnest. Weil er nicht viel Licht machen wollte, zündete er ein Streichholz an. Und damit dann ein paar der Kerzen. Aber Carmen, in deren Klamotten sich hartnäckig der Küchengeruch hielt, fühlte sich nicht wirklich wohl. Sie wollte erst duschen.

„Kein Problem", sagte Ralf, „bedien' dich, du hast den ganzen Duschraum für dich alleine." Dabei stellte er sich schon vor, wie Carmens herrlicher Körper splitterfasernackt … Musik, ja die Musik fehlte, fiel ihm ein, als er sein T-Shirt auszog. Daran hatte Ralf gar nicht gedacht. Es war so still hier draußen. Dann hörte er das Plätschern der Dusche. Vielleicht sollte er ja … Ja, zusammen duschen wäre sicher ein schöner Auftakt zu einer Liebesnacht. Prickelnde Wassertropfen auf der Haut …

Wenig später beeilte sich Ralf, ein Duschtuch aus seinem Dienstzimmer zu holen. Es wurde doch etwas kühl in dem Gebäude zu dieser nächtlichen Zeit. Endlich, endlich kuschelte das Liebespaar in seinem Nest. Sie waren nicht mehr dazu gekommen, ihre nassen Haare zu föhnen, so sehr hatten die Gefühle die beiden überwältigt. Ralf konnte es kaum erwarten, seine Carmen in den Hochgenuss der Erotik zu geleiten, schließlich sollte ihre erste sexuelle Vereinigung zu einem unvergesslichen Erlebnis werden.

Plötzlich hörten sie Geräusche. Zuerst ein ganz in der Nähe ersterbendes Mopedgebrumm, dann Stimmen, die sich näherten. Dann das Platschen von Wasser. Die sich windenden nackten Körper auf den Decken hielten inne. Sie hoben die Köpfe, lauschten.

„Was ist das?" flüsterte Carmen, die sich instinktiv das nasse Handtuch von Boden griff und vor ihren Körper hielt.

„Ich weiß nicht", flüsterte Ralf zurück. Er hätte die Geräusche von draußen am liebsten ignoriert, verschwinden lassen, weggehext. Ausgerechnet jetzt!

Das darf doch nicht wahr sein, dachte er. Da werden doch nicht ausgerechnet heute Nacht irgendwelche bekloppten Jugendlichen auf die Idee kommen, ins Schwimmbad einzubrechen. Denen werde ich Beine machen! Dann wurde ihm bewusst, dass es keine Jalousien hier gab, keine Vorhänge. Wenn die um die Ecke kämen, würden sie hier rein schauen können. Oh je!

So schnell er konnte, pustete er sämtliche Kerzen rundum aus. „Pssssst", bedeutete er Carmen. Der Dienstraum lag in Richtung Wald, vom Eingang und vom Parkplatz her hätte hier nie jemand den Kerzenschein bemerkt. Wenn aber diese Burschen da draußen zum Sprungbecken gingen, dann … Gerade nochmal gutgegangen.

Ralfs sexuelle Erregung hatte sich schlagartig verflüchtigt. Dafür erregte er sich heftig darüber, was da draußen passierte. Und dass ausgerechnet zum falschesten Zeitpunkt. Aber er war Bademeister und Hausmeister und das hier war sein Job.

Leise, ganz leise und vorsichtig schlich er, nachdem er rasch in seine Hose geschlüpft war, zu einem Fenster, aus dem er den gesamten äußeren Beckenbereich einsehen konnte. Drei männliche Gestalten tummelten sich am Beckenrand, ein etwas molliger Typ war noch dabei, seine letzten Klamotten abzulegen. Ralf überlegte. Waren das nicht die Störenfriede, denen er Hausverbot erteilt hatte? Vielleicht lag ja hier auch die Lösung der Frage, wer wohl in letzter Zeit dafür sorgte, dass trotz abendlicher Reinigung der Liegewiesen immer wieder morgens überall Abfall herumlag und leere Bierflaschen im Wasser schwammen. Aber ob er sich nun mit gleich vier Burschen anlegen sollte? Das könnte leicht eskalieren und um den Helden zu spielen, danach war Ralf in diesem Moment gar nicht zumute.

Als Carmen völlig geräuschlos plötzlich neben ihn glitt und ihm zuflüsterte „Siehst du was?" wäre er vor Schreck schon fast in Ohnmacht gefallen. Irgendwie war es gespenstisch im dem Tal zwischen den Hügeln, in dieser Nacht, in der der Mond nur manchmal hinter den Wolken hervorlugte.

„Ja, vier Kerle. Die wissen gar nicht, wie gefährlich das ist." Ralfs Kumpel hatte damals nochmal Glück gehabt, als ihm der Atem weggeblieben war. „Und außerdem … ist das eine Sauerei mit den Bierflaschen, guck mal, die sitzen da und trinken, und dann werfen sie die Flaschen ins Wasser."

„Kennst du sie?"

„Ich kann sie im Dunkeln zwar nicht gut erkennen, aber ich bin mir ziemlich sicher, dass es die sind, die ich heute rausgeschmissen habe."

„Weißt du was?" flüsterte Carmen, die ein wenig zitterte und sich an Ralf kuschelte, nach ein paar Minuten des Beobachtens, „ich habe eine Idee. Wie wär's, wenn wir denen die Klamotten klauen?"

Ralf überlegte kurz. Im Dunkeln um das Nichtschwimmerbecken, die Stufen hoch, dann im Schutz der Bank … das könnte klappen. Ja, die Idee war gut. Dann müssten die Kerle nackt und nass wie sie waren nach Hause fahren. Ha! Ja, das wäre eine Strafe. Die würden so etwas nicht so schnell wieder machen.

Es war nicht ganz einfach, unbemerkt durch die hintere Tür zu gelangen, die verstreut liegenden Kleider und Schuhe in ein Netz zu stecken und wieder zurück ins Gebäude zu gelangen. Carmens Herz klopfte bis zum Hals, als sie die Aktion hinter der Glasscheibe her verfolgte. Doch weil die vier jungen Kerle grölend herumplantschten, vom Ein-Meter-Brett sprangen und versuchten, mit ihren Hinterteilen möglichst mächtige Platscher zu erzeugen und sich zwischendurch immer wieder zuprosteten, bemerkten sie überhaupt nichts. Ihr

Alkoholspiegel und die Gewissheit, dass hier kein Mensch ihr Treiben bemerken würde, verlieh ihnen vollkommene Sicherheit.

Es dauerte ziemlich lange, bis einer der Burschen rief: „He Leute, mir reicht's" und ein anderer sagte „mir ist kalt, lasst uns abhauen", und Carmen und Ralf hinter der sicheren Glasscheibe beobachten konnten, was nun abging. Als der Mond kurz hinter den Wolken hervorkam, sahen sie ein paar irritierte, ziemlich hilflos zitternde Nacktgestalten herumstehen.

„He, mach die Augen zu", flüsterte Ralf und knuffte Carmen in die Seite.

„Denkste", kicherte Carmen, „das will ich sehen."

„Die nackten Kerle?"

„Haha, wie doof die jetzt gucken! Glaubst du die merken, dass jemand hier drin ist?"

„Und wenn schon. Die kommen hier nicht rein."

„Und wenn die dein Auto sehen?"

„Nee, guck mal, dort hinterm Zaun stehen zwei Mopeds. Das ist genau in der anderen Richtung. Upps, daran habe ich nicht gedacht. Bestimmt sind die Schlüssel in den Hosentaschen, dann müssen sie jetzt zu Fuß …"

Die Nackten stritten sich. Anscheinend verdächtigten sie sich gegenseitig, die Kleidung versteckt zu haben. Zweimal wurde einer ins Wasser geschuppst. Einer knallte wütend eine Bierflasche gegen den Sprungturm, die dort klirrend zerbarst. Ziemlich lange ging es hin und her und als sie schließlich in allen Ecken und überall auf den Liegewiesen gesucht hatten, kletterten vier Nackte fluchend über den Zaun und gaben wehleidige, klagende Laute von sich. Barfuß huschten sie über den steinigen Boden am Straßenrand, dann waren sie in der Dunkelheit verschwunden.

Vermutlich hätten sie noch wesentlich lauter geflucht, hätten sie geahnt, dass dort hinter einem Fenster des Umkleidegebäudes zwei Leute sich schier den Bauch hielten vor Lachen.

Am übernächsten Tag stand eine Notiz in der Zeitung mit der Überschrift „Flitzer oder Exhibitionisten? Wer waren die Nackten am Straßenrand?" Von einem unerlaubten nächtlichen Endringen ins Schwimmbad wurde nichts berichtet. Allerdings von einer heißen Liebesnacht in einem Schwimmbadgebäude auch nicht.

In der Kneipe

Nach der Arbeit trafen sich Schreiner Heinz und Dachdecker Hugo öfters in der Dorfkneipe, um rasch noch gemeinsam ein paar Bierchen zu schlürfen. Weil sie echte Eifeler waren, wurden dabei nicht immer allzu viele Worte verloren. Trotzdem fanden hin und wieder auch Gespräche statt.

An diesem Tag schlurfte Hugo zur Theke und machte es sich auf einem Barhocker neben seinem alten Schulkollegen bequem.

„Tach Heinz."

„Tach Hugo."

„Machste mir en Bierchen, Friedchen?" sagte er zu der älteren Dame hinter dem Tresen.

„Mit nem Körnchen, Hugo, wie immer?"

„Äh, nee, heute net!"

„Ist wat?" fragte Heinz.

„Ooch nee."

Es dauerte ein wenig, bis Wirtin Friedchen einen Bierdeckel auf die Theke legte und Hugo ein schön gezapftes Bier vor die Nase stellte.

„Prost Hugo."

„Prost Heinz, Scheiß Wetter heute was?"

„Kannste laut sagen. Und net nur dat Wetter."

„Wat is denn los mit dir Hugo? Du machst ja ein Gesicht wie sieben Tage Regen. Dabei hat et doch heute nur ein bisschen getröpfelt. War wohl nix los da oben auf dem Dach?"

Heinz wusste, dass Hugo zwar mit Leib und Seele Dächer deckte und flickte, aber auch furchtbar gerne seine exponierte Stellung dort oben nutzte, um sämtliche Bewegungen auf den Dorfstraßen zu beobachten. Hugo wusste immer ganz genau, wer wann wohin fuhr, welche Bäckerautos hupten und wo irgendwo im Dorf Bauarbeiten zugange waren.

Hugo schwieg. Seine hängenden Mundwinkel sprachen jedoch Bände.

„Eye, lass dir net die Wörter aus dem Mund rausziehen. Wat is los?"

„Knöllchen, dat is los!"

„Hee? Warst du zu schnell?"

„Nee! – Och, Mist!"

„Erzähl!"

Hugo nahm einen großen Schluck Bier und wischte sich den Schaum vom Mund.

„Da sitz ich so schön auf dem Dach und flicke am Schornstein rum, da fährt unten die Polizei vorbei. Und dann seh ich doch von oben, wie die bei uns in die Straße einbiegen."

„Unn?"

„Ich hab mir gedacht, da will ich doch mal gucken, wo die hinfahren. Hätte ja sein können, dass unser Nachbar mal wieder Zeug in seinem Garten verbrennt. Die Marieluise beschwert sich nämlich auch immer, dass die ausgerechnet immer dann ein Feuerchen machen, wenn sie die Wäsche draußen hängen hat. Sauerei ist das. Obwohl, Rauch habe ich eigentlich nicht gesehen. Oder hätte ja auch sein können, dass der Junge von den Schneiders gegenüber mal wieder was angestellt hat. Der hat sich doch neulich mal in der Disco mit einem geprügelt.

„Ja und?"

„Na ja, ich schnell die Leiter runter, hab mich ins Auto gesetzt und bin denen hinterhergefahren."

„Neugierig bist du ja gar net, wat?"

„Na hör mal. Wenn bei dir in der Straße die Polizei wär…"

„Und, wat war?"

„Weiß ich net. Als ich an denen vorbeifuhr, waren sie gerade erst ausgestiegen. Ich bin ganz langsam gefahren, Schritttempo sozusagen. Wollte doch wissen, wo sie hingehen."

„Ja und?"

„Da kommt einer der Polizisten auf mich zu und hält mich an. Ich denk noch, vielleicht brauchen sie mich als Zeugen, sozusagen. Ich meine, man kriegt ja doch so einiges mit."

„Ja und?"

„Ich war net angeschnallt!"

„Oh Scheiße!"

„Dat kannste laut sagen. Und Papiere hatte ich auch net dabei."

„Und?"

„Unn? Knöllchen, 60 Euro!"

„Ach je. Und dat nur, weil dich der Vorwitz geplagt hat!" Heinz konnte sich ein breites Grinsen nicht verkneifen.

„Nun grins du auch noch!" schimpfte Hugo.

Friedchen hinter der Theke grinste auch.

Hugo schluckte.

Berta und Hermann

Normalerweise fuhr Berta alleine zum Einkaufen. Weil ... Männer ... nun ja, jedenfalls Hermann, der Ur-Eifeler war nicht unbedingt der Typ, den man dabei brauchen konnte.

Dieses Mal aber benötigte Hermann noch ein paar ganz spezielle Schrauben aus dem Baumarkt, und wenn man schon mal in die Kreisstadt fuhr, dann konnte Berta dort auch gleich ihren wöchentlichen Einkauf erledigen.

Im Vorfeld gab es schon heftige Diskussionen, weil Hermann sich weigerte, extra wegen der paar Schrauben im Baumarkt eine bessere Hose anzuziehen. „Mit der abgewetzten Manchesterbox hole ich dich nicht mit" (Eifeler kennen ja das Wort ‚nehmen' nicht und eine Manchesterbox ist eine Cordhose), sagte Berta. „Wie sieht denn das aus? Dann denken die Leute, wie lässt die Frau denn ihren Mann rumlaufen? Und wenn wir jemanden treffen? Nee, Hermann, von mir aus kannst du die neue Jeanshose anziehen, aber so nicht!"

Basta, Berta hatte gesprochen. Auch, wenn Hermann ziemlich stur sein konnte, er wusste genau, Berta würde keine Ruhe geben. Also fügte er sich wohl oder übel.

Als sie auf der Strecke zur Stadt eine ganze Zeitlang hinter einem dicken Brummer her schleichen mussten, wurde Berta kribbelig. Besonders dann, wenn Hermann versuchte, zu überholen, mal kurz Gas gab, dann aber wieder abbrechen musste. „Mir wird gleich schlecht. Kannste nicht endlich mal an dem vorbeifahren? Und mach doch mal die Scheibenwischer an. Der Dicke da bespritzt ja alles!"

„Geht nicht."

„Was geht nicht? Der Scheibenwischer? Dann kannst du dir ja im Baumarkt gleich neue kaufen."

„Quatsch, Überholen."

„Ja, das habe ich gemerkt. Dann tu auch nicht so, als ob du das wolltest. Nun mach doch mal endlich die Scheibenwischer an, ich seh' ja nichts!"

„Ich sehe noch genug."

Bei der Einfahrt in den Aldi-Parkplatz suchte Berta nach einem günstigen freien Platz, aber weil ihr Hermann die Scheibenwischer zwar eingeschaltet, sich aber den Wasserstrahl aus den Düsen gespart hatte, war ihr Ausblick durch Schlieren auf der Scheibe stark getrübt. „Da, da hinten, da fährt gerade einer raus", dirigierte sie ihren Ehemann, „ach nee, hier links, hier Hermann, da je, fahr hier rein!"

Hermann dachte gar nicht daran. Er suchte in aller Ruhe einen Platz ganz hinten, wo noch alles frei war, schaltete den Motor aus und machte keinerlei Anstalten, auszusteigen.

„Hhhh", Berta atmete stöhnend ein und aus. „So weit weg. Dann kannst du aber nachher den Einkaufswagen zurückfahren. - Was ist, gehen wir nicht rein?"

„Kannste ja wohl allein."

„Kann ich. Aber wenn du schon mal dabei bist, kannst du mir ja auch helfen – mit Einräumen und so. Das geht ja immer so schnell bei denen an der Kasse. Und außerdem, die haben heute Lesebrillen im Angebot. Da kannst du dir ja mal eine neue kaufen – für das Geld!"

„Ich habe noch eine."

„Ja, aber die ist bestimmt nicht mehr stark genug. Du blinzelst nämlich immer so komisch, wenn du die Zeitung liest. Kannst ja wenigstens mal ein paar probieren, dann wirst du merken, dass du dann bestimmt besser siehst. Na komm schon Hermann! Jetzt bist du doch schon mal dabei. Beim Optiker gibst du dafür viermal so viel aus!"

Widerwillig stieg Hermann aus, bekam gleich mal einen Rüffel, weil einer der Reifen auf der weißen Markierungslinie stand („da fährst du extra hier hinten hin und dann stehst du noch nicht richtig") und folgte seiner resoluten Berta, die ihm gleich mal einen Einkaufswagen in die Hand drückte und ihn hinter sich her beorderte.

Berta wuchtete durch die Reihen, griff hier und dort in die Regale und legte die Sachen in den Einkaufswagen. „Hermann, dann komm doch mal mit dem Wagen hierher. Hier guck mal, ist das hier nicht der Sekt, den Müllers kürzlich auf dem Tisch hatten? Du hast doch noch gesagt, der würde dir so gut schmecken. Sollen wir davon mal zwei Flaschen mitnehmen?"

„Nee, davon hab' ich hinterher Sodbrennen gehabt."

„Aber der hat dir doch so gut geschmeckt. Ich fand den auch ganz gut."

„Wenn du ihn gerne trinkst, dann nimm ihn meinetwegen."

„Aber du hast …, guck mal, der ist im Angebot. Wow, wie billig!"

„Ach deswegen! Da je, mach schon!"

„Ich kann ihn auch liegen lassen", sagte Berta leicht eingeschnappt und fügte noch hinzu. „Na ja, ich hätte auch nicht gedacht, dass die Müllers ihren Sekt im Billigmarkt kaufen. Kannst du mal sehen."

Sie kamen am Backautomaten vorbei und es duftete nach frisch gebackenen Brötchen.

„Hermann, sollen wir uns ein paar Brötchen mitnehmen? Wer weiß, wann wie lange du im Baumarkt brauchst und dann habe ich nachher vielleicht keine Zeit mehr, zu kochen? Dann essen wir heute eben mal nur belegte Brötchen. Guck mal, hier ist der Knopf, willst du Vollkorn oder Normale?"

„Ich will gar keine Automaten-Brötchen. So was kauft man beim Bäcker. Genauso wie Brillen, die kauft man beim Optiker."

„Na, wenn wir aber hier schon mal hier dabei sind. Ach Hermann, nun stell dich doch nicht immer so an."

Ärgerlich wandte sich Berta ab und suchte mit ihren Augen die vor ihr liegenden Regale ab. Dabei lief sie geradewegs mit ihrem linken Fuß in die Rollen eines vorbeifahrenden Einkaufswagens, dessen Schieber, ein Mann so etwa im ersten Rentenalter, gerade in ein Handy hinein sprach:

„Wo sind denn die Fahrradhandschuhe? Ich sehe hier nichts. Nein – ich bin schon einmal ganz rund gegangen, bin jetzt gerade beim Backautomaten. Nee, der Backautomat ist links von mir …"

Berta warf dem Mann einen wütenden Blick zu, weil ihr kleiner Zeh ziemlich wehtat, schluckte aber die Worte „Können sie nicht aufpassen?" hinunter.

„Siehst du?" tuschelte sie ihrem Hermann dann zu, „andere Männer müssen allein einkaufen gehen. Und du …? - Ah, da sind ja die Brillen. Na los Hermann, probier' mal an, ich gucke in der Zeit, was sie sonst noch so in den Wühlregalen haben. Guck, hier stehen die Stärken drauf und hier ist ein Spiegel. Du kannst dir ja da hinten so ein Buch holen, dann kannst du testen. Oder hier so eine Packung, wo hinten etwas drauf steht."

„Ich bin ja nicht blöd, geh schon!" Hermann fand es ziemlich nervig, wenn Frauen immer so taten, als seien ihre Männer total bescheuert, was ihnen anscheinend allerdings nicht abzugewöhnen war.

Berta ließ den Einkaufswagen stehen und machte sich auf Erkundungstour, während Hermann sich tatsächlich den Brillen zuwandte. Zwei Stück probierte er. Und schon lag die mit der höheren Stärke im Einkaufswagen. Dann aber wurde sein Blick von einer anderen Aktionsware angezogen, einem Rasenkantenschneider. Er schnappte sich die gewählte, noch nicht bezahlte Brille und las intensiv die Beschreibung auf der Verpackung. Blickte nach dem Preisschild, überlegte, zögerte, las wieder, überlegte wieder und wuchtete das gute Stück schließlich in den Einkaufswagen.

In der Zeit war Berta vorausgeeilt und kam schließlich mit einem Paket Betttüchern, zwei Packen Mehl, einer Packung Spaghetti und einer Packung Speisestärke, ihren Mann und den Einkaufswagen suchend, auf diesen zu. „Wo bleibst du denn? Hast du endlich eine Brille? - Ich habe mal zwei neue Betttücher geholt. Unsere weißen kann ich gar nicht mehr auflegen. Das ist, weil du immer so schwitzt und dich tausend Mal im Bett rum drehst. Deine sind immer in der

Mitte so abgewetzt. – Hermann, was ist denn das hier? Hast du den Einkaufswagen verwechselt?"

Mit dem Blick auf das Gartengerät kam es Berta so vor, als hätte Hermann den Schiebewagen eines anderen Kunden erwischt. So war es ihr nämlich selbst kürzlich auch passiert.

„Nee."

„Und was ist das?"

„Ein Rasenkantenschneider. Siehst du doch."

„Hast du den da reingetan? Hermann, du hast doch schon einen."

„Der geht nicht richtig."

„Was kostet der denn? Hermann! Kann man den anderen denn nicht flicken?"

„Nee. Da je, mach weiter, sonst stehen wir heute Abend noch hier."

„Phhhee, Männer, kann man aber auch keinen Augenblick allein lassen. Aber drängeln!"

Und dann sah Berta plötzlich Hedwig aus ihrem Gesangsverein daherkommen.

„Aah, guten Morgen Hedwig. Auch beim Einkaufen?"

„Ja, muss man ja." Und dann ging es los, das Gespräch zwischen Frauen. Über Sonderangebote, Preise, Rückenprobleme, gemeinsame Bekannte – und „guck mal da hinten, ist das nicht die Frau X.? Was hat die denn für eine Frisur? Nee, also in dem Alter noch blaue Strähnen im Haar. Wie kann man nur?"

Hermann schob den Wagen schon mal ein Stück weiter und stellte sich hinter die Reihe der Wartenden an der Kasse. Als er bereits anfing, Sachen aufs Band zu laden, kam Berta an gehechelt. „He, Hermann, ich bin doch noch gar nicht fertig. Ich hab noch kein Gemüse und noch kein Obst, komm sofort zurück."

Hermann war stur. Er dachte nicht daran, das Zeug wieder vom Band zu nehmen.

Deshalb sauste Berta dann wie angestochen zwischen Obst-, Gemüseregal und Einkaufswagen hin und her, fand hier noch ein Netz Zwiebeln, fummelte dort noch an den Apfelsinen herum, ob sie auch keine Faulstellen aufwiesen und war stinksauer, weil sie sich so beeilen und ihren Körper mit dem viel zu hohen BM-Index andauernd zwischen den vor der Kasse Wartenden hindurchwinden musste.

Beim Bezahlen stellte sie fest, dass sie nicht genug Bargeld im Portemonnaie hatte, weil Hermann unbedingt dieses blöde Teil hatte einladen müssen. Doch als sie sich anschickte, ihre EC-Karte zu suchen, zückte Hermann seinerseits seinen Geldbeutel und bezahlte.

„Wie sieht das denn aus?" keifte sie wenig später, als sie half, die Sachen im Kofferraum zu verstauen. „Wenn die Hedwig das gesehen hat, denkt sie bestimmt, wir hätten getrennte Kassen. Ich hätte doch mit der Karte bezahlen können. – Gib her, die Zwiebeln gehören in die Tasche, man kann doch nicht die Zwiebeln mit dem Obst… Huch aber auch, Männer! Keine Ahnung!"

„Dann mach es doch selbst", knurrte Hermann und sah zu, dass er das Wägelchen wegbrachte.

Als sie im Auto saßen und losfuhren, bat Berta: „Gib mir mal den Euro aus dem Einkaufswagen, den lege ich immer hier in das Fach."

„Hab ich vergessen."

„Was? Dass der immer hier in dem Fach liegt? Oder hast du den … Hermann! Du hast den doch nicht in dem Wägelchen gelassen?"

„Doch. Und ich fahre jetzt auch nicht mehr zurück."

„Ach, jetzt ist der sowieso lange weg. Oh Mann, bist du ein Schussel!"

Hermann überlegte gerade, ob er tatsächlich noch in den Baumarkt fahren sollte.

(Fortsetzung folgt)

Hochwürdiger Besuch

Karl-Josef, der Name war im Grunde schon prädestiniert für ein gekröntes und ein religiöses Amt. Und tatsächlich hatte der Theologe es geschafft, als Bischof in die Phalanx der kirchlichen Würdenträger einzudringen.

Damals jedoch, als der Sohn eines Landwirtes in Eifeldorfhausen aufgewachsen war, hätte zunächst kein Mensch daran geglaubt, dass jemals ein Priester aus ihm würde, geschweige denn ein Bischof. Der klein gewachsene Karl-Josef, der immer zu seinen Mitschülern hatte aufschauen müssen und oft durch sein störrisches Temperament aufgefallen war, hatte es weder in der Grundschule, die damals noch Volksschule hieß, leicht gehabt, noch später im Gymnasium in der Kreisstadt. Wegen seiner geringen Körpergröße war er oft verspottet, gehänselt und verhauen worden und um sich Respekt zu verschaffen, hatte er immer wieder zu ungewöhnlichen Methoden greifen müssen. Methoden, die nicht unbedingt zu seinem späteren Berufsbild gepasst hätten.

Wie auch immer, der Geistliche Karl-Josef hatte es zu Rang und Würden gebracht und für die Leute in seinem Heimatort, in dem er sich seit Jahrzehnten nicht mehr hatte sehen lassen, war er nun so etwas wie eine Berühmtheit.

Als Eifeldorfhausen ein rundes Jubiläum feierte, zu dem auch sämtliche ehemalige Dorfbewohner und besonders natürlich solche hochrangigen wie Bischof Karl-Josef eingeladen worden waren, zeigten sich Bürgermeister, Gemeinderäte und Kirchenvorstände äußerst gebauchpinselt, dass der hochwürdige Sohn des Dorfes an diesem Tag ein feierliches Hochamt in der Pfarrkirche hielt. Fahnen schmückten den Weg von seinem Geburtshaus bis zur Kirche, Blumen wurden gestreut, ähnlich wie am Fronleichnamstag. Der Innenraum der Kirche war so voll wie seit Jahren nicht mehr. Fast sämtliche Dorfbewohner erwiesen dem äußerst ehrwürdigen Herrn die Ehre, der durch seine bischöflichen Gewänder und seine abstehenden rot-krausen Haare ein imposantes Bild abgab. Zwar war seine Statur immer noch eher breit als groß, doch auf der erhöhten Altarebene und durch seine bischöflichen Insignien wirkte er irgendwie erhaben. In seiner Predigt redete er von Nächstenliebe, vom Verzeihen, Vergessen und Vergeben. Nicht wenige seiner damaligen Schulkameraden bezogen seine Worte auf die alten Zeiten. Einige fragten sich allerdings auch, wer wem was zu verzeihen hatte. Ok, sie hatten ein paar Spielchen mit ihm getrieben, damals. Aber das kleine Karlchen hatte sich mindestens bei jedem von ihnen in mindestens genauso mieser Form gerächt.

Albert, der jetzige Handelskaufmann und Gemeinderat, erinnerte sich mit einem leichten Lächeln auf dem Mund während der Predigt daran, wie seine Clique den kleinen Karl-Josef einmal dabei erwischt hatte, dass er mitten im Wald mit ausgebreiteten Armen auf einem Fels gestanden und laut gepredigt hatte. Den Tieren im Wald hatte er damals schon von Nächstenliebe erzählt, ganz im Stil eines Predigers mit erhobener Stimme und eindringlichen Worten. Natürlich hatten die harten Burschen aus dem achten Schuljahr der Dorfschule den Gymnasiasten in höchsten Tönen verspottet, ausgelacht und mit Tannenzapfen beworfen, bis er weinend geflüchtet war. Doch wenige Tage danach hatten sie ihr Bretterhaus im Wald zerstört vorgefunden. Zerstört bis ins kleinste Detail, in maßloser Wut zertrümmert. Sämtliche Bretter waren unbrauchbar gewesen. Sie hatten genau gewusst, wem sie das zu verdanken hatten. Tja, und nun stand das kleine Karlchen dort vorne am Altar und war Bischof.

Beim anschließenden Empfang im Gemeindehaus hielten die meisten Besucher erst einmal respektvollen Abstand zum Hochwürdigen Bischof Karl-Josef, der sein Amt im Süden Deutschlands ausübte und nun als hoher Gast von den weltlichen Würdenträgern der Region begrüßt wurde. Albert knuffte seinen ehemaligen Mitschüler Franz, der sonst den Weg Richtung Kirche nicht sonderlich oft fand, in die Seite: „Du Franz, wie sagen wir denn jetzt zu dem Karlchen? Dürfen wir den jetzt nicht mehr duzen?"

„Keine Ahnung. Glaubst du vielleicht, ich sage jetzt ‚Hochwürden' zu ihm, oder gar ‚Eminenz'?

„Nee, Eminenz sagt man zu einem Kardinal und Hochwürden…", er grinste „dann eher Kleinwürden – oder Dickwürden."

Gerade schauten sie zu, wie die ein paar Jahre ältere und ziemlich fromme Helene, die früher in der Kirche immer vorgebetet hatte, vor dem Bischof in die Knie ging und seinen Ring küsste. Danach sprach der Bürgermeister des Dorfes ganz laut:

„Hochwürdiger Herr Bischof, seien Sie in Ihrem Heimatort aufs Herzlichste gegrüßt. Die gesamte Bevölkerung freut sich riesig, einen so bedeutenden Menschen in ihren Reihen zu haben."

Getränke wurden gereicht sowie kleine feine Häppchen, die fleißige Frauenhände ehrenamtlich hergerichtet hatten. In seinem schwarzen Anzug sah Bischof Karl-Josef nicht mehr ganz so imposant aus wie in den wehenden Bischofsgewändern. Zu den meisten Leuten musste er immer noch nach oben schauen, wenn er mit ihnen sprach.

„Wenigstens von der Kanzel und vom Altar aus kann er auf die Leute runterschauen", flüsterte Franz in Richtung Alberts Ohr.

Albert lächelte nachdenklich. Ja, sie hatten alle so ihre Macken gehabt, damals. Natürlich hatten sie dem Außenseiter seinerzeit das Leben nicht gerade leicht gemacht, der wegen seines Strebertums und seiner Frömmelei unter den Dorfjungen nicht sonderlich beliebt war. Aber auch Karlchens Wutausbrüche und sein Jähzorn waren berüchtigt. So einige der Burschen waren im Laufe der Jahre mit blutender Nase nach Hause gerannt. Wo Karlchen zuschlug, hinterließ er Spuren. Nach Karl-Josefs Abitur wunderten sich die Dorfbewohner nicht mehr, dass er Theologie studierte, denn damals war er nicht nur einer der wenigen jungen Männern, die in dem Alter noch regelmäßig die Kirche besuchten, sondern auch ein äußerst diensteifriger und frommer

Messdiener. Und doch gab es damals Stimmen, die meinten: „Dann muss er sich aber die Wutausbrüche und Raufereien abgewöhnen."

Sich von der holden Weiblichkeit fernzuhalten, das war ihm anscheinend nie schwer gefallen. Im Gegenteil. Seine Schüchternheit gegenüber Mädchen hatte seine jugendlichen Artgenossen umso mehr angestachelt, ihn damit aufzuziehen.

„Weißt du noch, wie wir ihn mit der scharfen Anni in der Scheune eingesperrt haben?" flüsterte Albert.

„Sei bloß still", gab Franz zur Antwort, „der fromme Mensch hat uns das sicher längst verziehen."

„Die Anni aber eher nicht."

„Aber dass er mir mit seinem Flitzebogen fast ein Ohr abgeschossen hätte, das verzeih ich ihm nie. Hier guck mal, das Ohr ist heute noch deformiert."

„Und mich hat er auf der Penne immer beim Lehrer verpfiffen, wenn ich die Hausaufgaben nicht gemacht hatte. Und wenn wir mit dem Bus in die Kreisstadt fuhren, hat der kleine Pimpf immer einen Sitzplatz ergattert. Der war so klein, der ist beim Einsteigen einfach unter den anderen durchgekrochen und hat sich einen Platz gesucht. Raffiniert war der!"

Sie lachten und sahen gerade, wie der alte Mattes, der frühere Nachbar des Bischofs, der die Achtzig schon weit überschritten hatte, ganz unbefangen auf den Würdenträger zuging.

„Na, Karlchen, kennste mich noch? Ich bin der, dem du als Panz immer die Kirschen geklaut hast. Gell, su eppes darfst du heut nemmi?"

Mattes war schon ein wenig tatterig, hatte aber noch Kraft genug, dem Bischof kräftig auf die Schulter zu klopfen. Dieser lachte. Ob er sich wirklich freute, seinen alten Nachbarn wiederzusehen, der mehr als dreißig Jahre zuvor sogar einmal seinen Hund auf ihn gehetzt hatte?

Überhaupt, wenn Albert so im Nachhinein darüber nachdachte, dann fand er es außerordentlich mutig, dass Karl-Josef sich der Gefahr aussetzte, von seinen Erinnerungen eingeholt zu werden. Auch wenn er selbst in jungen Jahren daran keine Gedanken verschwendet hatte, jetzt als Mann mit Lebenserfahrung konnte er sehr gut nachfühlen, wie sich das kleine Karlchen damals gefühlt haben musste.

Als sich die Reihe der ehrfürchtigen Bischofs-Begrüßer lichtete und Franz und Albert ihrem ehrenwerten alten Schulkollegen näher rückten, war ihnen immer noch nicht klar, was sie sagen sollten.

Albert streckte seine Hand aus. „Tach, Hoch... Karl...-Josef" stotterte er.

„Na Albert, altes Haus! Wie geht et? Un dou Fränzi? Alles kloar?"

Wow! Franz und Albert staunten nicht schlecht. Bischof Karl-Josef sprach noch Eifeler Platt wie in alten Zeiten. Und er schien kein bisschen verlegen zu sein, ganz im Gegenteil zu ihnen.

Als kurze Zeit später in dem großen Gemeindesaal einzelne Grüppchen zusammen saßen und standen, gesellte sich Hochwürden Karl-Josef immer wieder zu den Leuten. Fragte hier, ob die alte Lies noch lebte und dort, ob Bauer Schneider immer noch so einen großen Misthaufen vor dem Haus hatte. Er machte Späßchen mit den Kindern und sprach mit jedem der alten Leute, die ganz in Verzückung darüber gerieten, von einem leibhaftigen Bischof persönlich begrüßt zu werden. Ein Bischof rangierte für sie gleich hinter Gott und dem Papst und allein ein Händedruck von ihm war wie ein warmer Segen. Dass einige von ihnen dem kleinen Karlchen vor ewigen Zeiten ihren Händedruck auf seiner Backe verewigt hatten, das wollten sie lieber aus ihrem Gedächtnis streichen.

Überall, wo sich der hochwürdige Herr Bischof unter das Volk mischte und ein paar freundliche Worte mit den Leuten sprach, erntete er Sympathien. Alle fühlten sich ausgesprochen gebauchpinselt, dass ein so hoher Kirchenmann aus ihren Reihen hervorgegangen war und immer noch so leutselig war.

Die Stimmung im Saal war ausgesprochen nett. Eine Laudatio wurde gehalten auf Hochwürdigen Bischof Karl-Josef und keiner der hochrangigen kommunalen Politiker ließ es sich nehmen, den ehrbaren Sohn des Dorfes mit ähnlich hehren Worten zu begrüßen. Schließlich verlieh man ihm sogar die Ehrenbürgerwürde.

Gegen Ende der Veranstaltung gab es dann allerdings leider noch einen bedauernswerten Zwischenfall. Albert, der gerade mit einer leicht überschwappenden Tasse Kaffee zwischen den engen Stuhlreihen balancierte, traf gerade mit Bischof Karl-Josef zusammen, der den Weg Richtung Toilette suchte.

„Un, Albert, wie as et su daheem?" fragte Hochwürden seinen alten Kumpel und blieb auf einen kleinen Plausch stehen. Albert hielt den Unterteller mit der Kaffeetasse in der Hand und erzählte kurz, dass seine Frau im Betrieb mithalf und seine Tochter gerade Abi gemacht hatte. Ganz unverhofft jedoch rückte gerade in diesem Moment ein dort sitzender Gast beim Aufstehen so heftig mit seinem Stuhl nach hinten, dass Albert einen heftigen Stoß in die Seite bekam. Seine Kaffeetasse verlor daraufhin das Gleichgewicht und ihr Inhalt ergoss sich voll über den hochwürdigen Bauch und die darunter liegenden Regionen. Zu dessen Verteidigung gesagt: der Kaffee war heiß, und der Bauch und das empfindlichste männliche Körperteil mögen in diesem Moment immensen Schmerzen ausgesetzt gewesen sein. Jedenfalls blieb dem hohen geistlichen Herrn erst einmal kurz die Luft weg. Aber dann ... lief in wenigen Sekunden sein Gesicht knallrot an, noch viel roter als seine Haare. Gleichzeitig kam ein erstickter Wutschrei aus seinem Hals: „Verdammt, du saublödes Arschl..." schrie er, gab seinem alten Schulkollegen in höchster Rage einen so festen Schubs, dass dieser über den mittlerweile leeren Stuhl nach hinten fiel. Und dann rannte Monsignore Karl-Josef in Richtung Toilette und wurde an diesem Tag nicht mehr gesehen.

Natürlich hatten nicht alle im Saal den Vorfall mitbekommen, aber doch so viele, dass es sich im Nullkommanichts herumsprach.

„Den heißen Kaffee – über den Bauch vom Herrn Bischof? Oh, wie schrecklich!"

„Hast du das gehört?" wurde gefragt, „was hat der gebrüllt? Das gibt's doch nicht!"

„Das aus einem bischöflichen Munde? Nein!"

Franz half Albert auf die Beine. Er grinste. „Ist wohl doch noch ein bisschen vom Karlchen übrig geblieben", sagte er.

Albert stöhnte und massierte sein geprelltes Hinterteil. „Ich konnte doch nichts dafür. Irgend so ein Blödmann hat mir die Stuhllehne in die Seite gerannt. Wie sollte ich denn da den Kaffee ... Oh Mann, war der sauer!"

„Naja", meinte Franz, „stell dir vor, du kriegst so nen heißen Kaffee über dein allerwertestes Körperteil."

Albert sprach nicht aus, was er gerade dachte, aber nun musste er auch leicht schmunzeln.

Natürlich waren sämtliche Festgäste schockiert. Die einen darüber, dass dem hohen Herrn so etwas passieren musste, die anderen über dessen Reaktion. Die Älteren unter ihnen wussten nun plötzlich, dass „dat Karlchen" ja schon immer so ein jähzorniges und aufbrausendes Wesen hatte. Irgendjemand erzählte hinter vorgehaltener Hand, dass man gehört hätte, dass der Bischof auch gar nicht zimperlich mit den Messdienern und auch nicht mit den Priestern in seinem Bistum umginge und schloss: " Nee, Heilige sind das auch nicht immer".

Der alte Mattes lächelte und brachte es auf den Punkt:

„Ähn as eben och nur en Mensch!" (Er ist eben auch nur ein Mensch.)

Alt und blöd?

Bis zu diesen Tagen im März konnte sich Inge über mangelndes Selbstbewusstsein eigentlich nicht beklagen. Nach ihrer Scheidung hatte die Mutter eines erwachsenen Sohnes wieder eine Anstellung in dem Kaufhaus gefunden, in dem sie als junge Frau schon Klamotten verkauft hatte. Mit ihren 62 Jahren sah sie noch recht gut aus, kleidete sich adrett und fand, dass auch ihre Figur und ihre Fitness sich noch recht gut gehalten hatten.

Innerhalb weniger Tage jedoch sollte dieses Selbstbewusstsein einen herben Dämpfer erhalten. Und das alles nur, weil Inge eine Reise machte. Ihre Schwester in Düsseldorf hatte sie zu ihrem runden Geburtstag eingeladen.

Es fing damit an, dass sie an diesem Freitag zu spät zur Bank kam. Normalerweise führte sie der Bedarf an Bargeld zum Schalter, wo es in der ländlichen Sparkasse immer noch auf Wunsch eine freundliche Angestellte übernahm, einen Zettel auszufüllen und die Scheine herüberzuschieben. Nun aber kam sie zu spät. Die Sparkasse hatte bereits geschlossen. Macht nichts, dachte sich Inge, ich habe ja eine Karte. Also begab sie sich zum Geldautomaten. Ihre Karte steckte richtig herum in dem Spalt und sie hatte auch schon auf ‚Auszahlung' gedrückt, da meldete sich der Automat mit der Forderung „geben Sie ihre Geheimzahl ein."

Geheimzahl. Na klar, irgendwann hatte man ihr so einen Umschlag mit einer Geheimzahl geschickt. Sie hatte sie auch irgendwo aufgeschrieben, aber wo? Verzweifelt versuchte sie sich zu erinnern, welche Zahlenfolge ihre Geheimzahl hatte. Es war sogar eine logische Zahlenfolge gewesen, mit drei malnehmen und durch zwei teilen oder so ähnlich. Sie versuchte es. Einmal, zweimal. Beim dritten Mal war sie sich ganz sicher, sich an die richtige Zahl zu erinnern. Doch leider teilte ihr der Automat auf den erneuten Versuch mit: „Ihre Karte wurde eingezogen. Bitte setzen Sie sich mit einem unserer Mitarbeiter in Verbindung."

So ein Mist. Mitarbeiter? Wochenende!

Inge musste ohne Geld nach Hause gehen. Verzweifelt rief sie ihren vielbeschäftigten Sohn an, sie konnte doch nicht ohne Geld nach Düsseldorf fahren.

„Mama? Was ist? Ich bin gerade in einer Besprechung."

In aller Kürze bat Inge ihren Sohn, ihr Bargeld zu besorgen und legte auf, ehe er unwirsch wurde.

Der Gute erschien dann aber abends und legte Inge 200 € auf den Tisch. „Wenn du mehr brauchst, dann kannst du ja was am Automaten ziehen", sagte er. Oh nein, sie würde ihm nicht erzählen, dass ihre Karte weg war.

„Möchtest du mein Navi haben, dann findest du besser hin", bot er freundlich an.

„Ich fahre nicht mit dem Auto. Nee, da in dem Ballungsgebiet, das ist mir zu hektisch. Kannst du mich morgen früh zum Bahnhof bringen?"

Sie hatte es längst aufzugeben, ihrem Sohn klarzumachen, dass sie sehr gut ohne all diesen technischen Schnickschnack lebte und sie überhaupt keine Lust verspürte, sich mit den komplizierten Funktionen solcher technischen Geräte müde zu machen.

„Du fährst mit dem Zug? Hast du denn schon eine Fahrkarte?"

„Nein, die kaufe ich dann."

„Ich könnte sie dir online buchen und ausdrucken."

„Online! Ach nee, lass mal." Inge hatte Angst, Stefan würde mal wieder versuchen, ihr zu zeigen, wie einfach das alles war. Dabei fand sie es ziemlich frustrierend, ihrem Sohn bei der Bedienung ihres Computers zuzusehen. Sie hatte sich das Ding angeschafft, um ab und zu einmal eine E-Mail zu schreiben und die Fotos aus ihrem digitalen Fotoapparat zu übertragen, was ihr allerdings schon äußerst viel Mühe bereitete. Ihr schlauer Herr Sohn aber, der ihr all diese Funktionen beigebracht hatte, drückte wie wild auf den Tasten herum, zog die Maus hin und her und wurde jedes Mal ganz ungeduldig, wenn seine Mutter mal wieder überhaupt nichts kapierte.

„Übrigens – hier – ich habe dir endlich mal ein Handy gekauft. Kannst du bestimmt brauchen jetzt auf der Reise."

„Oh, danke, das ist aber lieb von dir." Er war doch ein guter Kerl, ihr Stefan. Inge äußerte jedoch lieber nicht, dass sie so ein Ding überhaupt nicht brauchte und auch keine Ahnung hatte, wie sie damit umgehen sollte. Denn wenn sie eines hasste, dann war es das Lesen der Gebrauchsanweisungen für solche Geräte. Dass deswegen weder der Videorekorder noch der DVD-Player, beides Geschenke ihres lieben Sohnes, jemals benutzt worden waren, verschwieg sie ihm lieber auch.

„Emm, wie geht das denn, falls ich mal telefonieren muss?"

„Oh Mama, das ist ganz einfach. Brauchst nur auf den grünen Hörer zu drücken und zu wählen. Ach so, du musst den Akku noch aufladen! Übrigens, wann fährt denn dein Zug?"

„Um 9.05 Uhr"

„Was? Geht's noch? He Mama! Morgen ist Samstag und ich gehe heute Abend zu einer megageilen Party!"

Vorwurfsvoll schaute Stefan sie an. „Kannst du nicht einen späteren Zug nehmen?"

"Oh, nein, ich fange jetzt nicht wieder von vorne an zu telefonieren. Hast du jemals die Bahnauskunft angerufen? He, weißt du, wie das ist, wenn man mit einem Automaten spricht? - Nennen Sie zuerst den Ort, von dem sie abfahren wollen. Nennen Sie das Reiseziel. Nennen Sie mir nun die Uhrzeit", äffte Inge die Automatenstimme nach. „Jetzt habe ich endlich eine Verbindung gefunden, die mir passt und dann ist mein Herr Sohn zu faul, aus dem Bett aufzustehen. Dann frage ich eben Bettina."

Bettina war Inges Freundin. Sie war eine ängstliche Autofahrerin, die es hasste, in entgegenkommende Lichter blicken zu müssen und die vor jeder Kurve auf die Bremse trat. Aus diesem Grund wollte Inge sie nicht unbedingt fragen.

„Ist ja schon gut", beschwichtigte Stefan, „ich fahre dich!"

Am nächsten Morgen stand Inge ziemlich nervös mindestens schon eine viertel Stunde im Hausflur und wartete darauf, endlich das Auto ihres Sohnes durch das Haustürfenster zu sehen. Als er kam, wurde es höchste Zeit und als er sie vor dem ziemlich hässlichen Bahnhof in Wengerohr absetzte, hatte sie gerade noch sechs Minuten Zeit, eine Fahrkarte zu kaufen und das richtige Bahngleis zu suchen.

Fahrkarte? Ach herrje! Der Fahrkartenschalter war geschlossen. Als sie das letzte Mal mit dem Zug gefahren war – zugegebenermaßen bereits ein paar Jährchen her – konnte man dort noch bei einem freundlich lächelnden Herrn seine Fahrkarte erstehen und nachfragen, auf welchem Bahngleis in Koblenz der Anschlusszug wegfuhr.

„Entschuldigen Sie, kann man hier keine Fahrkarten mehr kaufen?" fragte sie einen jungen Mann mit tätowierten Armen und weiter Schlabberhose.

„Nee, müssen Sie am Automat ziehen", bekam sie kurz zur Antwort. „da…"

Inge schaute sich das Ding an. Fahrkartenautomat. Sie las die einzelnen Schritte. Sie las, schaute auf die große Bahnhofsuhr, wurde nervös, drückte auf den Tasten herum. Düsseldorf, nein davon fand sie nichts.

„Achtung, in wenigen Minuten läuft auf Gleis 2 der Intercity nach Koblenz ein…"

Koblenz. Dann nahm sie eben erst einmal eine Karte nach Koblenz. Inge drückte die entsprechenden Tasten, schob einen 50 €-Schein in das Geldfach, aber nichts tat sich. Der Schein wurde wieder ausgespuckt.

„Das geht nicht", rief sie verzagt in Richtung des wartenden jungen Mannes, der gerade auf seinem Handy herumdrückte und unwillig aufschaute.

„Ich muss zum Zug, bitte…"

„So große Scheine nimmt der nicht", bekam sie zur Antwort. „Dann müssen Sie mal gucken, ob im Zug ein Schaffner ist."

Inge zog hastig ihren neu erworbenen Trolley hinter sich her und sah zu, dass sie ihren Zug bekam. Als sie sich einen Platz gesucht hatte und der Zug losfuhr, setzte sie sich sofort in Bewegung, um einen Schaffner zu suchen, damit sie endlich zu ihrem Fahrschein kam. Doch leider ohne Erfolg. Sie durchschritt den ganzen Zug, ohne auf einen uniformierten Bahnbeamten zu treffen. Erst kurz vor Koblenz tauchte ein streng blickender Herr auf, der ihre Fahrkarte sehen wollte und augenblicklich ein Bußgeld wegen Schwarzfahrens von ihr verlangte, als sie nichts vorzeigen konnte. Ihre Einwände und Erklärungen ließ er voll abprallen. Inge kochte. Sämtliche Fahrgäste schauten der Szene zu. Das war so ungerecht. Sie hatte doch bezahlen wollen.

In Koblenz verpasste sie den Anschlusszug, weil im ‚Servicecenter' so viele Leute vor ihr in der Reihe standen. Immerhin verkaufte man ihr schließlich ein ‚Ticket' mit einem Zuschlag für die Bearbeitung, ließ jedoch ihre Beschwerde über das ungerechte Bußgeld ohne Gehör. Sie könne ja bei der obersten Bahnbehörde eine schriftliche Eingabe machen. Oh ja, das würde ihr Stefan dann tun.

In Köln musste sie umsteigen, der Zug nach Düsseldorf fuhr von einem anderen Gleis ab und hatte Verspätung. Und als sie schließlich in Düsseldorf ankam und mit der Straßenbahn oder einem Stadtbus zu ihrer Schwester fahren wollte, fing das ganze Elend mit den Automaten schon wieder an.

Sie hatte keine Ahnung von Straßenbahnlinien und in welcher Zone die Adresse lag, hatte wieder nicht das passende Kleingeld und eine EC-Karte besaß sie zurzeit auch nicht. Zur Hölle mit all den Automaten! Ach, was waren das noch Zeiten, in denen man es noch mit Menschen zu tun hatte, dachte sie. Plötzlich fühlte sie sich uralt und irgendwie total blöd.

Noch blöder kam sie sich vor, als sie schließlich ihr neues Handy aus der Handtasche zog, um ihre Schwester anzurufen. Ach herrje, hätte sie doch mal im Zug die Gebrauchsanweisung gelesen oder es zumindest versucht. Sie drückte auf den Tasten herum. Grüner Knopf, hatte Stefan gesagt. „Bitte Pin eingeben." Pin, was war nun das wieder? Inge gab es auf, riss ihr fahrbares Köfferchen hinter sich her und suchte auf dem Bahnhofsvorplatz nach einem Taxi. Zum Glück wurden die noch von leibhaftigen Menschen gesteuert.

Ihrer Schwester Gitta erzählte Inge nichts von ihrem Frust, das mitleidige Lächeln ihrer städtischen geprägten Schwester gegenüber der Landpomeranze wollte sie sich ersparen. Dafür freute sich Inge auf die tatkräftige Mithilfe bei der Vorbereitung zu dem abendlichen Büffet. Denn was Kochen und Backen anging, da konnte ihr so schnell niemand etwas vormachen.

„Ich könnte meinen guten Kartoffelsalat machen", schlug sie wenig später vor „davon schwärmen alle in meinem Bekanntenkreis."

Gitta druckste herum: „Hmm, also ehrlich gesagt, Kartoffelsalat passt nicht so ganz zu den Spezialitäten, die ich beim Feinkosthändler bestellt habe", meinte sie. Als sie jedoch das traurige Gesicht ihrer Schwester sah, setzte sie nach: „Na ja, kannst ja mal machen, dann rufe ich den Feinkosthändler an, dann kann er noch eine Platte Serano-Schinken dazu mitbringen."

Inge hatte sich das anders vorgestellt. Sie hätte doch auch die Platten machen können. Nun ja.

Als sie dann die Kartoffeln aufsetzen wollte für den besten Kartoffelsalat in der ganzen Eifel, musste sie feststellen, dass der Herd in der topmodernen Küche ihrer geliebten Schwester einer dieser neuartigen Herde war, der nur mit gewissen Kochtöpfen funktionierte, dessen Heizplatten sofort 100%ig reagierten, an dem es aber keine Knöpfe mehr gab. Ratlos stand sie davor. „Wie geht der denn an?" fragte sie das Geburtstagskind, das gerade Besseres zu tun hatte.

Gitta fummelte mit ihren Zeigefinger auf der Glaskeramik herum und erklärte: „Das geht mit Touch-Screen, hier – brauchst du nur mit dem Finger die Skala rauf und runter zu schieben. Ganz einfach. Kann gar nichts passieren, geht nur an, wenn ein Topf drauf steht." Und schon war sie verschwunden. Inge war beeindruckt. Sie schaute aus dem Fenster über die Dächer der Großstadt und fühlte sich alt. Als sich wenig später der Deckel hob und der Kochtopf übersprudelte, eilte sie zu dem High-Tech-Herd, der plötzlich überall blinkte und dabei warnende Piepstöne von sich gab. Oh je, was hatte sie nun falsch gemacht?

„Gitta!" rief sie Hilfe suchend. „Der Herd!"

Ihr Schwesterherz erschien, leicht genervt: „Ach das ist nur, weil das Wasser übergelaufen ist, dann schaltet der sich automatisch ab." Mit ein paar Handbewegungen hatte Gitta alles im Griff. Inge fand sich uralt und blöd.

Auch später, als sie sich von Gittas 10-jährigem Enkel die Funktionen des Handys erklären ließ, von Gittas Mann Unterweisung in Straßenbahn-Automaten erhielt und ihre Nichte – eine Kosmetikerin – ihr erklärte, dass sie dringend eine Anti-Aging-Gesichtsbehandlung brauchte und sie ihr gerne kostenlos eine Permanent-Wimpern-Färbung machen würde. Sie fühlte sich wie ihre eigene Großmutter, als die ersten Gäste eintrafen und sich das Gespräch um die neuesten Computerviren und die entsprechenden Abwehrprogramme drehte und fühlte sich so arm wie eine Kirchenmaus, als man über Börsenkurse und Investmentanlagen diskutierte.

Als das Büffet serviert wurde, wusste sie von so etlichen fein drapierten Speisen nicht einmal, um was es sich handelte. Fast schämte sie sich, ihren hundsgewöhnlichen und armseligen Kartoffelsalat dazu zu stellen.

An diesem Abend gingen Inge die Gedanken durch den Kopf, wie es wohl sein würde, wenn sie zehn oder gar zwanzig Jahre älter wäre. Ob sie dann noch in dieser Welt zurechtkäme? Sie befand sich in einem

Zwiespalt. Entweder zog sie sich in ihre kleine beschauliche Welt zurück oder sie musste sich wohl oder übel mit all den Neuerungen auseinandersetzen und deren Vorteile womöglich sogar nutzen. Ja, gab sie sich einen Ruck, sie wollte an dieser Welt noch teilhaben. Nein, sie wollte nicht wie eine verblödete alte Tussi dastehen, die keine Ahnung hatte. Sie beschloss, das Dazulernen nicht aufzugeben. Einen Computerkurs zu belegen, sich mit den Gebrauchsanweisungen von Handys, DVD-Recordern und sonstigen Geräten auseinanderzusetzen und ihre kleinen grauen Zellen nicht allzu grau werden zu lassen.

Und als sie darüber im Stillen vor sich hin lächelte, stellte sie fest, dass die Gäste der Geburtstagsfeier sich trotz all der Feinkost-Spezialitäten geradezu um ihren Kartoffelsalat rissen und ihn in höchsten Tönen lobten. Immerhin ein Lichtblick.

Sterbefall

Er war nicht unbedingt ein angenehmer Zeitgenosse gewesen, der Friederich. Es war einer, der über alles etwas zu meckern hatte. Viel Ahnung hatte er zwar nicht, aber er führte immer das große Wort und wusste vor allem immer alles besser. Ob in der Politik „die stecken doch alle unter einer Decke" oder im Fußball „der hätte bei mir sowieso auf der Bank gesessen" oder „der Trainer hat ja die total falsche Taktik." Friederich war stur und hatte grundsätzlich eine andere Meinung als seine Gesprächspartner. Er stritt gerne, auch mit seiner Frau, der Martha. Besonders dann, wenn er einen gezwitschert hatte, was gar nicht so selten vorkam.

Seine Nachbarn verärgerte er auch das ein oder andere Mal. Hatte jemand Besuch, dessen Auto vor Friederichs Haus auf dem Bürgersteig parkte - also das ging ja gar nicht. Dann musste Friederich sofort die

Politesse anrufen, damit der Übeltäter ein Knöllchen bekam. Hatte jemand aus der Nachbarschaft die Musik etwas laut gedreht und das Fenster offen, dann brüllte Friederich herum. Spielende Kinder in seiner Nähe wurden geschwind weggejagt. Und wehe, im Herbst erdreistete sich das Laub der nachbarlichen Bäume, mit dem Wind auf Friederichs Anwesen zu wehen, oh je, dann wurde aber unverzüglich der Laubsauger geholt und ruck-zuck alles wieder zurück auf das andere Grundstück geblasen. Friederich war ein Granteler, ein Knätschpitter, wie man in der Eifel zu sagen pflegte.

Als es einmal hieß, Friederich sei gestorben, hielt sich die Trauer im Dorf verständlicherweise ziemlich in Grenzen.

„Hast du gehört, der Friederich ist gestorben", ging es im Dorf rund.

Dann kamen erst einmal vorsichtig Kommentare wie: „Ach ja, das ging aber jetzt schnell", „Was hatte er denn?" oder „Ach, jetzt ist die Martha ganz allein im Haus." Bei weiteren Gesprächen hieß es dann auch schon mal: „An dem ist der Welt nicht viel verloren gegangen" oder „Der bläst mir nicht mehr die Blätter in meinen Hof!"

Einer, dem Friederich mal die Polizei ins Haus geschickt hatte, weil er angeblich beim Umbau einen Schwarzarbeiter beschäftigt hatte (war aber nur ein Bekannter, der umsonst half), gebrauchte noch weit deftigere Worte: „Ein Arschloch weniger."

Wie es auf dem Land aber so ist, gingen die Nachbarn trotzdem zu Martha, drückten sich eine Träne ab und sagten „Herzliches Beileid." Und auch wenn Martha dann, ganz in Schwarz gekleidet, sich verklärt und unter Tränen in den Augen daran erinnerte, was sie doch für einen guten Mann gehabt hatte, haben sie nicht widersprochen. Obwohl sie genau wussten, dass der Haussegen mindestens einmal in der Woche ziemlich schief gehangen hatte und die Martha selbst auch ganz schön Haare auf den Zähnen haben konnte.

Übrigens, wem der Name Friederich merkwürdig vorkommt, weil ... eigentlich würde das ja Friedrich heißen oder Fritz (Ekel Alfred wäre auch passend gewesen). Egal, der Friederich kam jedenfalls aus der nördlichen Eifel – aus dem Jäng-Päng, und dass alle ihn Friederich nannten, das kam so:

Am Anfang, als sie verheiratet waren, der Friederich und die Martha, waren sie noch ziemlich vernarrt ineinander. Es wurde erzählt, dass Martha, wenn ihr Mann von der Arbeit nach Hause kam, oben im Schlafzimmer auf ihn wartete. Dass sie nichts anhatte, wurde nur getuschelt, das hatte ja keiner gesehen. Jedenfalls hatte sie ihm wohl dann zärtlich und begehrlich nach unten zugerufen: „Friieeederich!" Und wenn das einmal jemand mitbekommen hatte, dann kann man sich vorstellen, wie schnell er seinen Namen weghatte und die Leute nur noch grinsend von „Friiiederich" sprachen.

Nun, später hatte sich das schnell geändert. Zumindest bei Martha. Dann wurde aus dem „Friiiederich" auch schon mal „du alte Sau" und wenn sie ihn aus der Kneipe holen ging, wütend wie ein Stier, dann war nichts mehr mit Friiiederich, dann hieß es: „Du alter Saufkopf, raus hier!" Tja, so ändert sich das mit der Zeit. Und jetzt war auf einmal gar nichts mehr mit Friederich und auch nicht mit dem Saufkopf. Mausetot war er.

„Du sag mal", fragte Nachbarin Annchen die Nachbarin Klara von der anderen Seite, als sie sich über den schrecklichen Verlust unterhielten. „Was machst du denn? Kaufst du Blumen für aufs Grab? Oder steckst du Geld in den Umschlag?"

„Ich kauf' dem gewiss Blumen!" antwortete Klara „wo der mir so oft in mein Blumenbeet gepinkelt hat, das alte Ferkel. Immer, wenn er einen getrudelt hatte und nicht mehr schnell genug aufs Klo kam. Nee, nee, wenn es nicht gerade Nachbarn wären ... Ach, ich steck einen Schein in dem Umschlag und fertig."

„Ja, du hast Recht. Pflanzen waren dem ja nie heilig. Wenn mein Fliederstrauch auch nur zehn Zentimeter über dem seinen Zaun gewachsen ist, dann wurde der sofort abgeschnitten. Und den Ast hat er mir dann auf die Wiese geworfen. Ei ja, und es ist ja auch eine Urne, da ist ja sowieso nicht so viel Platz für Blumen. – Wie viel tust du denn rein? Zehn Euro? Mit fünf kann man ja sicher nicht anfangen."

„Ich dachte, vielleicht zwanzig? So viel haben die Leute bei unserem Opa auch reingetan."

„Zwanzig Euro? Oh nein, nicht für den! Als die bei unserer Sarah auf den Kommunionfeier waren, haben sie der einen dämlichen Packen Gästetücher geschenkt. Die waren vom Aldi, ich weiß es ganz genau. Die hatten sie nämlich zwei Wochen vorher im Regal liegen. Und wahrscheinlich waren sie sogar schon reduziert."

„Die sind aber gut, ich hab die nämlich auch gekauft!" sagte Klara.

„Egal", meine Annchen, „ich tu jedenfalls keine zwanzig Euro rein."

Am Tag, an dem Friederich beerdigt wurde, herrschte richtiges Sauwetter. Es regnete, der Wind wehte und kalt war es auch. Egon und Mättes, die Nachbarmänner, waren froh, dass sie den Sarg nicht tragen mussten, denn Friederichs Asche lag in einer Urne. Hinter ihren Frauen Annchen und Klara standen sie dunkel gekleidet mit all den anderen Leuten aus dem Dorf auf dem Friedhof. Von den Schirmen tropfte es manch einem auf die Schultern und Annchen und Klara konnten nicht einmal richtig gucken, was auf den Schleifen der Kränze stand und ob Martha neue Schuhe anhatte.

„Da ist sie ja", flüsterte Annchen Klara zu, als sich der Zug von der Friedhofskapelle in Richtung Grabstelle bewegte. Es war nämlich schon spekuliert worden, ob die Tochter auch käme. Die Jennifer, die Tochter von denen, der Martha und dem Friederich. Oder auch nicht. Das war es ja. Es wusste nämlich niemand so recht, ob es wirklich Friederichs Tochter war. Aber das ist eine andere Geschichte. Jedenfalls waren Jennifer und Friederich nie miteinander ausgekommen und seit Jennifer erst das Abitur hatte und studierte, hatte man sie kaum noch zu Hause gesehen.

In der Gaststätte mussten alle erst mal ein Schnäpschen trinken. Es war ja soooo kalt. Später, als alle am Kaffeetisch saßen, wanderten natürlich auch sämtliche Augen zu der Jennifer. Es wurde erzählt, sie sei ziemlich ausgeflippt, und sie hätte Kunst studiert. So sah sie auch aus.

„Majusebetter", flüsterte Annchen, „guck dir mal der ihren Rock an. Ganz zippelig. Und die Bluse... durchsichtig! Wie kann man denn nur so zu einer Beerdigung gehen? Der kann man ja bis was weiß ich wohin gucken."

Oh, das brauchte sie Egon und Mättes gar nicht erst zu sagen. Die glotzten sowieso, genau dorthin.

„Ja das muss eine sein!" antwortete Klara. „Knatschgäckisch, genau wie ihre Mutter früher. Sie gleicht der Martha auch. Aber wo sie die roten Haare her hat? Von ihrem Vater hat sie jedenfalls nichts."

„War ja auch ein Siebenmonatskind. Weißt du nicht mehr, wie schnell das damals ging mit der Martha und dem Friederich? Das Hochzeitskleid war jedenfalls ziemlich eng am Bauch. Und paar Monate früher hat sie ja noch mit anderen Männern rumgeflirtet. – Jetzt bin ich aber mal gespannt, wie das mit dem Erben geht." Annchen hatte den Mund noch nicht leer, deshalb fielen ihr beim Sprechen ein paar Krümel auf den Tisch.

„Erben?" Klara nahm sich rasch noch ein Stück Schmandtorte auf den Teller, ehe jemand anderes sich das Stück unter den Nagel riss. „Oh, was soll der denn schon haben, der faule Sack? Hat doch nie gerne die Finger krumm gemacht. Wenn die Martha nicht putzen gegangen wäre, dann …"

„Wann kommen die denn mal mit dem Kaffee hier vorbei? Hallo? Ja hier, Koffeinfreien bitte!"

Als die Bedienung kam und fragte, ob sonst noch etwas zum Trinken gewünscht wurde, bestellte sich nur Egon noch rasch ein Schnäpschen. „Wir gehen gleich heim", sagte Klara und stupste ihren Mättes in die Seite. „Dann warte, wir gehen mit", meinte Annchen, ehe sich Egon ein weiteres Schnäpschen genehmigte.

Und dann mussten sie ja noch den trauernden Angehörigen tschüss sagen.

„Jaja, so schnell kann es gehen. Oh Martha, du kannst wenigstens froh sein, dass er nicht lange leiden musste. Oh, hier ist ja auch eure Tochter, Jennifer, dich haben wir aber auch lange nicht mehr gesehen. Wo wohnst du denn? In Freiburg? Oh, da waren wir kürzlich auch noch. Schöne Stadt, gell? Ei, unser Helmut ist ja in Karlsruhe. Ihr seid doch miteinander in die Schule gegangen, gell? – Ei ja, Martha, dann… Kopf hoch. Man gewöhnt sich an alles. Schau, die Trine ist schon so viele Jahre allein, aber sie macht das Beste draus. Und… danke für den Kaffee."

„Pass auf", meinte Annchen flüsternd, als sie draußen auf der Straße standen. „In einem halben Jahr hat die einen anderen. Lass es dir gesagt sein."

„Sie kann sich ja den Heinz nehmen, der ist ja neuerdings auch allein. Na ja, die komische Knuseltante, die der sich da ins Haus geholt hatte, das konnte ja auch nicht gut gehen."

Annchen grinste. „Dann kann sie ja dann aus dem Schlafzimmer rufen: „Heiiinerich!"

„Oh Annchen", meinte Klara „wir sollten uns schämen, jetzt ist der Friederich gerade mal unterm Boden und wir reden so ein Zeug!"

„Da je, ihr Frauleut", rief Mättes „ich dachte, wir gehen heim!"

„Ja ja, geht schon vor", antwortete Klara und flüsterte Annchen noch schnell ins Ohr: „Haste gesehen, die Martha hatte nicht einmal eine richtig schwarze Bluse an. Die war gemustert, und es waren sogar winzig kleine rote Tupfen drin. Das sagt doch alles, oder nicht?"

„Ich sag ja!" gab Annchen zur Antwort.

Und dann gingen sie heim. Und ganz bestimmt hat tatsächlich jede von ihnen in den nächsten Monaten nur so darauf gelauert, ob nicht wirklich irgendwann ein erwartungsvolles „Heiiinerich" aus Marthas Schlafzimmer zu hören war.

Großeltern

Die Zeiten haben sich verändert. Früher waren Eltern darauf bedacht, dass ihre Töchter möglichst nicht schwanger wurden, bevor sie unter der Haube waren. Und wer in den 60-er und 70-er Jahren nicht mit mindestens 25 verheiratet war, galt schon als schwer vermittelbar. Heute liegen die Prioritäten junger Frauen in anderen Bereichen und kaum eine gut ausgebildete junge Frau denkt daran, mit weniger als 30 Jahren zu heiraten, geschweige denn, Kinder zu bekommen.

Potentielle Großeltern also müssen oft lange warten, bis man sie in diesen Stand erhebt. Ob verheiratet oder nicht, ob mit oder ohne kirchlichen Segen, letztendlich sind sie froh, wenn die Tochter oder Schwiegertochter überhaupt schwanger ist. Aber dann!

Wo laufen sich Eifeler Frauen, wenn sie nicht zufällig ein gemeinsames Hobby haben, über den Weg? Im Supermarkt. Dort traf Gisela auf Christa, beide weit jenseits der fünfzig, beide Mütter erwachsener Töchter und beide... angehende Großmütter.

„Na? Auch kaufen?"

„Ja ja, muss ja sein. Und, wie geht's denn so?"

„Gut, und Euch?"

„Auch. Übrigens ... ich muss dir noch was sagen!" Gisela zog Christa zur Seite, grinste über das ganze Gesicht und flüsterte ihr ins Ohr: „Ich werde auch Oma! Unsere Katja ist schwanger, was sagst du jetzt?"

Christa, die gerade schon zum zweiten Male das Glück erleben durfte, Großmutter zu werden, freute sich mit. „Das ist ja toll, herzlichen Glückwunsch!"

„Na ja, ist erst gerade dritter Monat. Ich soll eigentlich noch nichts sagen, aber dir ..."

Die beiden kannten sich seit ihrer Schulzeit. Zwar waren sie nicht unbedingte enge Freundinnen, aber sie waren die einzigen aus ihrem Jahrgang, die im Dorf geblieben waren. Gelegentlich luden sie sich gegenseitig ein und hier und da gingen sie gemeinsam mit ihren Männern essen.

„Und, wie geht es ihr? Ist ihr morgens auch so schlecht? Also unsere Corinna hat ja so was von gekotzt, die Arme. Bis zum vierten Monat. Jetzt geht es ihr ganz gut. Ich hoffe ja, dass das Kind nicht ausgerechnet in unserem Urlaub kommt. Wir haben doch im September zwei Wochen Kanaren gebucht."

„Wann ist denn der Termin? Ich dachte, der wäre erst im Oktober?"

„Ja 12. Oktober. Aber man weiß ja nie… Kann ja sein, dass es früher kommt. Und dann müssen wir ja auch den Jeremias nehmen."

„Ach, das wird schon klappen. Zur Not würdet ihr den nächsten Flieger nehmen. Oder die Schwiegereltern …"

„Ach hör mir auf. Nee, das würde mir aber gar nicht passen. Die verwöhnen den Jungen viel zu viel. Stell dir vor, da darf der Limo trinken und Schokolade essen. Dabei achtet die Corinna peinlich darauf, dass das Kind nur Wasser trinkt und nicht dieses Zuckerzeug. Und Schokolade darf der höchstens einmal in der Woche bekommen. Das ist ja jetzt erwiesen, dass die Kinder in jungen Jahren schon süchtig werden nach Süßigkeiten. – Wann hat denn die Katja Termin?"

„Oh, das weiß ich jetzt gar nicht so genau. Lass mal rechnen, im Januar irgendwann. Hauptsache nicht über Weihnachten oder Silvester. Dann könnten wir nämlich dieses Jahr auch nicht über Silvester wegfahren. Die letzten Jahre haben wir ja immer eine Bustour gemacht."

„Nee, also dann würde ich aber auch nicht über Silvester wegfahren. Das wäre mir zu riskant. Du Christa, dann müsst ihr ja sicher auch jetzt einen Großelternkurs machen. Das haben wir damals bei dem Jeremias auch gemacht."

„Großelternkurs? So etwas gibt es? Nee, na hör mal, ich habe selbst drei Kinder großgezogen. Also so viel werde ich ja wohl noch wissen. Babys sind doch heute auch nicht anders als damals – oder?"

„Ach je, hast du eine Ahnung. Die machen doch heute alles ganz anders als wir damals. Alles nach den neuesten wissenschaftlichen Erkenntnissen. Unsere Corinna hat mir kürzlich ein Buch gezeigt, wo drin steht, was die Babys im Mutterleib schon alles lernen können. Und für die Geburt besucht sie jetzt einen Hechelkurs!"

„Ach du lieber Gott. Hechelkurs! Sag mal ehrlich, Gisela, wir haben doch unsere Kinder auch ganz normal bekommen und unsere Mütter uns auch. Sie kommen doch immer noch auf die gleiche Weise, oder?"

„Hmm, nun ja, ich bin ja schon froh, dass sich die Corinna nicht für einen Kaiserschnitt entschieden hat. Das machen heute ganz viele, weil sie einfach nicht die Schmerzen aushalten wollen."

„Und weil die Ärzte daran mehr verdienen."

„Also dann lieber Hechelkurs! Ach übrigens …" Christa fummelte in ihrer Tasche herum, zog ihr Portemonnaie heraus und daraus zwei Fotos von dem unvergleichlich tollen ersten Enkelkind. „Hier, guck mal, wie süß der Jeremias aussieht. Den Pulli habe ich bei Esprit gekauft, steht der ihm nicht super? Und hier, siehst du, den Traktor mit dem Anhänger, den hat Opa Martin gekauft. Mein Mann ist ganz verrückt mit dem Jungen. Der würde ihm am liebsten jetzt schon ein elektrisches Auto kaufen."

„Schön! Hübscher Junge aber auch! Der gleicht aber auch ein bisschen deinem Martin, findest du nicht?"

„Ja, das sagen viele. Aber ich finde, er hat genau meine Ohren. Guck, so klein sind meine Ohren auch. - Du Christa, hast du noch kein Ultraschallfoto? Manchmal sieht man darin auch schon eine kleine Ähnlichkeit."

„Die Katja hat es mir gezeigt. Aber ehrlich, ich sehe da eigentlich gar nichts drauf. Vielleicht so ein kleines Köpfchen, aber sonst…."

„Oh doch, beim Jeremias hat man im siebten Monat alles erkannt und jetzt bei dem neuen Baby sieht man auch genau die Händchen und die Beinchen... wird übrigens ein Mädchen! Was glaubst du, was ich froh bin, dass das ein Mädchen wird. Denen kann man doch viel schönere Klamotten kaufen. – Ich weiß, ich bin ja ein wenig verrückt, aber neulich habe ich so ein super-tolles Kleidchen gesehen im Kinderlädchen, da konnte ich mich nicht zurückhalten. Und was es heute für Puppen gibt!"

„Aber, ehrlich Gisela, da bin ich doch ein wenig abergläubisch. Nein, ich glaube, da sollte ich mich zurückhalten, wenigstens bis zum sechsten Monat. Mein Mann hat zwar auch schon gemeint, dass wir dann das Kinderzimmer bezahlen. Dann können die andern Eltern den Kinderwagen kaufen. – Will denn eure Corinna nach dem zweiten Kind auch wieder so schnell arbeiten?"

„Weiß sie noch nicht. Sie hat erst mal für ein Jahr Mutterschaft beantragt. Sie kann ja dann immer noch früher gehen." Auf jeden Fall hat sie das Baby schon mal in der Kita angemeldet.

„Jetzt schon? Ehe es auf der Welt ist?"

„Ja sicher. Das soll deine Katja auch machen, man weiß ja nie..."

„Und dann soll so ein Würmchen gleich in die Kita? Oder nehmt ihr es erst mal tagsüber?"

„Mal sehen. Der Jeremias geht ja schon in die Kita. Den bringen wir morgens hin und holen ihn nachmittags wieder ab. Die Corinna muss ja schon so früh fahren und abends kommt sie auch nie pünktlich raus. Die hat ja so eine tolle Stellung. Stell dir vor, die verdient mehr als ihr Mann."

Christa wusste, dass Gisela immer gerne ein wenig auf den Putz klopfte.

„Also ehrlich, mir tun die armen Kleinen wirklich leid, wenn die schon so früh in die Kitas abgeschoben werden. Wenn ich dran denke, wie unsere Katja damals mit drei Jahren in den Kindergarten ging, da weinte die noch jeden Morgen, dass mir fast das Herz gebrochen ist.

Und jetzt sollen die schon mit einem Jahr ...? Wo sie noch nicht einmal laufen können. Und noch in die Windeln machen! Und vielleicht morgens noch lieber im Bett liegen wollten als ins Auto verfrachtet und bei wildfremden Leuten abgegeben werden... und dann der Lärm in so einer Einrichtung. Dauernd schreit irgend so ein Zwerg. Unsere Nachbarin, die arbeitet ja im Kindergarten, die hat auch gesagt, dass es ganz schön stressig ist und dass ihr die Kleinen manchmal ganz schön leidtun, wenn sie nach ihrer Mama brüllen."

„Och, die gewöhnen sich daran. Und zu uns kommt der Jeremias auch so gerne. Gestern wollte er unbedingt bei uns schlafen. – Wenn ich ehrlich bin, ich bin ja wirklich ganz verrückt mit dem Jungen, aber ich bin auch ganz froh, wenn die Corinna ihn abends wieder abholt. Wenn er bei uns schläft, dann mache ich ja kein Auge zu. Und ... na ja, wir sind ja auch nicht mehr die Jüngsten."

„Genau. Deshalb habe ich ja schon immer zu der Katja gesagt, jetzt könnten wir die Kinder noch versorgen. Aber wenn man erst mal weit über sechzig ist... Also ich denke, es wird jetzt wirklich höchste Zeit, dass sie endlich mal in die Gänge kommt. Ach Gisela, ich freue mich so auf das Baby."

„Ich auch auf unser Mädchen. Aber glaubst du, die Corinna verrät mir, welchen Namen das Kind bekommt? Nichts."

„Oh je, die Namen. Da habe ich auch schon Angst davor. Was die heute für Namen bekommen! Die kann man ja oft selbst nicht aussprechen. Viel weniger so ein Kind!"

„Du Christa, ich muss mich beeilen, ich muss den Jeremias spätestens um halb fünf aus der Kita abholen. Und ich muss ihm noch Pastinaken kaufen, die sollen doch so gesund sein, sagt die Corinna. Und Artischocken, weil er manchmal so verstopft ist. Ach übrigens, ich habe dem Jeremias jetzt mal so ein Kindertöpfchen gekauft, was Musik macht, wenn etwas reinfällt. Aber was macht der kleine Kerl? Er wirft seine Duplo-Klötze hinein anstatt Pipi zu machen. Und kaum steht er auf und hat eine Windel an, stellt er sich in eine Ecke und drückt."

Ach je, dachte sich Christa und fühlte sich leicht überfordert bei dem, was da auf sie zukam. Wurde sie nun Mutter oder Großmutter? Wenn sich schon die Großeltern so verrückt machten, wie war es dann erst bei den zukünftigen Eltern?

In der Kneipe

In der Stammkneipe ging es hoch her. Sämtliche Tische und Stühle waren besetzt, auch an der Theke gab es Gedränge. Als Hugo kam, musste er sich erst einmal einen Platz suchen.

„Hee, Heinz, rück mal en Stück. Wat is denn heute für ein Betrieb hier?"

„Sag bloß, du hast dat vergessen. Heut ist doch dat Länderspiel."

„Ach du je, dat wollt ich doch eigentlich daheim gucken!"

„Ooch, is doch viel interessanter hier. Guck mal, dein Chef sitzt auch da. Und der Werner, oh je, der weiß bestimmt mal wieder alles besser."

„Dat isset ja. All die Dummschwätzer. Wissen ja immer alles besser! Sollen sie doch mal selber spielen. Ich weiß jedenfalls, wie dat ist, wenn man auf dem Spielfeld rumrennt, dat einem die Zunge aus dem Hals hängt und die Dollen am Spielfeldrand rufen einem dauernd dämliche Sprüche zu."

„Prost Hugo!"

„Prost Heinz."

„Oh nee, Heinz, guck mal, da hinten sitzt ja auch dat Jüppchen. Der kann ja seinen Mund gar net halten. Da hört man ja net mal mehr den Kommentator, wenn der anfängt mit seinen Sprüchen. Wär ich doch besser heimgefahren."

„Och Hugo, bleib locker. So ein Paplick Fjuing is doch viel schöner. Un außerdem, daheim redet deine Frau bestimmt auch dauernd dazwischen."

„Eye, willste damit sagen, dass ich daheim nix zu sagen hab? Un übrigens: Dat Public viewing, weißt du eigentlich, wat dat richtig heißt un wo dat herkommt? Hat meine Tochter mir erklärt. Dat ist eigentlich bei ner Beerdigung, wenn sie die Leiche öffentlich aufbahren und die Leute dat gucken können."

„Nee, ehrlich?"

„Echt! Na ja, muss ja heut alles Englisch sein. Aber, meine Mutter hat erzählt, am Anfang, als die Fernsehen hatten, so Ende der 50-er Jahre, da haben die auch so Gemeinschaftsgucken gemacht. Da kam die ganze Nachbarschaft, weil die alle noch keinen Fernseher hatten. Alles nix Neues."

„Da, guck, Hugo, sie laufen auf! Jetzt bin ich ja mal gespannt, wat dat Jüppchen mal wieder zu meckern hat. Der hält ja bestimmt net die Schnüss. Überhaupt, all die Dummschwätzer hier."

„Da haste recht. Wollen immer alles besser wissen." Die Freunde sind sich einig: So ein Fußballspiel wäre viel schöner, wenn nicht alle die Dummschwätzer ihre Meinung kundgeben müssten.

Doch dann, als sich die Spieler der Reihe nach aufstellten, brach es aus Hugo heraus:

„Oh nee, lässt der Trainer doch den lahmen B. spielen, der kriegt doch seinen Hintern nicht voran. Und der W., guck mal, wie der schon sein Trikot da hängen hat. Dem würde ich als Trainer sonstwas sagen."

„Och, die Trikots sehen aber auch bescheuert aus. Und die langen Hosen bis an die Knie! Weißt du noch, wat wir für schnakige Hosen anhatten? Da haben die Mädels echt noch hingeguckt."

„Und der Trainer kaut jetzt schon an den Fingernägeln."

„Und er lässt den D. spielen, guck, der singt noch nicht mal die Nationalhymne mit. Und hat natürlich ein Tattoo auf dem Arm. Muss heute sein. Eye, die sind doch bescheuert."

„Pssscht, Nationalhymne, willste net aufstehen und mitsingen?"

„Noch wat?"

Stille. Irgendwie feierlich war es ja dann doch, während die Nationalhymne gespielt wurde. Dem ein oder anderen konnte man an den Lippen sogar den Text ablesen. Aber dann, gleich nach dem Anstoß ging es los. Geräuschkulisse pur. Je näher der Ball dem Tor kam, je lauter wurde es. Unter den Tischen zuckte es so manchen verhinderten Nationalspielern in den Beinen. Köpfe bewegten sich in Tor- bzw. gewünschter Ballrichtung. Stimmen wurden laut, um dann wieder abzuebben in enttäuschtes Gemurmel.

Werner erklärte gerade den Leuten an seinem Tisch, warum eine solche Flanke niemals zum Erfolg führt, Jüppchen wusste ganz genau, dass D. ganz bestimmt höchstens eine Halbzeit lang spielen würde. Bei der Leistung hätte er als Trainer ihn schon jetzt rausgenommen.

Heinz ärgerte sich über die blöden Kommentare der anderen, er selbst wusste das natürlich viel besser. „Die Flanke war super gedacht. Hätte der E. nicht geschlafen, hätte er sie locker gekriegt und dann hätte..."

Hugo: „Quatsch, bei dem Gegner müssen die unbedingt mit drei Sturmspitzen spielen. Sonst hast du bei denen keine Chance."

Heinz: „Guck mal, buuuhh, Foul! Der muss die rote Karte kriegen!"

Hugo: „Genau, der hat eben schon reingetreten. Oh, der Schiri da, den kannste in der Pfeife rauchen!"

Heinz: „Jetzt, ja schieß doch ..."

Hugo: „Pass auf, Hintermann ... oh nee, jetzt verliert der den Ball!"

Heinz: „Jetzt schläft der Schiri schon wieder! Dat darf doch net wahr sein, dat war Hand!"

Hugo: „Hand!!! Eye Schiri, du Schläfer!"
Alle: „Ja, ja, schieß, Tooooor!!!"

Friedchen hinter der Theke hatte alle Hände voll damit zu tun, Bier zu zapfen, die Gäste kamen in Hochstimmung. Und als der Halbzeitpfiff ertönte, tat es Hugo überhaupt nicht mehr Leid, dass er in der Kneipe gelandet war. Obwohl die Anderen ja mal wieder sooo blöd herumschwätzten.

Im Baumarkt

(Fortsetzung von Berta und Hermann beim Einkaufen)

Es gab eine Umleitung auf der Straße, die zum Baumarkt führte. Hermann, der sich in diesem neuen Teil der Stadt nicht sonderlich gut auskannte, folgte zunächst den Schildern, wusste aber plötzlich in dem neuen Gewerbegebiet nicht mehr, wo er sich befand. Berta hatte nach dem Einkauf mit ihrem Ehegespinst im Discounter-Markt eigentlich vor, gar nichts mehr mit ihrem Gatten zu sprechen. Sollte er doch einmal sehen, wie das war, wenn jemand so stur und maulfaul war. Auch sie wusste nicht, wo es zum Baumarkt ging, aber ihr Bauchgefühl sagte ihr, dass sie irgendwo links abbiegen müssten.

„Fahr mal da links", sagte sie knapp.

Hermann fuhr geradeaus, stoppte aber an der nächsten Kreuzung so abrupt, dass der Fahrer hinter ihm hupte, überholte und dabei wild gestikulierte.

„Warum bist du denn nicht links gefahren? – Und warum hältst du hier?"

Hermann wendete das Auto in einer Einfahrt. Ein Arbeiter trat aus einer Werkstatt heraus und sah dem Wendemanöver zu.

„Dann frag ihn doch, wo der Baumarkt ist!" Berta wusste genau, dass Hermann die typische Männerkrankheit besaß, grundsätzlich lieber eine halbe Stunde lang in der Gegend herumzuirren, als jemals irgendjemanden nach dem Weg zu fragen. Wenn sie selbst irgendwo fremd war, fragte sie lieber dreimal, als unnötige Umwege zu machen.

„Dann frag du doch", brummte Hermann ärgerlich.

Das machte Berta dann auch. Sie verfuhren sich dann zwar noch einmal, weil Berta das Rechts-links-links-rechts nicht so ganz behalten hatte, aber schließlich schafften sie es dann doch, den Baumarkt zu finden und dieses Mal sogar in der ersten Reihe zu parken.

Ihren Vorsatz, stur im Auto sitzen zu bleiben, musste Berta aufgeben, weil sie nun dringend eine Örtlichkeit aufsuchen musste. Währenddessen machte sich Hermann auf die Suche nach seinen Schrauben. Angesichts des riesigen Angebotes in so einem Baumarkt ein gar nicht so leichtes Unterfangen. Weil jedoch bekanntlich Männer viel besser die Übersicht behalten als Frauen, schaute er auf die Sortierungsbezeichnungen und folgte dem Wegweiser. Trotzdem passierte er Regal um Regal, lief rechts und links durch Flure und fand nach langer Suche schließlich ein Schraubenangebot. Leider aber gar nicht das, was er brauchte. Ärgerlich wandte er sich um und ging schnurstracks an der Kasse vorbei in Richtung Ausgang, wo sich Berta gerade die Such-und-Find-Zettel am Aushang anschaute.

„Hast du nicht bezahlt? Hermann, du kannst doch nicht einfach durch die Kasse gehen."

„Ich habe doch nichts."

„Wie, du hast nichts?"

„Nee, haben sie nicht."

„Hast du denn gefragt?"

„Nee, geguckt."

„Hermann, jetzt sind wir extra hierhergefahren. Jetzt geh schon und frage, ob sie die Schrauben wirklich nicht haben!"

„Die haben sie nicht!" Hermann machte keinerlei Anstalten, noch einmal zu gehen. Er ärgerte sich, weil seine Frau schon wieder alles besser wissen wollte. Berta ärgerte sich auch. Was war so schlimm daran, zu fragen?

„Oh Mann, muss man denn alles selber machen? - Wie heißen die Dinger?"

Wortlos zog Hermann einen Zettel aus der Tasche, drückte ihn Berta in die Hand und suchte den Weg nach draußen. Wenn seine Frau sich schon so aufführte, dann sollte sie doch selbst suchen und nichts finden, haha. Auf die paar Minuten kam es jetzt auch nicht mehr an.

Berta ging zur Informationsstelle, ließ sich einen Mitarbeiter aus der entsprechenden Abteilung nennen und steuerte dann resolut auf ihn zu. Dass er erst noch zwei Kunden bedienen musste und sie ihm dann hinterherlaufen musste, nahm sie in Kauf. Es dauerte, aber dann war sie endlich dran. „Haben Sie so etwas hier?" zeigte sie den Zettel. Der Verkäufer schritt zwischen zwei großen Regalen hindurch, griff in ein Fach und fragte Berta, die hinter ihm her dackelte: „große oder kleine Packung?"

„Oh, keine Ahnung - große!"

Griff danach, marschierte zum Ausgang, bezahlte und suchte nach ihrem Ehemann. Der saß bereits im Auto.

„Hier", warf sie ihm die große Packung auf den Sitz.

„Hmm, wo hast du die denn gefunden?"

„Fragen, mein Lieber, fragen heißt das Zauberwort!"

Hermann knurrte. Mit einer kleinen Packung hätte er auch genug gehabt. Aber er sagte nichts mehr. Er machte sich auf den Weg nach Hause. Auch Berta sagte nichts mehr. Nicht einmal, als Hermann an der gleichen Stelle der Umleitung wieder falsch fuhr. Sie sagte auch nichts, als er wieder wenden musste und einem LKW die Vorfahrt nahm.

Nur als sie zu Hause anstatt einem frisch gekochten Mittagessen belegte Brötchen aßen, von denen Berta noch schnell vier Stück beim Bäcker neben dem Baumarkt gekauft hatte, konnte sie sich nicht mehr zurückhalten.

„Wenn ich nicht dabei gewesen wäre, dann hättest du jetzt deine Schrauben immer noch nicht."

Keine Antwort.

„Und wenn ich nicht noch schnell Brötchen gekauft hätte, dann hätten wir jetzt auch keine. Du wolltest ja keine aus dem Discounter."

Wieder keine Antwort.

„Und wenn du mich nicht hättest, dann hättest du überhaupt nichts zu essen. Und zum Anziehen auch nicht. Und…"

„Aber meine Ruhe."

Der Brätscheler

Nun gibt es in der Eifel nicht nur die typischen Wortkargen. Hier und da gibt es auch Männer oder Frauen, die sogar recht gerne und recht viel reden. So einer war der dicke Hennes.

Seit sich sein Geschäft mit Arbeitsklamotten nicht mehr lohnte und selbst die Eifeler nicht mehr gerne bei ‚fliegenden Händlern' kauften, hatte der dicke Hennes sich zur Ruhe gesetzt. Das heißt, wirklich Ruhe konnte man es nicht nennen, denn wie so viele Ruheständler hielt es Hennes überhaupt nicht daheim. Er brauchte das, was er jahrzehntelang auf seinen Verkaufstouren gemacht hatte: das Gespräch mit den Menschen. Dass er damit so einigen Leuten ganz schön auf den Geist ging, darum machte sich Hennes keine Gedanken.

Hennes war das, was man in der Südeifel ‚en Brätscheler' oder ‚Trätscheler' nennt. Wenn er nicht jeden Tag seinen Rundgang durch das Eifeldorf halten und dabei mit diesen und jenen Leuten über Gott und die Welt sprechen konnte, war er todunglücklich. Er liebte es, Neuigkeiten zu verbreiten, Schwänke aus seiner Jugendzeit und von seinen Verkaufstouren durch die Eifel zum Besten zu geben und Witze zu erzählen. Und er hatte ein Geschick wie kein anderer, seinen Gesprächspartnern Äußerungen und Informationen zu entlocken, die er an anderer Stelle weitergeben konnte. Läutete die Totenglocke, dann hatte Hennes keine Ruhe, bis er wusste, wer gestorben war und wenn er es dann wusste, weiterging und jemandem begegnete, der fragte: „wer ist denn gestorben?" dann konnte er mit tieftraurigen Gesicht Antwort geben. Und wusste selbstverständlich auch aus dem Leben des Verstorbenen zu berichten, der möglicherweise schon vor zehn Jahren einen Herzinfarkt gehabt, viel zu viel geraucht und eine prominente Kusine in Düsseldorf hatte.

Wenn der Rettungshubschrauber irgendwo landete, war Hennes der Erste, der die Stelle ortete und nachsah, wer abgeholt wurde. Genauso war er meist schneller in seinem Auto als die Feuerwehrleute, wenn die Sirene heulte. Und dann fuhr er suchend durch die Dorfstraßen, um zu sehen, wo es denn wohl brannte oder was sonst los war.

Gewöhnlich aber war er eher zu Fuß unterwegs, denn nur so war es möglich, mit anderen ins Gespräch zu kommen. Nun wäre so ein tägliches Gängelchen grundsätzlich gar nicht so schlecht für seine Figur gewesen wäre, hätte er dann nicht…

Aber der Reihe nach. Wenn Hennes also tagtäglich so dahin trottete, schaute er hier mal im Reiterhof vorbei, ob Schmied Hubert nicht zufällig gerade irgendeinem Pferd neue Hufe verpasste und er mit ihm einen kleinen Plausch anfangen könnte, rief dort über den Gartenzaun Müllers Lies ein freundliches „Gode Morjen, na wie as et dan su?" zu und machte sich doch sehr so seine Gedanken, wenn irgendwo die Jalousien um zehn Uhr vormittags immer noch unten waren. Auch wenn irgendwo in einer Einfahrt ein Handwerkerauto oder ein Bagger hielt oder gar der Krankenwagen an ihm vorbei fuhr, dann musste er unbedingt wissen, was da los war. Solcherlei ungewöhnliche Vorfälle waren dann sein Gesprächsthema, sobald ihm irgendwo eine Tür geöffnet wurde und er zu seiner absoluten Lieblingsbeschäftigung übergehen konnte.

Ein beliebtes Ziel seiner dörflichen Streifzüge war das Haus seines alten Schulkollegen Matthias und seiner Frau Marlies. Marlies ließ sich nicht anmerken, dass sie jedes Mal – nun, sagen wir einmal – nicht sonderlich amüsiert war, wenn sie auf das Klingeln hin die Haustür öffnete und den dicken Bauch von Hennes vor sich sah. Aber Marlies war, wie Eifeler nun mal sind, höflich und gastfreundlich.

Bis Marlies allerdings ihre höfliche, nicht zu vermeidende Einladung „dann komm rein" ausgesprochen hatte, hatte Hennes längst ohne zu zögern seinen Bauchumfang schon ziemlich flink an ihr vorbei in den Flur geschoben. Und wenn sie dann, hinter Hennes in der Wohnküche angekommen, auch noch sagte: „da säätz dich", dann hatte Hennes ‚seinen' Platz auf der Eckbank längst eingenommen. Und er wartete dann nur noch auf die Frage: „Willste en Tass Kaffee?", woraufhin er ganz bestimmt nicht nein sagte. Im Gegenteil, gewöhnlich ließ er dann seine Standardzustimmung verlauten: „Ei joo, da sohn ich net nee."

Und nachdem Hannes dann noch seinen Kopf von links nach rechts und wieder zurück gedreht, aber Matthias nicht erblickt und daraufhin gefragt hatte: „Wu as ähn dan?"(wo ist er denn?), konnte er kaum eine Antwort abwarten, um endlich in seine gewohnte Gesprächseuphorie zu verfallen.

„Soh, louster ees!", so fingen viele seiner Sätze an. „Sa, hür ens", würde der Kölner sagen, die Schwaben vermutlich „Sogemol" und die Hessen „Ei horch-emol." Hennes sagte „Soh, louster ees" und dann setzte er an: „Wat soll denn bei Schosters los sein? Da sind seit zwei

Tagen die Jalousien runter. Weißt du, ob die in Urlaub sind? Oder soll dat Lisbeth vielleicht im Krankenhaus liegen und der Pitter so lange bei seiner Tochter sein?" Und wenn Marlies dann sagte: „Nee, ich weiß nichts. Geht mich auch nichts an", dann rätselte Hennes weiter.

„Dat Lisbeth hatte ja schon öfter ein Problem mit der Galle. Würde mich nicht wundern, wenn sie daran operiert würde. Weil - in Urlaub fahren die ja eigentlich nie. Es sei denn, dass sie mit dem Pastor auf Pilgerreise nach Lourdes sind. Ja, das könnte noch sein! Da kann dat Lisbeth ja beten, dass et die Galle doch nicht rausgeholt kriegt. – Die Schreiners sind ja auch mit. Ei, ich hab' ja neulich noch zu meiner Agnes gesagt, wenn die Schreiners nicht mal irgendwann mit einem Heiligenschein herumlaufen! Hast du gesehen, jetzt haben sie ja auch solche Solardinger auf dem Dach. Ich hab zu Agnes gesagt, das wäre, damit der Heilige Geist besser bei denen landen kann. Hahahaha."

Marlies brauchte eigentlich gar nichts zu sagen. Sie stellte Hennes eine Tasse Kaffee vor die Nase. Mit Milch und Zucker, das wusste sie längst und sie wusste auch, dass von den zwei Löffelchen Zucker später immer noch eines am Boden der Tasse klebte, weil Hennes wegen seiner vielen Erzählchen ganz vergaß, zu rühren.

Erst wenn Hennes weitere neueste Dorfnachrichten verbreitet, Mutmaßungen angestellt und schließlich einen blöden Witz zum Besten gegeben hatte, versuchte er, Marlies weitere brisante Neuigkeiten zu entlocken. Weil diese aber genau wusste, dass solcherlei Neuigkeiten sofort an anderer Stelle und möglicherweise noch leicht verdreht weitergegeben wurden, hielt sie sich bewusst zurück. Abgesehen davon, wer sollte auch schon mehr wissen als Hennes, die Vorwitztüte?

„Wann kommt er denn, der Matthes? Was kauft der denn im Baumarkt? Oh, da weiß ich noch einen. Kommt ein Mann mit zwei Krücken in den Baumarkt ..."

Ach je, Marlies machte drei Kreuze, wenn Hennes endlich sagte: „Ei ja, ich muss dann mal!" und aus dem Haus trottete.

Dann begab sich Hennes weiter auf seine Dorfrunde. Was für ein Glück für ihn, in einem Eifeldorf zu wohnen. In einer Großstadt hätte er nie und nimmer so viele Leute gefunden, die ihm das Gespräch hielten. Im Dorf fand er selbst im Winter, wenn niemand ums Haus und im Garten herum wurstelte, irgendjemanden zum Reden.

„Na, Berni, wat schaffste?" fragte er, obwohl er genau sehen konnte, dass Berni an seinem Auto herumschraubte. Und dann stellte er sich dazu, tat fachmännisch, wusste mindestens von zwei Leuten aus dem Dorf zu berichten, die gerade ein neues Auto bekommen hatten und mindestens zwei Episoden, wo man Leute beim Autohandel über die Ohren gehauen hatte. Berni brummelte ab und zu ein „ja ja" oder „nee nee", bis Hennes dann irgendwann sagte: „Ei daje, dann flick mal schön."

Bei Anna, der älteren Witwe, trank Hennes fast täglich sein ach so gesundes Fruchtwässerchen. Höflich wartete er jedes Mal darauf, dass Anna fragte: „Trinkst de en Treppchi?" und wenn sie es einmal vergaß, dann blieb er so lange sitzen, hüstelte und räusperte sich, bis es Anna endlich einfiel. So ein Eifeler Zwetschgenschnaps war genau das richtige Schmiermittel für Hennes' Stimme. Anna war eine dankbare Zuhörerin, weil sie nicht gut gehen konnte und deshalb nicht oft unter Leute kam.

In der Bäckerei und im Dorfladen hielt sich Hennes besonders gerne auf. Dort war er immer so liebenswürdig, die nach ihm Gekommen vorzulassen – er hatte ja Zeit. Dann konnte er beobachten, was die Leute so kauften, konnte Gespräche aufschnappen und wenn kein Kunde anwesend war, nervte er die Verkäuferin. Er verstand es, Leuten Meinungen und Äußerungen zu ihrem Privatleben zu entlocken und hatte eine riesige Freude daran, genau das – manchmal auch in leicht übertriebener Form – anderen Leuten weiterzuerzählen.

Leute, die ihn kannten, waren natürlich mit der Zeit gewarnt und vertrauten ihm nicht mehr alles einfach so an. Manche machten sich jedoch einen Scherz daraus, ihm brühwarm etwas aufzutischen, was überhaupt nicht stimmte. Und so hatte Hennes irgendwann den Ruf, ein Märchenerzähler zu sein, ein Schwätzer, eine Plaudertasche. Auf Platt gesagt: en Brätscheler. War er auch.

Als Hennes eines Tages eine Zeitlang auf seine geliebten Dorfrundgänge verzichten musste, weil er mit einem Nierenleiden im Krankenhaus lag, hielt er dort die Krankenschwestern mit seinem Geschwätz auf und nervte seine Zimmergenossen ziemlich. Im Eifeldorf wurde er in dieser Zeit doch - irgendwie - vermisst. Da hatten sich doch so viele Leute beschwert, weil der lästige Hennes derart genervt hatte und trotzdem... jetzt, wo so gar keine Neuigkeiten mehr rundgetragen wurden, war es auch nicht richtig. Anfangs hatte Marlies noch zu Matthias gesagt: „Oh, endlich ist jetzt hier morgens mal Ruhe und der Hennes hält uns net auf." Nach zwei Wochen jedoch beschwerte sie sich: „Ma get iewerhaupt neist mie gewoar" (man erfährt überhaupt nichts mehr).

So ging es auch Anna, deren Schnapsvorrat in diesen Wochen überhaupt nicht schrumpfte. Sie erfuhr erst drei Tage später, dass ihre Nachbarin sich den Arm gebrochen hatte und erst eine Woche danach, dass ein Foto von ihrer Nichte in der Zeitung war. Denn die Tageszeitung zu abonnieren, das war Anna zu teuer. Und außerdem wusste Hennes viel mehr, als in jeder Zeitung stand.

Die Bäckereiverkäuferin war erst einmal richtig froh, dass der lästige Quasselpitter nicht herumstand und ihr die Würmer aus der Nase zog. Aber nach einigen Tagen fragte sie dann trotzdem einige Kunden, ob sie nicht wüssten, was mit dem Herrn A. los sei, er wäre schon so lange nicht mehr hier gewesen.

Ein paar Rentner, mit denen Hennes auf der Bank im Bushäuschen oft über Fußball, Politik und Wirtschaft diskutiert hatte und die Hennes' Witze in und auswendig kannten, vermissten ihn, auch wenn sie oft den Kopf geschüttelt hatten und sich hinterher, wenn Hennes gegangen war, einig waren: „Ma kaan em neist gleewen" (man kann ihm nichts glauben).

Und so war es ganz gut oder vielmehr gar nicht so schlimm, als der nicht mehr ganz so dicke Hennes schließlich seine Rundgänge durch das Dorf wieder aufnehmen konnte. Immerhin wusste er nun auch noch so einige Kranken- und Lebensgeschichten seiner Mitpatienten zu erzählen und kannte endlich auch noch mal ein paar neue Witze.

Verliebt

Oma Beate bemerkte bei ihrer Enkelin Jessica jenen verklärten Gesichtsausdruck, den sie irgendwann auch einmal in ihrem eigenen Spiegelbild gesehen hatte. Irgendwann, vor ganz langer Zeit. Und zwar nicht nur einmal. Oh nein, bis sie mit Opa Erwin im weißen Kleid in der Kirche einmarschiert war, hatte sie sich das ein oder andere Mal in diesem Zustand befunden. Diesem verzückten Dasein, in dem nichts normal ist, in dem die Hormone verrücktspielen und man sich einbildet, es gäbe nur diesen einen Menschen auf der Welt. Er sei der Schönste, der Beste, der Liebste. Bis man dann irgendwann feststellte, dass es doch nicht der Richtige war fürs ganze Leben. Bis die Gefühle abflauten, man tieftraurig und enttäuscht war und man eine ganze Zeitlang brauchte, bis man wieder normal war und irgendwann auch wieder registrierte, dass es noch mehr hübsche Kerle auf der Welt gab.

Jessica war sechzehn und hatte schon zwei Freunde gehabt. Einen hatte sie selbst cool abserviert und der andere hatte ihr per SMS mitgeteilt, dass man ‚nicht mehr zusammen' war. Das hier jetzt war natürlich ganz etwas anderes. Das konnte doch nur die große Liebe sein.

Jessica konnte gerade an nichts anderes mehr denken. Nur noch an ihn. Wie cool seine Frisur war, die Haare so ins Gesicht gekämmt, dass ein Auge fast ganz verdeckt war. Das andere Auge schaute so vergeistigt, dass es Jessica kalt und heiß den Rücken herunter lief. Das Piercing in seiner Unterlippe animierte sie dazu, sich vorzustellen, wie es anfühlte, wenn er sie küsste. Immer wieder betrachtete sie die Fotos auf seiner Facebook-Seite.

Oh, wie konnte Mehmet Komplimente machen. „Du hast die schönste Nase, die ich je gesehen habe" oder „deine sinnlichen Lippen möchte ich Tag und Nacht küssen." Er machte sogar Gedichte. Und er schickte Smileys. Lachende, weinende, vor Freude hüpfende. Oh, er konnte sooo gut seine Gefühle äußern. Von wegen türkische Machos, so wie Mama sich manchmal äußerte, wenn sie Jessica davor bewahren wollte, sich mit Ausländern einzulassen, deren Traditionen es Frauen immer noch nicht erlaubten, emanzipiert zu leben.

Jessica schwebte jedes Mal auf Wolke sieben, wenn eine SMS auf ihrem Handy ankam oder wenn sie nach der Schule ihren Laptop öffnete und sie ihre neuesten Nachrichten abrief. Jeden Tag hatte sie Post. Und jeden Tag schrieb sie zurück. Und abends wurde gechattet. Mehmet war Gitarrist in einer Band. Manchmal schickte er ihr eine eines seiner Lieder. Das hörte sie dann geschätzte zehn bis hundert Mal und jedes Mal, wenn das Wort Liebe auftauchte, bezog sie genau das auf sich und Mehmet. Die Band war geil. Und Mehmet natürlich auch.

„Oma", sagte Jessica irgendwann zu Beate, die auf das Rentenalter zuging, „guck mal hier, ist das nicht ein irrer Typ?" und schob ihr den Bildschirm ihres Laptops vor die Nase.

„In den bist du verliebt?" fragte Beate. Sie musste schlucken. Die Tattoos auf den Armen, das Piercing... na ja. Aber die Frisur... erinnerte sie irgendwie an jemanden. Aber das musste lange her sein.

„Hmm, sieht gut aus!" sagte sie leicht abgelenkt und versuchte uralte Erinnerungs-Bruchstücke in ihrem Gehirn zu zusammen zu bekommen.

„Gut? der sieht einfach himmlisch aus! Phantastisch! Total krass eye!" Oma Beate war cool. Mir ihr konnte Jessica über so etwas reden, ganz anders als mit ihrer Mama. Die würde gleich wieder mit ihren Warnungen ankommen.

„Und wo wohnt er? Wie oft seht ihr euch?" fragte Beate.

„Na ja.... Das ist es ja. Er wohnt in Duisburg und... wir kennen uns nur aus dem Internet. – Aber er schreibt mir jeden Tag. Und ich habe mir gedacht... Oma? Bitte, kannst du mit Mami reden, dass ich in den Ferien mit der Jugendgruppe an den Niederrhein fahren darf? Mehmets Band spielt nämlich genau an dem Wochenende in Wesel. Ich habe mal gegoogelt, das ist da ganz in der Nähe und dann könnte ich doch... , ach Oma, dann könnten wir uns doch da treffen. Das wäre einfach... geeeiiill!

Gerade wollte Beate ansetzen, ihre Enkelin auf all die Gefahren aufmerksam zu machen. Zu hinterfragen, ob sie dann nicht eine elterliche Genehmigung haben müsse, wenn sie sich von der Jugendgruppe entfernte. Wie sie denn gedenke, dahin zu kommen, dass sie ja nicht allein dahin gehen solle und und und... Sie wollte ihr erklären, wie gefährlich es war, irgendwelchen Internetbekanntschaften auf den Leim zu gehen. Sie wollte ihr sagen, dass solcherlei Gefühlswallungen vorrübergehen.

Doch mit einem Mal konnte sie sich sooo gut in das junge Mädchen hineinversetzen. Sie schaute auf das Foto, die Haare, das halbverdeckte Auge... Blitzartig überfiel sie die Erinnerung. Ruhrgebiet 1966. Plötzlich schien es ihr, als sei es erst gestern gewesen. Damals war sie doch genauso verliebt gewesen. Nein, nicht in Opa Erwin, der ihr seit vierzig Jahren ein treuer Weggefährte war. Damals...

Beate war verliebt. Unsterblich verliebt. Wenn sie die Augen schloss, sah sie immer nur ein Bild vor sich: seines! Wenn sie in der Schule saß und sich eigentlich darauf konzentrieren sollte, was die Lehrer da vorne an der Tafel so sagten, schweiften ihre Gedanken immer wieder ab: zu ihm. Nachmittags, wenn sie über ihren Mathe-, Deutsch- und Englisch-Hausaufgaben brütete, wurde sie hundert Mal abgelenkt, weil vor ihren Augen sein Bild erschien. Geschätzte tausend Mal am Tag betrachtete sie dann auch sein Foto, verlor sich in seinen Augen, deren Lider etwas schräg nach außen gebogen waren und die immer etwas melancholisch wirkten. Die Tatsache, dass sein linkes Auge etwas kleiner aussah als sein rechtes störte sie überhaupt nicht. Sie fand es einfach nur süüüß!

Man schrieb das Jahr 1966. Dass in Vietnam gekämpft wurde, Ludwig Erhard zum neuen Bundeskanzler gewählt worden war und Astronauten im Weltraum herum flogen, dass alles interessierte Beate nicht weiter. Viel wichtiger war es für sie, sich gegen den Willen ihrer Eltern durchzusetzen und in knappen Miniröcken herumzulaufen, ihre Augen mit schwarzen Lidstrichen und ihre Lippen mit hellrosa Lippenstiften zu bemalen. Und auf ihrem neuen Plattenspieler immer wieder die gleichen Lieder zu hören, was ihren Vater dazu veranlasste, zu schimpfen: „Mach die verrückte Negermusik da aus und zieh dir mal was Ordentliches an. So gehst du mir nicht aus dem Haus! Und wasch dir mal das Gesicht."

Ach je, was wusste ihr Vater schon. Die Welt veränderte sich gerade enorm, die Jugend rebellierte und dass Beate mit ihren siebzehn Jahren gerade so verliebt war, dass sie kaum noch essen mochte und nur noch den Wunsch verspürte, ihn zu sehen, das würde er schon gar nicht verstehen. Nur mit ihrer besten Freundin konnte sie darüber sprechen. Die fand ihn nämlich auch toll. Vor allem seine Frisur. Die langen Haare einfach so ins Gesicht gekämmt – so, dass ein Auge etwas verdeckt war. Auf einem Foto schien es so, als seien seine Haare einige Tage lang gar nicht gekämmt worden. Oh je, Oma würde vermutlich sagen: „so ein unordentlicher Kerl mit langen Haaren? Beate, bist du denn ganz übergeschnappt?"

Beate war das alles ganz egal. Auch sie hatte ihre Haare lang wachsen lassen und manchmal fielen ihr ein paar Strähnen davon vor die Augen, wenn sie sein Bild ganz nah vors Gesicht hielt und ihm heimlich einen Kuss darauf drückte. Dann schlug ihr Herz wie wild.

„She loves you, yeah yeah yeah!"

Dass sie in diesen Ferien zu Tante Margret und Kusine Elli nach Essen durfte, war ein absoluter Glücksfall. Schon einmal hatte sie dort zwei Wochen ihrer Ferien verbringen dürfen, nein damals noch müssen. Denn damals war sie erst zwölf gewesen, hatte sich mit Elli gezankt und solch ein Heimweh bekommen, dass Tante Margret sie in den Zug hatte setzen müssen. Die Bahnhofsmission hatte sich darum gekümmert, dass das arme Kind wohlbehalten zu Hause ankam. Jetzt war Beate überglücklich, ihre Ferien in Essen verbringen zu können. Mit Elli stand sie in regem Briefkontakt. Die Kusine in der Großstadt hatte einfach ganz andere Ansichten als ihre Freundinnen auf dem Land.

Ja, und sie würde ihn sehen! Er würde kommen. Nach Essen. Sie musste ihn unbedingt sehen!

Die ersten Tage der Sommerferien, in denen Beate ihren Eltern helfen musste, auf den Wiesen rund um ihr Eifeldorf Heu zu rechen, auf den Wagen zu laden und in der Scheune zu stapeln, gingen unendlich langsam vorbei. Nur der Gedanke an ihn lenkte sie ab, wenn das Heu an ihren Beiden piekste und Bremsen und Mücken um sie herum schwirrten. Nur der Klang seiner wundervollen Stimme, der immer wieder in ihren Ohren hallte, ließen sie es ertragen, wenn Mutti mit ihr schimpfte „Träum nicht, räum endlich mal dein Zimmer auf. Und lauf nicht so unanständig herum, man könnte ja gerade meinen, du kämst sonst wo her."

„All my trouble seems so far away."

Endlich, endlich war es soweit. Beate war soooo aufgeregt. Elli aus Essen hatte Karten für die Grugahalle besorgt. 20 Mark das Stück. Beate hatte ihre Spardose geopfert, in denen sie jede einzelne Mark aufgespart hatte, die sie als Kirmesgeld von ihrem Paten und als

Taschengeld von ihrem Vater bekommen hatte. 20 Mark waren viel Geld damals.

War egal, an diesem Tag hielt sie nichts. Schon lange vor Einlass standen die Mädels vor der Grugahalle. Beate reckte ihren Hals. Wo war er wohl? Nie vorher in ihrem ganzen Leben war sie so aufgeregt gewesen. Ihre Verliebtheit hatte ein Maß erreicht, wie es höher nicht sein konnte. Tausende von Schmetterlingen flatterten wie wild in ihrem Bauch herum. Ihr Herz klopfte.

Endlich wurde die Tür geöffnet und anstatt der tausend Schmetterlinge drängten sich geschätzte tausend Leute in die Halle. Unzählige Mädchen – genau wie Beate – in Miniröcken und kurzen Oberteilen, kreischend, zitternd, erwartungsvoll. Vorbands heizen die Stimmung auf. Die Rattles, Peter & Gordon. Beate überlegte, wie sie es wohl schaffen konnte, sich in der Menge einen Weg zu ihm zu bahnen. Ihm in die Augen zu schauen, ihn zu berühren…

Die Halle war bestuhlt, jeder hatte seinen Platz, aber…es war eng, es war heiß.

Und dann waren sie plötzlich da. Auch er. Beate merkte kaum, dass sie in das infernalische Kreischen mit einfiel, als die vier die Bühne betraten. Sie konnte nicht anders. Sie hatte nur ihn im Blick. Viel zu weit weg von ihr sah sie seine Augen, die immer so ein wenig traurig wirkten. Seinen Mund, der so herrlich lächeln konnte und beim Singen soooo süß aussah. „Paul", schrie sie. „Paul, Paul. I love you Paul." Die Musik der vier Pilzköpfe konnte sie kaum hören, weil alle um sie herum so laut kreischten. Ektase pur. Ella neben ihr versuchte, mitzusingen. „I feel fine."

Beate wusste nicht mehr, wie sie sich fühlte. Niemanden hielt es auf seinem Stuhl. Alle standen, kreischten, trommelten mit den Füßen, klatschten mit den Händen, grölten die Lieder mit. Das „I wanna be your man" aus Pauls Mund bezog Beate einzig allein auf sich selbst. „Ja, yeah, mein geliebter Paul."

Bei „Yesterday" sang Beate gerade noch mit „all my trouble seems so far away", dann gingen für sie die Lichter aus. Es war zu viel für ihr junges Herz, ihre junge, sehnsüchtige Liebe. In einen Popstar verliebt zu sein, konnte ein junges Mädchen glatt umhauen. Sie registrierte nicht mehr, dass die Beatles gerade nur eine halbe Stunde lang spielten. Als die Sanitäter die Ohnmächtige hinaustrugen, war sie gerade am Ziel ihrer Träume angelangt. Sie hatte ihn gesehen und dieses Ereignis würde sie wohl bis zum Ende ihres Lebens nicht mehr vergessen.

Auch wenn ihre jugendliche Schwärmerei rasch abgeklungen war und auch wenn sie längst wusste, dass Liebe etwas anderes ist.

Sperrmülltag

Lange bevor die meisten Leute auch nur daran dachten, ihre ausrangierten Möbel und Kleinteile vor die Häuser zu legen, kündigte sich der Sperrmüll-Montag dadurch an, dass ein leicht erhöhtes Verkehrsaufkommen zu verzeichnen war. Nur wenige Bewohner dachten bereits samstags daran, dass am nächsten Montag der Sperrmüll abgeholt wurde, trotzdem sah man an diesem Tag schon die ersten umherschleichenden Autos. Spätestens aber sonntags zur Frühstückszeit wurden selbst die Bewohner kleiner Nebenstraßen im Dorf auf die suchend umherfahrenden Lieferwagen, viele mit osteuropäischen Kennzeichen, aufmerksam.

Nach der sonntäglichen Messe fingen einige Leute an, ihre ausrangierten Sachen nach draußen zu tragen. Abgebaute Schränke, Regale, alte Stühle. Bilderrahmen, Kinderrädchen, Koffer, Taschen, Kisten mit Porzellan, Pfannen, Blumentöpfe, Bücher. Unmittelbar nach dem Rausstellen hielt irgendein Auto an, ein suchender Fahrer entstieg, wühlte in dem Zeug herum, suchte sich etwas Brauchbares heraus und verschwand.

Bettina hatte vorsichtshalber das Blechgeschwader aus ihrem Vorgarten hereingeholt, damit nicht noch irgendjemand auf die Idee käme, die mit dem Kopf wackelnde Ente, die gusseiserne Kugel und den geschmiedeten Vogel als Sperrmüll anzusehen. „Heiner", sagte sie „wir müssen dringend den Speicher räumen. Da liegt so vieles herum, was weg kann."

Heiner brummte: „Das liegt doch gut. Wer weiß, wann man irgendetwas nochmal brauchen kann."

„Nix", bestimmte Bettina „das Zeug kommt weg! An dem Matratzenrahmen aus Omas Bett habe ich mir schon zweimal die Zehen gestoßen, das Go-Cart von Mike rührt kein Kind mehr an und mit dem alten Koffer, der beim letzten Urlaub im Fließband vom Flughafen hängen blieb, gehe ich in kein Hotel mehr. Und außerdem hätte ich gerne ein neues Schuhregal und dann könnte ich das alte jetzt gerade entsorgen. Und du…", sie wusste, dass ihr Ehemann alles hortete, was nicht gerade völlig kaputt war, „du könntest endlich mal so einiges aus der Garage entsorgen. Man bekommt ja kaum noch die Autotür auf."

„Jetzt am Sonntag!" entsetzte sich Heiner, „gewiss fange ich jetzt an, die Garage aufzuräumen." „Hättest du ja längst machen können", Bettina hatte kein Erbarmen, „gestern zum Beispiel. Da hast du zwei Stunden lang vor dem Fernseher gesessen. Mitten am Nachmittag. Aber nee, mein Mann denkt ja nicht an den Sperrmüll."

„Du etwa? Du hast doch auch nichts gesagt."

„Egal, guck, dass das Gerümpel raus kommt."

Um des lieben Friedens willen räumte Heiner ein paar Sachen aus der Garage. Schweren Herzens trennte er sich von seinem alten Rasenmäher, der zwar noch lief, aber schon seit Jahren ausrangiert war und nur noch deshalb sein Dasein in der Garage fristete, weil es ja sein könnte, dass der neue eventuell mal kaputt ginge und man dann keinen hätte. Genauso wie der verrostete Uralt-Grill, der noch herumstand für den Fall, dass dem neuen Gasgrill mal das Gas ausginge und man eventuellem Besuch halbfertige Steaks anbieten müsse. Einen zerbeulten Kanister fand er noch, zwei gerissene Plastikeimer und ein paar Bretter von der Holzverkleidung aus einem Kellerraum, den man umgestaltet hatte.

„Das ist Bauschutt, das nehmen die nicht mit", belehrte ihn Nachbar Kurt, der gerade einen aufgerollten Teppich auf den Rasen vor seinem Haus ablegte, wo bereits zwei wackelige Stühle standen. Und dann kamen sie ins Gespräch, die beiden Männer, und beide beschwerten sich darüber, dass die Frauen immer alles gleich wegwerfen wollten.

„Könnt ihr mir mal helfen?" rief in dem Moment Oma Lisa von schräg gegenüber. „Ich habe mir doch einen neuen Fernsehsessel gekauft und jetzt muss mein alter Ohrensessel auf den Sperrmüll, seid ihr so nett?"

Natürlich waren Heiner und Kurt so nett. Es war ein gutes Stück Arbeit, das schwere Teil durch die engen Türen des alten Hauses nach außen zu hieven, aber schließlich stand es da am Straßenrand. Genau dann, als Karin mit einer Kiste mit Spielzeug nach draußen kam, das für ihre jugendlichen Kinder längst nicht mehr aktuell war.

„Oh, was ist denn das für ein tolles Stück?" fragte sie und trat näher.

„Sperrmüll", sagte Kurt, schaute auf das abgewetzte Polster und schüttelte den Kopf. „Also der ist nun wirklich sperrmüllreif."

Karin umkreiste den Sessel. Ließ ihre Hände über die kunstvoll geschwungenen Holzverzierungen gleiten, setzte sich hinein, prüfte die Polsterung und fand, dass dieser tolle Ohrensessel eine echte Antiquität sei und absolut nicht in die Presse eines Müllwagens gehörte.

„Ich kaufe ihn dir ab", sagte sie zu Oma Lisa, „was willst du dafür haben?"

„Nichts, nichts! Die beiden hier haben ihn gerade auf den Sperrmüll gestellt. Wenn du ihn haben willst ... Oh, was willst du denn mit dem kaputten Sessel? Weißt du, wie alt der ist? Bestimmt hundert Jahre! Der war noch von meinem Großvater."

„Eben. So eine Antiquität kann man doch nicht auf den Sperrmüll stellen."

Während der Diskussion hatten bereits drei Autos angehalten und nach dem guten Stück geschielt, aber Karin hielt demonstrativ ihre Hände darüber. Dann kam Bettina. Durch ihr Küchenfenster hatte sie die Sache um Oma Lisas Ohrensessel mitbekommen. Sie hatte zwar keine Ahnung von alten Möbeln, aber wenn Karin sich schon dafür interessierte ... Plötzlich zeigte auch sie Interesse. Tatsächlich, wenn man den alten Sessel neu polstern ließe, wäre das ein herrlicher Blickfang für die Diele. Das dachte sie sich, war aber gerade noch schlau genug, strategisch zu denken und versuchte zunächst einmal, ihrer Nachbarin Karin das Teil madig zu machen, indem sie abschätzig darauf hinunterblickte und sagte: „Na ja! Das würde aber eine ganze Stange Geld kosten, neue Polster, neuer Stoff, das Holz muss bearbeitet werden und... vermutlich sind ja sogar die Holzwürmer drin."

„Egal", antwortete Karin, die sich auf den ersten Blick in das alte Möbelstück verliebt hatte, „Kurt, wir tragen ihn erst mal in den Geräteschuppen."

„Was?" Kurt war entsetzt und zischte Karin leise, aber sehr ärgerlich zu: „Wir schmeißen unsere alten Stühle weg und du nimmst dir so einen abgewrackten Sessel vom Sperrmüll? Ich fasse es nicht! Ich trage den nicht in den Schuppen." Drehte sich um und verschwand im Haus. Karin war sauer.

„Kannst du mir helfen?" fragte sie Heiner.

Der hatte seine eigene Frau gleich durchschaut und wollte auf gar keinen Fall, dass das alte Stück in Bettinas Hände fiel und er damit geplagt wäre. Also wuchtete er ganz schnell zusammen mit Karin, die unter der Last fast zusammenbrach, den schäbigen Sessel in den

Schuppen. „Der Mann meiner Kusine, der restauriert alte Möbel. Der macht ihn mir wieder schön", sprach Karin, immer noch schwer atmend, aber voller Stolz. „Der Kurt wird schon sehen, wie schön der Sessel dann aussehen wird."

Heiner und Bettina zogen ab. Zu Hause bekam Heiner sofort einen Anpfiff. „Der schöne Ohrensessel. Der könnte jetzt auch uns gehören, wenn du schneller reagiert hättest."

„Wir brauchen keinen Ohrensessel. Wir haben doch erst die neue Couch und zwei Sessel. Was willst du denn noch?"

„Dann hätten wir ihn eben aufarbeiten lassen und verkauft. Was denkst du denn, was so etwas wert ist?" Vermutlich hätte Bettina keinen Blick auf das alte Stück geworfen, hätte nicht Karin… Die Sache wurmte sie gewaltig.

Sonntags nachmittags gingen Heiner und Bettina, wie jeden Sonntag, spazieren. Dieses Mal wollte Bettina aber unbedingt mal den Feldweg in Richtung Wald nehmen, der genau am anderen Ende des Dorfes lag. Da sie deshalb so einige der Dorfstraßen zu durchschreiten hatten, konnte Bettina dabei unauffällig ihre Blicke überall dort intensiv schweifen lassen, wo kleinere und größere Sperrmüllberge gestapelt waren. Selbstverständlich suchte sie keineswegs nach einem weiteren Ohrensessel, aber interessant war es trotzdem, was die Leute da so vor den Häusern stehen hatten.

Der bevorstehende Sperrmülltag war zwangsläufig auch ein Thema, als sie zufällig dem Ehepaar Scheuermann über den Weg liefen, das bei dem guten Wetter ebenfalls ‚ein wenig Luft schnappte'.

„Was ist das ein Verkehr heute!" schimpfte Marie Scheuermann. „Den ganzen Tag fahren die Autos hier rum, das ist ja schrecklich, dieser Mülltourismus."

„Na ja", bemerkte Heiner, „ist doch ok, wenn die Leute noch etwas brauchen können von dem, was andere wegwerfen. Für das, was weg ist, brauchen wir schon mal keine Müllgebühren zu bezahlen."

„Ha, die machen noch Geld damit! Die verscheuern das!"

„Ja und? Wenn die sich die Arbeit machen?"

„Nee", meinte Marie Scheuermann, „wir stellen jedenfalls unser Zeug erst heute Abend raus, wenn es dunkel ist. Braucht ja auch nicht jeder zu sehen."

„Das ist mal wieder typisch", geiferte Bettina, nachdem man sich verabschiedet hatte. „Die sind mit Sicherheit extra durch das Dorf gegangen, um zu gucken, was für einen Müll die Leute vor den Häusern stehen haben. Aber sie …! – Oh, Heiner guck mal! Siehst du den Spiegel da hinten? Oh, das wundert mich aber, dass den noch niemand geholt hat. Heiner, geh doch nicht so schnell." Bettinas Kopf machte gerade eine dreiviertel Drehung nach hinten, weil ihr Blick immer noch an dem Spiegel hing, der reichlich mit Goldornamenten rundum geschmückt war.

„Phhh", machte Heiner, „du wirst dir doch wohl nicht so eine Scheußlichkeit ins Haus hängen. Jetzt fang ja nicht auch noch an, in anderer Leute Müll rumzuwühlen."

„Nee, aber…, der ist bestimmt antik!"

Gegen Abend, als Bettina noch einmal das Haus nach möglichen Sperrmüllartikeln inspizierte und schließlich noch zwei Taschen, zwei alte Fotoapparate und eine beschädigte Teflonpfanne nach draußen getragen hatte, herrschte auf den Dorfstraßen noch mehr Betrieb. Die Taschen und der alte Rasenmäher waren ruck-zuck verschwunden und bei anbrechender Dunkelheit wurde auch der alte Grill auf einen Schrott-Lieferwagen geladen. Als es sich Heiner auf der Couch bequem machte und den Fernseher einschaltete, bat Bettina leise und in schmeichelndem Tonfall: „Du Heiner, könntest du nicht mal eben mit dem Auto ins Dorf fahren und… gucken, ob der… Spiegel noch da liegt?"

„Spinnst du? Nee, keine Chance."

„Hmm, aber…"

„Denk nicht dran. Und schlag dir den blöden Spiegel aus dem Kopf. Wir haben überall dort Spiegel, wo wir welche brauchen."

Die Nachrichten und das Wetter waren schon vorbei und eigentlich lief Bettinas Lieblingskrimi, aber irgendwie hatte sie keine rechte Ruhe auf der Couch. Und so verschwand sie einmal heimlich und tat so, als ob sie zur Toilette ginge. In Wirklichkeit versuchte sie, das Garagentor möglichst geräuschlos zu öffnen, setzte sich dann ins Auto und fuhr los. Der Mülltourismus hatte sich gelegt, es war mittlerweile zu dunkel, um zu wühlen. Drei Mal fuhr Bettina ganz langsam an der Stelle vorbei, wo sie nachmittags das Objekt ihrer Begierde erblickt hatte. Drei Mal konnte sie den Spiegel nicht auf Anhieb in dem Gerümpel ausmachen, denn sie wollte natürlich um keinen Preis dabei erwischt werden, wie sie im Sperrmüll anderer Leute herumwühlte. Als sie einen letzten Versuch machen wollte und das Auto am Ende der schmalen Straße wendete, krachte es. Ob es eine Gartenmauer war oder ein dicker Stein oder gar die Begrenzung eines kleinen Denkmals, was sie beim Rückwärtsfahren gerammt hatte, sie wollte es gar nicht wissen. Ganz schnell gab sie Gas, ehe irgendein Anwohner aufmerksam wurde und womöglich noch ihre Autonummer erkannte. Mit hochrotem Kopf setzte sie sich wenig später wieder zu Heiner auf die Couch und hatte Glück, dass Heiner gerade mit der Überlegung zugange war, wer denn wohl der Mörder in dem Krimi sei. Jedoch, weder die zwei Gläser Rotwein, die sie zur Beruhigung trank, noch die Tatsache, dass sie im Dunkeln nur eine kleine Beule in der Stoßstange registriert hatte, ließen sie in dieser Nacht ruhig schlafen.

Und als am nächsten Tag alles Gerümpel im Mahlwerk der Müllwagen verschwunden war und Bettina zu Fuß zum Metzger ging, um dabei unauffällig in Erfahrung zu bringen, ob sie mit ihrem Auto irgendwo einen Schaden angerichtet hatte, traf sie Nachbarin Karin.

„Na?" fragte Bettina ein wenig hämisch, „hat sich Kurt beruhigt? Wegen dem Sessel?"

„Nee", Karin war immer noch stinksauer. „Wir haben gerade den schönsten Ehekrach. Und das alles nur wegen so einem dämlichen Ohrensessel. Den Mann meiner Kusine habe ich angerufen. Der hat es im Rücken, der macht so etwas nicht mehr und Kurt hat gesagt, er wäre nicht bereit, für so einen abgewrackten Sessel auch noch Geld auszugeben. Kannst ihn haben, übrigens. Gib zu, du wolltest ihn doch auch."

„Nein danke", brummte Bettina. Von Sperrmüll hatte sie die Nase gestrichen voll. Es würde schon schwer genug, Heiner abends beizubringen, wie die Beule in die Stoßstange gekommen war.

Vor dem Haus von Scheuermanns stand Marie und lamentierte. „Unverschämtheit. Nun schaut euch das an! Da hat uns doch glatt jemand in einer Nacht-und-Nebel-Aktion einen alten Kühlschrank zu unserem Sperrmüll gestellt. Elektrogeräte nehmen die natürlich nicht mit. Und jetzt sind wir damit geplagt. So eine Frechheit!"

Das fand Bettina allerdings auch. Trotzdem musste sie irgendwie grinsen. Da war wohl jemand noch später unterwegs gewesen als Scheuermanns.

So hatten alle ihre Probleme mit dem Sperrmüll. Und wer daraus gelernt hatte, der hatte es bis zum nächsten Sperrmülltag bestimmt wieder vergessen.

Kommunalwahl

Eine Kommunalwahl wirft nicht nur in Städten, sondern auch in Dörfern der ländlichen Regionen oft lange Schatten voraus. In kaum einer anderen Zeit laufen so viele Aktivitäten, zwischenmenschliche Kontakte und verhandelnde Gespräche in einem Dorf ab wie in Vor-Wahl-Zeiten. Nun kann man eine Kommunalwahl in einem Eifeldorf nicht mit einer Präsidentenwahl in den USA vergleichen, aber auch hier kommt es auf Grund von Parteienlandschaften oft dazu, dass einzelne

Parteien und Gruppen äußerst ernsthaft konkurrieren, sich aufs Schärfste bekämpfen, manchmal sogar regelrechte Schlammschlachten austragen. Und gelegentlich scheint das Ganze der Show einer Präsidentenwahl in Amerika gar nicht so unähnlich, bis auf die Tatsache, dass erheblich weniger oder gar kein Geld im Spiel ist und dass sich ein normaler Eifelbürger zum Glück immer noch nicht euphorisch winkend mit einem Fähnchen an die Straße stellen würde. (Aber weit entfernt sind wir davon auch nicht mehr.)

In Eifeldorfhausen hatte sich zu den seit Jahrzehnten stark konkurrierenden beiden großen und den zu vernachlässigenden kleinen Parteien in diesem Jahr eine weitere Liste gesellt, eine Freie Frauenliste. Grundschullehrerin Ilona, die Initiatorin, die sich seit Jahren im Dorf in der Kinder-und Jugendarbeit engagierte, war der Meinung, dass Frauen in den Gemeinderäten immer noch weit unterrepräsentiert waren und dass die weibliche Sicht der Dinge unbedingt mehr in die Politik einfließen müsse.

Bei den etablierten Parteien standen verständlicherweise die langjährig tätigen Parteigetreuen in den Listen ganz oben. Um die folgenden Plätze wurde hart gebuhlt und weiter unten wurden die Sympathisanten aufgeführt, die eigentlich gar keine Ambitionen hatten, gewählt zu werden. Sagten sie jedenfalls, denn durch das Panaschieren war es den Wählern möglich, jedem einzelnen Kandidaten bis zu drei Stimmen zu geben.

Zeitgleich stand die Wahl eines neuen Ortsbürgermeisters an. Der Amtsinhaber kandidierte aus Altersgründen nicht mehr. Also fühlten sich zumindest die zwei großen Parteien veranlasst, je einen Kandidaten aufzustellen und in den Ring zu führen. Sie hatten nicht damit gerechnet, dass sich ein dritter Kandidat um dieses Amt bewarb, zumindest nicht dieser, der bislang noch nie politisch in Erscheinung getreten war. Es war der junge Journalist Hubertus K., der sich mit einem kleinen Online-Verlag selbständig gemacht hatte und mit einer jungen Frau aus dem Dorf seit drei Jahren zusammen lebte. Auf den ersten Blick stellte er für die jeweiligen Kandidaten von Rot und Schwarz überhaupt keine Konkurrenz dar. Denn immerhin waren beide alteingesessene Familienväter, Vereinsangehörige und bodenständige Eifeler, die fast noch jeden im Dorf kannten. Beide waren auch davon überzeugt, auf Grund der bisher geleisteten Arbeit und der unzähligen Stunden, die sie ihren Parteien und dem kommunalen Engagement geopfert hatten, nicht nur die Stimmen der Parteiwähler, sondern wegen ihrer Beliebtheit darüber hinaus auch die der Unentschlossenen auf sich vereinigen zu können. Dagegen hatte doch wohl einer wie Hubertus - zugegebenermaßen zwar ein netter, äußerst zugänglicher und beliebter Zeitgenosse - als Zugezogener, in wilder Ehe lebender Nichtkirchgänger kaum eine Chance.

Einige Wochen vor der Wahl wagte es die erste Partei – die Opposition - ein Rundschreiben an die Bürger zu verteilen. Was darin stand, können sich die meisten Leser schon denken. Kritik an der Regierungspartei, harsche Rüge für die derzeitige Dorfpolitik, eigene Beweihräucherung. Natürlich konnte die bislang das Ruder führende Mehrheitspartei das nicht kommentarlos hinnehmen. Also erschien auch von dieser zunächst die Aufstellung dessen, was unter ihrer Regie alles erreicht worden war, eine Rechtfertigung der derzeitigen Verschuldungslage – umsonst ist das nun mal nicht zu haben – und ein erster vorsichtiger Nasenstüber in Richtung Opposition, mit der angeblich einfach nicht zusammen zu arbeiten war.

Die Frauenliste präsentierte sich zunächst mit Hochglanzfotos auf gestylten Prospekten, da eine der Damen einen Drucker als Ehemann hatte. Sie betonten, sich künftig intensiv um soziale Belange zu kümmern, die Kita erweitern zu wollen, ein freundlicheres Miteinander in der Politik einzufordern und so einiges mehr.

Daraufhin verteilte auch die Rot-Partei die Liste ihrer Kandidaten mit Buntfotos (die allesamt einen gewollten Rotstich aufwiesen) und ein Extra-Blatt mit dem Konterfei des Bürgermeister-Anwärters. Zwei

Tage später folgte von der Schwarz-Partei eine ähnliche Vorstellung in Papierform, jedoch verständlicherweise in schwarz-weiß.

Die Bürger/innen des Ortes fingen an, untereinander zu diskutieren. Die meisten von ihnen wussten ganz genau, wen sie leiden konnten und wen nicht, wer Ahnung hatte oder total blöd war. Auch wenn sie noch niemals als Zuhörer an einer Gemeinderatssitzung teilgenommen hatten, so war ihnen doch vollkommen klar, wie kompetent oder inkompetent die Kandidaten denn so waren. In den Gasthäusern redeten sich die Thekensteher die Köpfe heiß. Auch Attilo, der immer alles besser wusste als alle anderen, hatte voll den Durchblick und sagte schon ganz klar voraus, wer es dieses Mal schaffen würde. Und dass die ‚Weiber' höchstens ein paar Stimmen bekämen, weil sich Frauen bekanntlich gegenseitig nicht das Schwarze unter den Fingernägeln gönnen.

„Warum bist du denn eigentlich auf keiner Liste?" fragte ihn Joachim sonntags morgens beim Frühschoppen.

„Pph. Dafür habe ich keine Zeit." Dass man ihn nicht gefragt hatte, verriet er natürlich nicht und dass er im Endeffekt auch das Risiko nicht eingehen würde, möglicherweise nicht gewählt zu werden, darüber sprach er auch nicht. Nein, das Risiko einer Blamage würde er sich nicht antun.

In der Tat gehörte schon ein wenig Mut dazu, auf solch einer Wahlliste zu erscheinen. Denn nicht jeder verfügte über ausreichend Selbstbewusstsein, eine immerhin mögliche peinliche Wahlschlappe wegzustecken. Besonders diejenigen, die sich als Bürgermeister-Kandidaten zur Verfügung stellten, mussten sich ihrem einem Dreier-Konkurrenzkampf schon so einiges einfallen lassen, zusätzlich zu den von allen Straßenecken her lächelnden Plakat-Gesichtern.

Hubertus war der erste, der seine Internetpräsenz für den Wahlkampf nutzte. Auf seiner Seite verkündete er sein Wahlprogramm. Er richtete Blogs und Diskussions-Foren ein, warb bei Facebook und ‚Ich-kenne-dich' und strahlte die User aus allen Himmelsrichtungen an, immer mit dem Hintergrundbild von Eifeldorfhausen. Dass er damit überwiegend die jüngere Bevölkerung erreichte – nun ja. So manch ein Jugendlicher schob auch seinen Eltern in dieser Zeit einmal den Laptop hinüber und sagte: „Hier guck mal."

Auf jeden Fall fühlten sich die Bürger/innen von Eifeldorfhausen in dieser Zeit nicht nur im Internet, sondern auch im Dorf äußerst freundlich und von allen Seiten gegrüßt. Manche Anwärter auf einen Posten im Gemeinderat hatten gar nicht genug Hände, um den Passanten im Dorf freundlich zuzuwinken, wenn sie an ihnen vorbeifuhren. Frühschoppengespräche, Wanderungen, Kulturelles, Brunnenfeste und Sonstiges wurde von den verschiedenen Parteien angeboten. Bei sämtlichen öffentlichen Veranstaltungen hatten sich die Kandidaten/innen sehen zu lassen. Selbst in der Kirche sah man so einige, die es sonst nie an diesen Ort verschlug, und am Spielfeldrand des Fußballplatzes feuerten neuerdings Leute die dorfeigene Fußballmannschaft an, die noch nie etwas mit Sport am Hut gehabt hatten.

Hubertus, der clevere Jungspund, übernahm amerikanische Wahl-Werbemethoden und organisierte Nachbarschaftspartys. Auf jeder trat er persönlich auf, brachte hier und da ein paar Flaschen Sekt mit, überreichte selbstgefertigte Wahlprospekte und machte Komplimente. Für jeden hatte er ein freundliches Wort. Er strahlte gute Laune aus und riss Witze. Durch diese Partys kamen sich die Menschen näher. Nachbarn, die sonst kaum ein „Tach" über den Zaun riefen, feierten miteinander Wahlpartys, aßen Häppchen, prosteten sich zu und fanden es wunderbar.

In der letzten Woche vor der Wahl begann die heiße Phase. Nachdem am späten Samstagabend die Schwarzpartei den ihrer Meinung nach entscheidenden Trumpf aus dem Ärmel gezogen hatte und auf einem Rundschreiben den Bürgermeisterkandidaten der Rotpartei eines ziemlich unseriösen Geschäftes bezichtigte, hatten die Späher der Rotpartei die Verteilung dieses missliebigen Zettels schnell spitzbekommen. Sofort machten sie sich daran, eine Gegendarstellung zu drucken und in Umlauf zu bringen, um ihrerseits nun einmal offen Ungereimtheiten bei dem Gegenkandidaten zur Sprache zu bringen. Nutznießer dieser Aktionen waren die kleineren Parteien und die Initiatorinnen der Frauengruppe, die daraufhin schreiben konnten: Na seht ihr, wie die das machen. Wir machen das alles anders.

Hubertus, der unabhängige Bürgermeisterkandidat hielt sich aus all diesen Scharmützeln heraus. Er war nicht nur am letzten Tag unterwegs gewesen, sondern bereits die ganze Woche. Fast an jeder Haustür hatte er geklingelt, sich vorgestellt, seine Hauptthemen angesprochen. Er hatte gelächelt und mit sozial Schwachen, Wohlhabenden, mit jungen und alten Leuten Small-Talk geführt. Er hatte es verstanden, sich sympathisch zu präsentieren, obwohl er von Kommunalpolitik praktisch keine Ahnung hatte, während die beiden Gegenkandidaten seine Methoden mitleidig belächelten. Einer von ihnen suchte trotzdem Kontakte zu möglichst vielen Menschen, der Andere war der Meinung, die Wähler wüssten, was er bereits alles für das Wohl des Ortes getan hatte und würden ihm das entsprechend quittieren.

Längst hatten Mitglieder sämtlicher Gruppierungen alten und kranken Leuten angeboten, ihnen bei der Briefwahl behilflich zu sein oder sie gar am Wahlsonntag mit dem Auto zum Wahllokal zu fahren.

Am Samstag vor dem Wahlsonntag lag morgens in jedem Briefkasten nicht nur eine Zeitung oder die Post, sondern auch ein kleines Faltblatt der Rotpartei mit einem winzigen rot-verpackten Herzchen aus Marzipan ‚unser Herz schlägt links'. Am späten Nachmittag waren die Kandidaten der Schwarz-Partei unterwegs, um an Haustüren zu klingeln und Lakritze sowie Zartbitter-Minischokolade zu verteilen und den Leuten persönlich die frohe Botschaft der richtigen Wahlentscheidung zu verkünden. Die Damen der Frauenliste scheuten die Ausgaben für Süßigkeiten und verteilten Flugblätter, auf denen für den späten Sonntagabend zu einem Gläschen Sekt beim Bürgerhaus eingeladen wurde, für den Fall, dass man etwas zu feiern hätte. Die wenigen Grünen verteilten in der Dorfmitte Wiesenblumen und Kräuter und versuchten den Leuten zu erklären, wie wichtig der Bau von Windrädern auf dem Gemeindeareal sei.

Hubertus bearbeitete stattdessen seine Fanseite im Internet und postete ein paar politische Witze, die er selbst illustriert hatte. Er hatte nie ein schlechtes Wort über andere fallen lassen und er hatte auch nicht vor, Wahlgeschenke zu machen, bevor er gewonnen hatte.

Am Wahlmorgen hagelte es bereits vor der offiziellen Verpflichtung der Wahlhelfer heftige Proteste dagegen, dass der erquicklich kleine Haufen der Grünen in der Nähe des Wahllokals ein grünes Pfädchen aus Grasschnitt und Blättern gestreut hatte. Da man kein Maßband bei Hand hatte, wurde die Strecke abgeschritten, weil die Vorschrift besagt, dass Wahlwerbung einen Mindestabstand zum Wahllokal haben muss. Daraufhin bemängelte der Vertreter der Grünen, dass es knallrote Blumen waren, die im Wahllokal für eine aufheiternde Atmosphäre sorgten und die Roten ärgerten sich darüber, dass die Abtrennungswände zwischen den Wahlkabinen schwarz waren. Über die Tatsache, dass Unternehmer X., der einzig verbliebene Vertreter der Gelben, seine Gesinnung mit der Farbe seines Pullovers kundtat, wurde nur hinter vorgehaltenen Händen getuschelt. Nur über die Vertreterinnen der Frauenliste wusste niemand so recht zu meckern, weil sie in allen Farben leuchteten.

Als die ersten Wähler kamen, war von all den Querelen nichts mehr zu spüren. Das Lächeln, das Hubertus K. von vornherein auf dem Mund gehabt hatte, lag nun auf den Gesichtern der Wahlhelfer sämtlicher Couleur. Mehr durften sie auch nicht tun, denn jedes freundliche Wort hätte ihnen als Beeinflussung ausgelegt werden können.

Für Ilona, die die Frauenliste anführte und auch als Wahlhelferin eingeteilt war, war es ein interessanter Einsatz. Im Laufe des Vormittags bekam sie Menschen zu Gesicht, die sie noch nie in Eifeldorfhausen gesehen hatte und anhand der Wahlliste konnte sie auch in Erfahrung bringen, um wen es sich handelte. Es kamen Leute, die sich extra schön herausgeputzt hatten und andere, die gerade mal eben in Jeans und T-Shirt geschlüpft waren. Welche, die edelste Gerüche hinter sich her zogen und welche, deren fettige Haare und ungewaschene Körper ganz das Gegenteil offenbarten. Junge Leute, die ruck-zuck wieder aus den Wahlkabinen herauskamen, ältere, gehbehinderte Menschen, die so einige Minuten brauchten, ihre vielen Kreuzchen auf den Listen richtig zu platzieren. Die meisten Leute grüßten nur freundlich, wenn sie ihre Wahlbenachrichtigungen abgaben und die Wahlunterlagen in Empfang nahmen. Angesichts der formellen, hochoffiziellen Stimmung in dem Wahllokal wagten sie es kaum, irgendetwas zu sprechen.

Als pünktlich um 18.00 Uhr die Wahlurnen geöffnet wurden, hatten sich sämtliche Wahlhelfer um die Tische versammelt und nun begann die Auszählung der Stimmen mittels Computer. Die Spannung wuchs und wurde für manche der Kandidaten unerträglich. Ilona, die bei der Eingabe der Daten mithalf, stellte befriedigt fest, dass sie selbst so einige Stimmen bekommen hatte, ihre Liste aber nicht sonderlich viele. Andere Kandidaten hofften bei jedem Stimmzettel, dass sie endlich auch ein paar Kreuzchen abbekämen.

Die Bürgermeisterstimmen wurden manuell gezählt. Die drei Stapel ähnelten sich zunächst in der Höhe, doch bald stellte sich heraus, dass der Stapel von Hubertus K. deutlich größer wurde als die anderen. Die Gesichter der etablierten Bewerber wurden länger und länger und das strahlende Lächeln von Hubertus reichte bald von einem Ohr zum anderen, während die siegesgewissen Zwei ihre Enttäuschung darüber nicht verbergen konnten, dass ihnen so ein Nobody das Amt wegschnappte, der bisher noch nie etwas zum Allgemeinwohl des Dorfes beigetragen hatte.

Die kleine Gruppe der Grünen hatte ihr Ziel erreicht: einen Sitz im Rat. Die Frauenliste bekam zwei Sitze. Enttäuschend, fand Ilona, der bewusst wurde, dass Attiilo wohl nicht so ganz Unrecht hatte. Eine der großen Parteien hatte eine ganz knappe Mehrheit, so dass die andere Partei darauf beharrte, die Auszählung zu wiederholen. Hinter vorgehaltenen Händen wurden bereits Koalitionen besprochen. Alles ganz wie in der großen Politik.

Dass man nun einen Bürgermeister hatte, hinter dem eigentlich keine einzige Partei stand, wirkte irritierend. Das Wahlverhalten der Bürger, von denen noch keine 60 % überhaupt zur Urne geschritten waren, ebenfalls. Auch Hubertus selbst als politisch Unerfahrener hatte noch keine Ahnung, was auf ihn zukommen würde und wie sehr ihn die ‚alten Hasen' in der ersten Zeit ausspielen würden. Dem würde man schon auf die Finger schauen.

Doch wenn auch plötzlich alles ganz anders zu sein schien. Wenn die Führungsriege neue Gesichter hatte und wenn jeder für sich dachte, dass man selbst alles viel besser machen könnte. Den wirklichen alten Hasen war klar, dass in Zeiten von Verschuldung und knappen Haushalten der Kommunen niemand große Sprünge machen konnte, auch kein Hubertus. Eine wirklich gute Zusammenarbeit würde es zwischen den Parteien kaum geben. Sowohl die Mehrheitsfraktion als auch die Opposition (welche es dann auch waren) würden weiterhin gegen alle Vorschläge sein, die nicht von ihnen kamen, egal ob gut oder schlecht. Die Bürger würden auch an der neuen Dorfregierung herumkritisieren, denn niemand kann es allen recht machen. Und die politisch Engagierten würden sich am Ende der Legislaturperiode fragen, ob sich der erhebliche Zeitaufwand der vielen Diskussionen, Parteitage, Fraktionssitzungen, Gemeinderatssitzungen wirklich gelohnt hatte und ob die Mehrheit der Bürger überhaupt ansatzweise eine Ahnung davon hatte, wie sehr sich andere die Köpfe zum Wohl der Allgemeinheit zerbrachen.

Papa kocht

Hätte es an diesem Samstag nicht in Strömen geregnet, so dass man weder im Garten arbeiten noch am Auto herumschrauben konnte oder hätte es in irgendeinem Fernsehprogramm eine Sportsendung gegeben, dann wäre Kurt womöglich nie auf die Idee gekommen. Was auch immer ihn an diesem freien Samstag geritten hatte, nach einem gemütlichen Frühstück und dem ausführlichen Studium der heimischen Zeitung stand er plötzlich auf und sagte: „Wie wär's denn, wenn ich heute mal koche?"

Karin schaute verblüfft. Noch nie hatte Kurt auch nur einen Finger gerührt, wenn es um das Zubereiten von Essbarem gegangen war. Das allerhöchste, wozu er sich hinreißen ließ war, nach dem Essen ein paar Teller aufeinanderzustapeln und sie zur Spülmaschine zu bringen. Auf – nicht hinein, denn so weit ging sein Küchendienst dann doch nicht.

Und wenn Karin interessiert Kochsendungen im Fernsehen anschaute, dann machte Kurt immer nur spöttische Bemerkungen. Er ahmte Lafers genuscheltes „Herzsch willkomm, liebe Zuschauer" nach, fand Lichters wackelnden Schnurrbart und seine witzigen Bemerkungen doof und bekam schier Zustände, wenn er sich Bioleks schwärmerische Gutheißungen wie „Hmmmm, köööstlich" anhören musste. Und nun wollte ihr Angetrauter kochen?

Karin dachte erst, sie hätte sich verhört. „Du willst kochen?" fragte sie ungläubig.

„Ja warum denn nicht? Schließlich sind die besten Köche überwiegend männlich!"

„Na ja, ehe du dich zu den besten Köchen zählst, wird aber wohl noch eine Zeit vergehen", sagte Karin. Sie war äußerst skeptisch.

Freiwillig fuhr Kurt an diesem Tag zum Metzger und stellte sich ohne zu murren mit einem einzigen Kopf Salat in die Schlange an der Supermarktkasse. Er pfiff sogar ein fröhliches Liedchen, als er sich kurze Zeit später die bisher unbenutzte verrückte Schürze griff, die ihm ein paar Witzbolde zum 40. Geburtstag geschenkt hatten und auf der ein muskulöser fast nackter Männerkörper abgebildet war, nur mit einem knappen Slip bekleidet.

Kurt war gerade dabei, in Karins Kochbüchern zu blättern, als ihn seine Frau in der Schürze erblickte und in schallendes Gelächter ausbrach.

„Lach nicht", sprach ihr Göttergatte gutgelaunt, wenn du erst mal meine Schnitzel isst..."

Tja, natürlich hatte sich Kurt das ausgesucht, was er am liebsten aß. Schnitzel mit Pommes und Salat. Er packte seine Metzgertüte aus, legte die Fleischstücke auf ein Brett und las. Sollte er nun Wiener Schnitzel machen, Zigeuner, Jäger, Mailänder oder was? Soße sollte schon dabei sein. Also entschied er sich für Jägerschnitzel.

„Karin", rief er kurze Zeit später ins Wohnzimmer hinüber, wo er seine Frau kurz vorher ultimativ hin verbannt hatte, damit sie ihm ja nicht dauernd auf die Finger guckte. „Du, ich habe vergessen, Pilze zu kaufen, hast Du vielleicht noch welche in der Tiefkühltruhe?"

„Nein, aber in der Dose", rief Karin zurück.

„Kann man die auch nehmen?"

„Ja klar. Schmecken nicht ganz wie frisch, aber..."

Kurt öffnete sämtliche Schränke und suchte. Keine Dose mit Champignons in Sicht.

„Du Karin, wo sind denn die Dosen-Pilze?"

„Im Abstellraum, im Schrank links unten in der Schublade."

Kurt pfiff nun nicht mehr, er trällerte. „Live is Live, dada dadada."

Karin machte es sich auf der Couch bequem. Die jugendlichen Sprösslinge lagen noch in den Federn und sie freute sich, endlich einmal in Ruhe ihren spannenden Roman zu Ende lesen zu können.

Drei Minuten mögen vergangen sein, als sie aus der Küche Kurts Stimme vernahm: „Du Karin, womit klopft man denn Schnitzel?"

„Mit einem Klopfer. So ein Holzding, liegt in der dritten Schublade rechts neben der Spüle."

Sie hatte den nächsten Satz noch nicht zu Ende gelesen, da ertönte Kurts Stimme erneut:

„Und klopft man mit den Zacken oder mit dem flachen Teil?"

Karin stand auf, ging in die Küche und klärte ihren Ehemann auf. „Soll ich dir zeigen wie das geht, und wie man würzt und paniert?"

„Nein nein, nun geh du wieder ins Wohnzimmer, ich schaff' das schon allein."

„Dada dadada – Live is Live." Und dann gab es ein mächtiges Bum bum und die Fleischstücke nahmen erheblich an Umfang zu und an Dicke ab. Zwei Sätze hatte Karin gelesen, da schob Kurt seinen Kopf vorsichtig ins Wohnzimmer: "Du Karin, was heißt denn, ein Ei verquirlen?"

Karin war nun nicht mehr ganz so entspannt und stellte sich zum ersten Mal die Frage, ob es nicht doch besser wäre, bei Kurts ersten Kochversuchen neben ihm zu stehen. Etwas kurz angebunden, weil sie gerade so eine spannende Szene las, gab sie zur Antwort: „Na verquirlen eben, ist das so schwer zu verstehen für einen intelligenten Mann?"

Kurt zog ab und überlegte. Verquirlen, ein Quirl, ja so ein Ding hing doch dort an der Wand. Da konnte man solche Schneebesen hineinstecken. Das machte Karin immer, wenn sie Kuchen backte. Auf der Suche nach diesen Teilen wühlte er sämtliche Schubladen durch, quetschte sich beim Hineinstecken in das Rührgerät den rechten Zeigefinger und fluchte zum ersten Mal. Dann verquirlte er in einer kleinen Schüssel das aufgeschlagene Ei, was allerdings dann dazu neigte, ziemlich viele Spritzer in sämtliche Himmelsrichtungen zu senden.

Im Gewürzschrank fand Kurt Pfeffer und Salz. Er hatte keine Ahnung, wie viel man davon auf die geklopften rohen Schnitzel streute, wollte Karin aber in keinem Fall erneut belästigen. Er streute einfach, fand noch eine Würzmischung mit Kräutern und experimentierte. Ha, das machte ja sogar Spaß. Dass er noch nie im Laufe seiner Ehe so viel in die Küchenschränke und Schubladen hineingeguckt hatte wie an diesem Tag, nun ja, er musste eben suchen. Paniermehl, Öl. Aber welches? Nein, er würde Karin nicht fragen. Er griff das erstbeste. Olivenöl, ja das musste richtig sein. Sollte ja sooo gesund sein.

„Live is Live, dada…" Als Kurt mit einem eleganten Schwenker die Pfanne auf den Herd stellte, streifte er damit die Packung Paniermehl. Sie fiel um, rutschte zu Boden und hinterließ eine Spur von Feingeriebenem auf Arbeitsfläche und Fußboden. Nun gab ein Knirschen unter Kurts Birkenstocklatschen die Begleitmusik zu seinen Sangeskünsten.

Genau nach Anweisung im Buch wälzte er die Schnitzelstücke erst in Ei und anschließend in Paniermehl. Einen Teller dafür ersparte er sich, da die Panade ja nun schon einmal auf der Arbeitsplatte herumlag. Er schaffte es ganz allein, Fett zu erhitzen, die Schnitzel hineinfallen zu lassen und sie nach vier Minuten zu drehen. Er schaffte es sogar, zwischendurch den Salat zu waschen. Dann allerdings geriet er in absoluten Stress. Gleich waren die Schnitzel fertig und er hatte weder die Pommes in der Fritteuse noch die Soße mit den Pilzen fertig, geschweige denn die Salatsoße.

„Live is Live." Das dada dadada ließ er nun weg. Soße. Schnell nachschlagen. In dem Moment, in dem er Mehl in das erhitzte Fett schüttete, nahm er wahr, dass aus der Schnitzelpfanne ein etwas beißender Geruch hochstieg. Live is Live! Oh Mist, die Unterseiten seiner ach so geliebten Schnitzel sahen ziemlich schwarz aus. Schnell schaltete er die Herdplatte ab. Höchste Zeit, die Einbrenne für die Soße abzulöschen. Es zischte und dampfte, als er kaltes Wasser in die heiße Masse eingoss. Während er im Kochbuch las: „so lange mit dem

Schneebesen rühren, bis die Masse glatt ist", suchte er mit einem Auge nach einem solchen Rührgerät. Als er es endlich gefunden hatte, gab es nicht mehr allzu viel glattzurühren und die Klümpchen oder besser gesagt Klumpen waren längst entstanden. Einige Rauchschwaden zogen an der Dunstabzugshaube vorbei durch die Küche. Beim hastigen Öffnen der Champignondose klemmte der dämliche Dosenöffner, so dass die scharfe Kante des Deckels einen langen Schnitt in Kurts Daumen hinterließ. Er hatte vergessen, die Fritteuse anzustellen, suchte nach den Tiefkühlfritten in der Truhe, hinterließ sowohl dort als auch auf dem mit Eispritzern und Paniermehl übersäten Boden so einige Blutspuren und fand zu allem Unglück, während er seinen geschundenen Daumen in den Mund steckte, nirgends ein Heftpflaster für seine Wunde.

„Karin", rief der werdende Gourmetkoch in größter Verzweiflung, „kannst du mal eben kommen?"

Karin kannte Kurts Stimme, wenn er kurz vor einer Explosion stand. Entschlossenen Schrittes eilte sie ihrem Ehemann zu Hilfe. Noch ehe sie entsetzt sagen konnte: „Oh Gott, was ist denn hier passiert?" fragte Kurt: „Wir haben wir keine Fritten mehr, und wieso kann man hier nirgends ein Heftpflaster finden – verdammt, was ist das denn für ein Haushalt?"

„Nun lass mal sehen." Noch während Karin zwei dampfende Pfannen von den Herdplatten zog, machte sie einen Schritt auf Kurt zu, um nach dem Blutfleck zu forschen, der sich auf seiner Schürze abzeichnete. Da rutschte sie mit einem Fuß auf der Pampe am Boden aus, legte einen astreinen Spagat hin und rettete sich mit einem entschlossenen Griff nach Kurts rattenscharfer Schürze, während zwei der gut durchgebratenen Schnitzel in hohem Bogen den Weg nach unten fanden und sich die klumpige Soße in die Herdplatte einfraß. Ein unflätiges Wort entfleuchte ihr und gleichsam dem liebsten aller Ehemänner, als er den Schmerz einiger heißer Fettspritzer im Gesicht und gleichzeitig den ziehenden Druck des Schürzenbandes im Genick verspürte. Als sich Karin aus ihrer misslichen Lage erhoben hatte und die beiden gefallenen Schnitzel in Richtung Mülleimer bewegte, schrie Kurt: „Oh nein! Spinnst du, meine guten Schnitzel!"

Kurze Zeit später, nachdem sich die halbwüchsigen Sprösslinge gnädig heruntergelassen hatten, zum Essen zu erscheinen, saßen Karin und Kurt mit ihnen am Esstisch. „Was ist denn hier passiert?" fragte Tina, als sie sich in der Küche eine Cola holte.

„Papa hat gekocht", sagte Karin trocken.

„Hä? Und dafür muss er die Küche schrotten? Auf welchem Trip ist der denn?"

„Ja, ich habe gekocht. Und meine Schnitzel schmecken richtig gut. Hier schmeck doch mal!" sprach Kurt stolz. Karin warnte:

„Aber nimm nicht diese beiden dort, die sind für Papa. Die hat er sich verdient."

Dass Karin sich schließlich erbarmt hatte und Pommes, Salatsoße und Champignonsauce mit geübten Handgriffen rasch gezaubert hatte, verriet sie ihren Kindern nicht. Sie sagte nur ganz ruhig nebenbei, während alle auf den zähen Schnitzeln herumkauten: „Kurt, vielleicht solltest du ja mal einen Kochkurs für Männer belegen" und flüsterte dann: „und vielleicht lernt man da auch, wie man eine Küche reinigt."

Frauen wissen natürlich, dass die Küche von der Dame des Hauses generalgereinigt werden musste und dass diese keinerlei Lust verspürte, ihren Ehemann zu weiteren Kochexperimenten zu drängen. Allerdings erfreute sie sich in den folgenden Wochen an so vielen Komplimenten zu ihrem Essen, wie sie sie in den ganzen letzten zehn Jahren nicht bekommen hatte.

Nachbarn

Im Haus gegenüber von Kurt und Karin zogen neue Nachbarn ein. Der alleinstehende alte Herr, der dort gewohnt hatte, war in ein Seniorenwohnheim gezogen und hatte das Haus verkauft.

Karin war überhaupt nicht neugierig. Trotzdem lugte sie alle fünf Minuten hinter der Küchengardine heraus auf das, was sich da draußen tat. Wie die Schränke und Sofas aussahen, die fleißige Möbelpacker entluden, war ihr schnurzegal. Sie wollte wissen, welche Leute dort einzogen. Es war schließlich nicht gleich, wer da von der anderen Seite der Straße direkt in ihr Wohnzimmer hineinschauen konnte. Es war nicht egal, wie alt die Leute waren und ob sie nett oder miesepetrig waren. Ob sie Kinder hatten, die möglicherweise laut lärmend im Hof spielten oder gar Hunde oder Katzen, die ihre Exkremente womöglich in ihrem Vorgarten hinterlassen würden.

„Nimm dir doch das Fernglas!" spöttelte Kurt, ihr Ehemann, und ergänzte: „du wirst sie schon noch früh genug kennen lernen."

Zwei Wochen später hatte Karin zwar manchmal morgens ein echt schnittiges Auto wegfahren sehen, die neuen Nachbarn aber immer noch nicht kennengelernt. Nur von Sohn Tom hatte sie erfahren, dass sie ein Mädchen in Toms Alter hatten. „Ist in meiner Parallelklasse. Dumme Zicke! Lippenpiercing", war Toms Kommentar.

An einem schönen Frühlingstag stand Karin am Gartenzaun und unterhielt sich mit Bettina, der Nachbarin zu ihrer Linken.

„Haben die sich bei dir auch noch nicht vorgestellt?" fragte Bettina. „Komische Leute, was? Haben nicht einmal Gardinen an den Fenstern."

„Na ja", meinte Karin, „sie brauchen ja nicht unbedingt eine Einweihungsparty zu machen, aber mal eben hallo sagen, das könnte man ja wenigstens erwarten. Oder?"

„Sind bestimmt ganz schön eingebildet. Hast du das Auto gesehen, was der Mann fährt? Und in der Garage steht noch so eines. Wahrscheinlich der Frau ihres. Mein lieber Scholli, die müssen ja ganz schön was drauf haben."

„Ach je, da würde ich nichts drauf geben. Weißt du wie viele Autos herumfahren, die noch nicht bezahlt sind?"

„Ja ja, da hast du recht. Ich sag' nur: Alfred!" flüsterte Bettina.

Alfred wohnte drei Häuser weiter und fuhr immer die neuesten BMW-Modelle.

„Wieso, glaubst du, der fährt die auch auf Pump?"

„Ich weiß es! Zufällig. Mein Cousin hat mich nämlich mal nach dem gefragt. Dem sein Freund arbeitet bei dem Autohändler."

„Aha. Na, Kurt hat auch mal mitbekommen, dass dem Alfred seine Karte an der Tankstelle nicht akzeptiert wurde. Tja, so ist das, wenn man mehr sein will, als man ist."

„Und sie trägt ja auch nur die edelsten Markenklamotten. Hast du mal gesehen, was die beim Neujahrsempfang für ne Handtasche dabei hatte? Passend zu ihrem Dolce Gabbana-Kleid. Oh jaa, die Madame fliegt mit dem Billigflieger vom Hahn nach Mailand und kleidet sich dort mit schweineteuren Klamotten ein. So geht das heute. Du, ich möchte nicht wissen, wie denen ihr Bankkonto aussieht. So viel können die auch nicht verdienen mit ihrem kleinen Laden."

Hier brach Karin das Gespräch ab. Es war Fastenzeit und sie hatte sich vorgenommen, nichts zu naschen, auf ihr abendliches Glas Rotwein zu verzichten und auf keinen Fall über andere Leute zu tratschen.

Als sie zu Kurt zurück ins Haus kam, bemerkte sie nur so ganz nebenbei, dass die Sonne scheint und das Gras bereits anfängt zu wachsen und dass es vielleicht nicht schlecht wäre, den Rasen zu entmoosen. „Das hat noch Zeit. Es friert ja noch nachts. Ach je, dass ihr Frauen es immer so eilig habt", war seine lapidare Antwort.

Das war allerdings nicht sein letztes Wort an diesem sonnigen Samstag. Spätestens nämlich, als Kurt beobachtet hatte, wie sein Nachbar Heiner mit dem Spaten in den Gemüsegarten stiefelte und er das Geräusch eines Rasenmähers auf der anderen Seite seines Gartenzauns vernommen hatte, juckte es auch ihn in den Fingern. Nee nee, so konnte er seinen Rasen nun doch nicht liegen lassen.

Als er fertig war und er das Moos erst einmal neben dem Komposthaufen lagerte, stand Heiner am Zaun, bereit zu einem kleinen nachbarlichen Schwatz. Über Rasen, Moos, Kantenschneider und… über die neuen Nachbarn. „Scheint ja ein feiner Pinkel zu sein", sagte Heiner, „so ein Schlipsträger hat es ja wohl nicht nötig, sich mit unsereinem einzulassen, was?"

Kurt hielt nichts von solchen Plaudereien, auch nicht unter Männern, und schon gar nicht von neidischem Geplänkel. Deshalb hielt er sich mit Bemerkungen zurück und sah zu, dass er sich verziehen konnte. Außerdem wusste er genau, dass Heiner an der Theke seiner Stammkneipe alles weitertratschte, á la „Der Kurt hat auch gesagt…." Nein, nein, der Heiner war ein hilfsbereiter, angenehmer Nachbar, aber er konnte einem manchmal auch ganz schön auf die Nerven gehen.

Erst kurz vor den Sommerferien luden die neuen Nachbarn endlich sämtliche Leute rundum zum Grillen ein. Man hatte vorher so gar keine Zeit gehabt. Mittlerweile hatte der ein oder andere Nachbar mal ein vorsichtiges „Tach" fallen lassen, wenn Frau, Herr oder Fräulein/Zicke Wellmann zu sehen waren und jedes Mal war auch ein freundliches „Guten Tag" zurückgekommen. Die Zicke Jaqueline war zwischenzeitlich mit Tom auf Facebook befreundet und Frau Wellmann hatte sich erkundigt, wo Karin zum Friseur ging und wo der nächste Biobauer wohnte. Und man hatte herausbekommen, dass Herr Wellmann Abteilungsleiter in einer Luxemburger Firma war.

Der Herr Abteilungsleiter stand in T-Shirt und Jeans vor dem Grill und legte Schwenkbraten und Würstchen auf, als Karin und Kurt auf Wellmanns Terrasse erschienen, wo bereits Bettina mit Mann Heiner, das Ehepaar Glaser von der anderen Straßenseite und Oma Lisa von schräg gegenüber Platz genommen hatten. Frau Wellmann schenkte Getränke aus und nahm lächelnd die Blümchen in Empfang, die Karin mitgebracht hatte. „Ach, danke, wäre doch nicht nötig gewesen."

Smalltalk, Höflichkeiten, peinliche Pausen. „Jaqueline, hilf mir mal mit den Salaten", bat Frau Wellmann ihre Tochter. „Hallo, Jaqueline!" Die Zicke machte die typische Handbewegung einer Jugendlichen – Stöpsel aus den Ohren - und ließ sich gnädig dazu herunter, ein paar Schüsseln aus der Küche zu holen und auf dem Gartentisch zu platzieren, immer mit einem Blick auf ihr Handy, das sie in einer Hand hielt.

Heiner konnte es mal wieder nicht lassen, einen seiner ach so komischen Witze zum Besten zu geben und Bettina wartete sehnsüchtig darauf, endlich aufs Klo zu müssen, weil sie dann Gelegenheit hätte, ihre flinken Augen im Haus rundgehen zu lassen.

„Die Scheuermanns sind noch nicht da, lass uns noch etwas warten", antwortete Frau Wellmann auf den Ausruf ihres Ehemannes: „Das Fleisch ist fertig."

„Typisch", flüsterte Bettina Karin ins Ohr „Wie immer."

Heiner sagte es laut: „Oh je, wenn wir auf die warten…, vermutlich kann sich der Egon mal wieder nicht von der Sportschau wegreißen." Und höhnisch zu Bayern-Fan Kurt gewandt: „Ha, haben die Bayern verloren heute, was? Hahaha!"

Nun wurde auch Bettina konkreter: „Aber ehrlich, die Scheuermanns sind nie pünktlich. Manchmal habe ich den Eindruck, die machen es so, wie die Leute im Flughafen, die erst ausgerufen werden müssen, weil sie sich dann furchtbar wichtig vorkommen und sich alle Augen auf sie richten."

Gerade als die Dame des Hauses schließlich doch beschloss: „Also dann… fangen wir schon mal an", erschienen die Scheuermanns. Egon hatte sich sogar einen Schlips umgebunden und Marie wies darauf hin, dass die Flasche Wein, die sie mitgebracht hatte, aus der besten Rhone-

Lage stammte, im Barrique gereift war und man in dieser Region im letzten Jahr den Urlaub verbracht hatte.

Er hätte unterschiedlicher nicht sein können, der Kreis der Leute, die sich da zusammengefunden hatten. So, wie es bei Nachbarn nun einmal ist. Sie haben unterschiedliche Berufe, Hobbies, Ansichten und Geschmäcker. Es ist nicht unbedingt ein Freundeskreis. Man beäugt sich, sollte aber irgendwie miteinander auskommen. Die Nachbarschaft rund um Kurt und Karin kam miteinander aus. Was aber nicht ausschloss, dass heimlich jeder über jeden redete und keiner wirklich gerne mit dem jeweils anderen befreundet sein wollte.

Die Gesprächsthemen wechselten an diesem Grillabend von den Vor- und Nachteilen verschiedener Grillgeräte über die Schulen der Kinder und die ach so schlechten Lehrer bis hin zu Gartengestaltung, Blumenkästen und nachbarlicher Hilfe während urlaubsbedingter Abwesenheit. Oma Lisa kam nicht oft zu Wort, hörte aber interessiert zu. Nur als es darum ging, welche Blumen eher die pralle Sonne vertragen können und welche eher im Schatten gedeihen, wusste sie besser Bescheid als alle anderen.

Die Männer fanden ein Thema, bei dem alle mitreden konnten: Fußball. Selbst Herr Wellmann, der kumpelhaft darum bat, ihn doch Heribert zu nennen, war Bayern-Fan, womit er sich bei Kurt gleich unglaublich beliebt machte. Ganz anders als bei Egon, der trotz Abstieg seinen Kaiserslauterern immer noch die Stange bzw. die Fahne hielt und das auch öffentlich kundtat, indem er demonstrativ das T-Shirt des Vereins an seinem muskulösen Körper zur Schau stellte.

Bettina musste sich nach dem Essen dringend die Hände waschen und warf bei der Suche nach der Toilette vom Flur aus rasch einen Blick in Wellmanns Wohnzimmer. Nicht ohne festzustellen, dass der moderne Stil äußerst kalt und ungemütlich wirkte. Währenddessen rauchte Heiner etwas abseits eine Zigarette. Just in diesem Moment ließ Marie Scheuermann mit gedämpfter Stimme die Bemerkung fallen, dass sie gar nicht begreifen könne, dass jemand, der einen solchen

Raucherhusten hätte, immer noch zu den Glimmstängeln griff. Und dass sogar Bettinas Klamotten nach Rauch riechen würden.

Als man sich verabschiedete, hatten Heiner und Egon heftige und Kurt, Herr Glaser und Heribert leichte Bierfahnen. Oma Lisa hatte Sodbrennen und die meisten der Damen wussten genau, dass sie am nächsten Tag wieder viel zu viel auf die Waage bringen würden. Alle bestätigten den Gastgebern, dass es ein wunderschöner Abend gewesen war.

Später zu Hause spöttelten Kurt und Karin über Heiners saublöde Witze, Bettina und Heiner fanden, dass Egon sich schämen sollte, drei Braten zu verdrücken und Scheuermanns waren sich einig, dass die Glasers noch zu geizig waren, eine ordentliche Flasche Wein mitzubringen. („Aldi-Blumen für 2,99, damit würde ich nirgends hin gehen") Glasers wiederum fanden es fürchterlich, dass Scheuermanns immer so mit ihren Reisen angeben mussten. Nur Oma Lisa war zufrieden, so lange sie sich von einigermaßen anständigen Leuten umgeben sah.

Am nächsten Tag zog ein heftiges Gewitter übers Land. Es donnerte und blitzte, es goss wie aus Kübeln. Es war so schlimm, dass sich ganze Bäche über die Straße ergossen und die Gullys das ganze Wasser gar nicht mehr aufnehmen konnten. Als irgendwann das Schlimmste vorbei war und sämtliche Nachbarn mit Schirmen aus ihren Häusern traten, um eventuelle Schäden zu begutachten, stellte sich heraus, dass bei Oma Lisa und bei Glasers Wasser im Keller stand und bei Scheuermanns der Blitz in den Fernseher eingeschlagen hatte.

Schon waren alle in vollem Eifer dabei, den Betroffenen zu helfen. Kurt, Heiner und Heribert standen in Gummistiefeln in Oma Lisas Keller, rafften Kartoffeln, herumschwimmende Kartons, leere Flaschen und sonstiges Zeugs aus dem Wasser und schaufelten und kehrten, bis die Fliesen wieder sichtbar wurden. Dann mussten die Frauen ran, um den Dreck wegzuputzen. Auch Glasers mussten nicht allein ihren Keller von zehn Zentimeter hoch stehendem Schmutzwasser befreien.

Man half sich gegenseitig, wo man konnte. Abends brachte sogar Heribert seinen Zweitfernseher zu Scheuermanns, damit sie sich in den Abendnachrichten anschauen konnten, welche Schäden die Unwetter in der Eifel verursacht hatten. Auch wenn er sich fragte, wieso man so blöd sein konnte, bei einem solchen Unwetter die Stecker nicht rauszuziehen, wenn man schon keinen Überhitzungsschutz besaß, und auch wenn Kurt zu Karin sagte: „Das ist nur passiert, weil Glasers zu geizig sind, eine Rückstoßklappe einzubauen." Und auch, wenn alle der Meinung waren, dass Oma Lisas Sohn sich eigentlich auch mal mehr um seine Mutter kümmern könnte.

Trotzdem: sie waren eine nachbarliche Gemeinschaft und wie immer man auch zueinander stand, in der Not hielt man zusammen. Das war ja das Gute am Landleben.

Tierisches Liebesleben

Mittwochabend, wöchentlicher Freundinnentreff. Dieses Mal im Wohnzimmer von Vera. An solchen Abenden machte sich Veras Mann Frank lieber aus dem Staub. „Ich geh mit Hubert und Enno in die Sauna. Kann später werden", hatte er gesagt. Kein Problem, denn wenn Veras Freundinnen Elfi und Anne anrückten und die drei intensive Frauengespräche führten, dann wurde es meist auch spät. Und dass die Männer nach dem Saunabesuch Durst hatten, war bekannt.

„Na Mädels, trinken wir ein Gläschen Sekt?" fragte Vera, nachdem sie bewundernd festgestellt hatte, dass Elfis neue Haarfarbe hervorragend zu ihrem Teint passt und Anne eine neue Bluse trug, in der sie sehr schlank aussah. „Hast du abgenommen?" Diese Frage gehörte schon fast zum Standardrepertoire, wurde aber meist nur abwehrend beantwortet mit: „Ach nee, das sieht nur so aus. Ich müsste aber dringend…"

Man stieß an. „Prost, auf uns!" Die üblichen Themen Gewicht, Wehwehchen, Klamotten, Veränderungen in der Wohnungsausstattung und nicht zuletzt ‚Was gibt's denn Neues?' wurden genau in dieser Reihenfolge abgehakt, wobei man sich bei dem letzten Thema ziemlich lange aufhielt, weil Anne vom Streit mit einer krankhaft eifersüchtigen Nachbarin erzählte und Elfi über die Eheprobleme ihrer Kollegin zu berichten hatte. Ach ja, das Thema Liebe. Es war unerschöpflich.

„Stell dir vor, nach acht Jahren Ehe hat die herausbekommen, dass ihr Mann seit Jahren fremdgeht. Und nicht nur mit einer, nein, der baggert praktisch jede an, die nicht schnell genug auf dem Baum sitzt."

„So einen kenn' ich auch", sagte Anne. „Unser Nachbar. Deshalb ist seine Frau ja auch so eifersüchtig und verdächtigt sämtliche Frauen rundum, etwas mit ihrem Mann zu haben. Dabei sieht der aus wie… wie so ein Gorilla."

„Hahaha", lachte Vera. Sie hatte Zoologie studiert und vor der Geburt ihrer Kinder in der Stuttgarter Wilhelma gearbeitet. Und sie hatte mittlerweile die zweite Flasche Sekt aufgemacht. „Gorillas, hihih, wenn der so aussieht, hihihi, dann hat er aber untenrum nicht allzu viel vorzuweisen. Die haben nämlich ziemlich winzige Genitalien. Wenn es - er - hochkommt, drei Zentimeter. Und trotzdem halten sie sich gerne einen Harem. Und die dämlichen Gorillaweibchen sind so einem auch noch treu!"

„So ein Riesen-Gorilla, drei Zentimeter? Nee ehrlich?" kicherte Anne und führte ihr Sektglas zum Mund. „Aber … aber neulich, als wir mit den Kindern im Kölner Zoo waren, ooch, das habe ich euch noch gar nicht erzählt. Oh, war das peinlich! Da standen wir vor dem Affenhaus und da sind die Kinder ja immer ganz begeistert. Und da … machte doch so ein Affenmännchen an seinem … emm … das war aber viel größer als drei Zentimeter. Und dann fragte mich Klein-Sara ‚Was macht der Affe da?' Und noch ehe ich mir eine Antwort überlegt hatte, kam so eine Affendame und streckte dem Kerl ihren Po hin. Was glaubt ihr, wie schnell ich die Kinder da weggezogen habe. Das gab ein Geschrei."

„Das waren sicher Paviane. Da geht es in solchen Gruppen ziemlich oft zur Sache."

Das Thema wurde interessant. „Da seht ihr mal", sagte Elfi, „dass Männer doch eher etwas Tierisches haben. Die allermeisten würden es doch genauso wie die Affen machen, wenn sich irgend so ein Weibchen ihnen anbiedert. Oder?"

Wieder einmal bekamen die Männer ihren Senf ab. So unter Frauen konnte man endlich mal Dampf ablassen über die Spezies, über die man sich soo oft ärgern musste. Mit denen man so schlecht reden konnte über Gefühle und so, die ihren eigenen Frauen viel zu wenig Aufmerksamkeit schenkten… und Zeit sowieso, ganz zu schweigen von Blumen, Geschenken oder gar Schmuck.

„Ja ja", sinnierte Anne und zog weiter Vergleiche mit der Tierwelt. „Erst turteln sie wie die Tauben und plustern sich auf wie ein Pfau, buhlen um eine Frau und dann, wenn sie ihrer dann sicher sind…na ja. Mein Hubert bleibt jeden Tag bis abends im Büro, rackert sich für seine Firma ab wie ein Gaul. Nachts schläft er dann wie ein Murmeltier, er hat immer einen Bärenhunger, aber mal Zeit für mich? Also von mir aus könnte mein Katerchen viel öfter schnurren!"

Vera kicherte, schlürfte am Sektglas, griff nach der Chips Tüte und zog weiter Vergleiche mit Tieren. „Vielleicht hat er ja Angst, es ginge ihm an den Kragen wie bei der schwarzen Witwe. Die Spinne, die frisst nach der Begattung das Männchen ruck-zuck auf, wenn es nicht schnell genug wegkommt, hihi. - Oder der Tiefseeanglerfisch, bei dem verschmilzt das wesentlich kleine Männchen nach dem Akt sogar mit seiner Partnerin. Von dem bleiben nur die Hoden übrig."

„Ach du je", gruselte sich Anne, „stell dir vor, du plantschst da gerade im Meer herum und plötzlich schwimmen dir da ein paar Hoden entgegen, iihhh!"

„Und wer warnt denn so ein Spinnenmännchen oder so einen Tiefseeanglerfisch, dass sie nach dem Sex ins Gras beißen müssen? Einen Vater haben sie ja vermutlich nicht mehr. Wäre ja vielleicht gut, wenn ihnen jemand vorher sagen würde, dass sie besser im Zölibat leben würden."

„Na ja, besser, das ist noch die Frage. Auf jeden Fall länger", warf Elfi ein.

Vera war nun ganz in ihrem Element. Das Liebesverhalten der Tiere hatte die Zoologin immer schon brennend interessiert. Im Krefelder Zoo, so hatte sie gelesen, wurden neuerdings sogar Führungen zu diesem Thema veranstaltet und für Liebespaare gab es anschließend Sekt und feuriges Liebesessen.

„Also, wenn man sich aus dem Tierreich etwas aussuchen könnte in Bezug auf Liebe, dann ... dann würde ich wie so ein Vogelweibchen erst mal das schönste Nest aussuchen, mir von einem Affenmännchen das Fell graulen lassen und das Vorspiel von den Hummern wünschen, bei denen dehnt sich das auf mehrere Tage aus. Den Liebesakt von den Nashörnern, haha, der dauert bei denen 1 ½ Stunden, und dann sollte er so treu sein wie ein Schwan und bei der Aufzucht der Brut helfen. Ha, was hätten wir Frauen dann ein Leben, was?"

Elfi hob ihr leeres Sektglas und ließ sich von Vera nachschenken. „Donnerwetter, Vera, du bist ja vielleicht mal eine wilde Hummel. Also ich persönlich brauchte nicht so einen geilen Bock, der dauernd die Sau rauslässt. – Anderthalb Stunden!"

Vera kicherte: „Nun ja, zugegeben, dafür tun die Nashörner das ja auch nur einmal im Jahr..."

***

Selbstverständlich besuchten die Männer die gemischte Sauna. Auch wenn die brütende Hitze aufkommende Ambitionen angesichts weiblicher Nacktheit in puren Schweiß übergehen ließen, so fanden sie es doch immer wieder amüsant, hier und da die Augen schweifen zu lassen. Gerade hatten zwei Damen die Sauna verlassen und nur noch Frank, Hubert und Enno schwitzten weiter.

„Hintern wie ein Walross", knurrte Frank. „Und oben platt wie Flunder". kicherte Enno. „Die andere hatte auch nur Hühnerbrüstchen - ich geh mich mal eben abkühlen."

Als Enno zurückkam, war Frank gerade dabei, einen Aufguss auf die heißen Steine zu gießen. Es dampfte fürchterlich. „Oh Mann", sagte Enno, „da ist gerade vor mir eine Elefantendame ins Tauchbecken, da war nachher kaum noch Wasser drin. Aber unter der Dusche – wow – das hättet ihr sehen müssen. Da stand eine dufte Biene. Eins A Figur, blonde lange Haare. Donnerlippchen."

„Du bist verheiratet", brummte Hubert. „Denk dran, wenn es dem Esel zu wohl wird ... Und außerdem bist du nicht mehr der flotte Hirsch von früher. Guck mal an dir runter, siehst du noch deine Füße?"

Enno zog beleidigt den Bauch ein. „Ach, man wird ja wohl mal gucken dürfen."

Zwei ältere Damen tapsten auf nackten Füßen herein, ihre Badetücher um die leicht runzligen Körper geschlungen. Suchten sich einen Platz auf der Holzbank, entblößten sich und nahmen zum Schwitzen Ruhestellung ein. Sofort verstummte das Gespräch der Männer. Als die Damen nach fünf Minuten ziemlich kurzatmig die Saunakabine verließen, schnaufte Enno: „Phhu, ob unsere Frauen später auch mal so aussehen wie Saurier?"

„Hmm, kannst dir ja dann eine Neue suchen, so wie mein Schwager, der schräge Vogel. Der meint, er sei immer noch der tolle Hecht von früher, dabei ist es nur so ein schmaler Hering. Und jetzt hat er sich auch glatt noch so nen Goldfisch geangelt."

„Goldfisch? Die? Also die Ziege wollte ich nicht geschenkt haben. Auch wenn der jetzt wie eine Made im Speck lebt und wenn sie noch so sehr mit Gold behangen ist... nee nee, da würde ich drauf verzichten.

Dann lieber so ein Lämmchen wie meine Anne. Ach herrje, Anne! Ich glaube, wir sollten mal aufbrechen. Nicht, dass unsere Damenwelt noch die Flöhe husten hört und uns nachher die Hammelbeine langzieht."

***

„Habt ihr schon lange auf uns gewartet?" fragte Frank später zu Hause. Heiteres Gelächter war die Antwort. „Nein, nein, wir hatten einen t i e r i s c h netten Abend", kicherte Vera und gab ihrem Frank ein Begrüßungsküsschen auf den Mund.

„Ach wirklich? Wir auch."

Kriminalfall

Fast hätte sie ihr Auto in den Straßengraben gesetzt, während sie an der Lüftung herumfummelte. Die alte Karre hatte so einige Macken. Helga zitterte und zog den Kopf ein, um durch den unteren Teil der Frontscheibe angestrengt nach vorne zu schauen. Immer noch hatte es die Heizanlage nicht geschafft, die beschlagenen Scheiben von innen zu trocknen. Sie hasste diese herbstlichen Autofahrten zu Uhrzeiten, in denen andere längst gemütlich in der Koje lagen. Und sie fand es auch nach Jahren immer noch nicht besonders toll, abends so lange hinter der Kasse des Supermarktes zu sitzen und hinterher noch die Abrechnung machen zu müssen.

Ein heftiger Windstoß trieb Blätter vor sich her und ausgerechnet jetzt fing es auch noch an zu nieseln. Als Helga die Scheibenwischer anstellte, gaben sie kratzende Geräusche von sich, so dass sie den Oldie-Song ‚Puppet on the string' kaum noch hören konnte, der gerade auf RTL lief. Zehn Uhr. Hans würde sicher schon auf der Couch vor dem Fernseher selig vor sich hin sägen.

Helga kannte die Strecke von der Kleinstadt bis zu ihrem Wohnort, trotzdem jagte ihr die tiefe Dunkelheit in diesem einsamen kurvenreichen Waldstück jedes Mal kleine Schauer den Rücken hinunter. Wenn nur nicht irgendwann einmal das Auto streikte. Sie würde vor Angst umkommen.

Das fallende Herbstlaub machte die schmale Straße leicht glitschig. Helga musste das Steuer ihres Kleinwagens fest in den Händen halten, da seitliche Böen ihr Gefährt immer wieder hin und her schüttelten. Gerade schaltete sie in den zweiten Gang zurück, um eine enge Kurve zu nehmen, als sie vom Straßenrand her etwas Knallrotes leuchten sah. So rot konnte eine Ansammlung von herbstlichen Blättern kaum leuchten, von denen der Wind so einige zusammengeweht hatte. Sie bremste leicht ab und nahm wahr, dass es sich bei dem roten Etwas offensichtlich um ein Kleidungsstück handelte. Puh, dachte sie, was die Leute alles so wegwerfen! Wer zum Teufel warf denn hier einfach seinen Rock oder sein Kleid aus dem Fenster? Es gab doch Kleidersäcke.

Noch ehe sie den Gedanken zu Ende gedacht hatte, trat ihr rechter Fuß hinter einer weiteren Kurve wie von einem Automaten gesteuert anstatt aufs Gas plötzlich voll auf das Bremspedal. Mit einem Mal stockte der Bewohnerin des kleinen Eifeldorfes der Atem. Dort, in dem tiefen Straßengraben rechts, gleich hinter der Kurve, hatte doch etwas gelegen? Was war das? Sollte das etwa – ein Mensch??? Oh nein!

Bei der Vollbremsung hatte sich der Kleinwagen leicht nach links geschoben. Aufgeregt fummelte die etwas füllige Kassiererin am Schalthebel herum, bis sie endlich krachend den Rückwärtsgang einlegte und ein paar Meter zurücksetzte, um vorsichtig einen weiteren Blick dorthin zu werfen, wo sie glaubte, eine Erscheinung gehabt zu haben. Ihr Herz klopfte so laut, dass sie es in ihren eigenen Ohren hören konnte. Jetzt... jetzt erfasste der rechte Scheinwerfer einen Teil des tiefen Straßengrabens. Ihr war, als fasste eine kalte Hand nach ihr, das Blut rauschte durch ihre Adern. Was sie durch die regennassen Scheiben erblickte, war doch – tatsächlich … eine leblose Frau … nackt … eine … Leiche?

Sofort wurde Helga von absoluter Panik ergriffen. Ihre erste Reaktion war: nichts wie weg von hier! Die auf einen Schlag einsetzende lähmende Angst flüsterte ihr den Impuls ein, ja nicht weiter dieser einsamen Straße zu folgen, auf der möglicherweise ein brutaler Mörder herumlief. Während sie wie von Sinnen mit ihrem in die Jahre gekommenen Auto rückwärts in die Dunkelheit stieß, um eine Wendemöglichkeit zu suchen, rasten ihr tausend Gedanken durch den Kopf. Was, wenn die Frau noch lebte? Musste sie ihr nicht helfen? Es war kalt! Sie müsste sie in Decken einwickeln. Lange blonde Haare, schlank, das war das einzige, was sie auf den ersten Blick wahrgenommen hatte. Helga schickte ein Stoßgebet zum Himmel. Nein, sie würde keinen Fuß aus dem Auto setzen. Sie konnte einfach nicht. Sie fürchtete, ohnmächtig zu werden.

Dass sich auf dieser Straße die Füchse und Hasen gute Nacht sagten, das wusste sie. Kaum jemand verirrte sich um diese Uhrzeit auf die schmale einsame Nebenstrecke. Hätte sie doch nur den Umweg über breite, viel befahrene Bundesstraße genommen. Aber nein, sie wollte mal wieder Benzin und ein paar Kilometer sparen. Helgas Zähne klapperten nun nicht mehr vor Kälte, sondern vor Grausen. Wie sie es schaffte, einen einmündenden Waldweg zu finden, in dem sie wenden konnte, wusste sie später selbst nicht mehr, denn der Anblick der perlmuttschimmernden Nacktheit verfolgte sie. Wie in Trance gelang es ihr, die Serpentinen so schnell wie möglich wieder hinunter zu fahren. Unten am Ortseingang des nächsten Dorfes hielt sie an. Kein Mensch auf der Straße. Sie atmete heftig ein und aus. Dann erst dachte sie an ihr Handy. Intuitiv drückte sie die eingespeicherte Nummer ihres Ehemannes. Erst nachdem sich dort die Mailbox meldete und sie kurz darüber nachdachte, ob Hans eingeschlafen war oder in der Kneipe abhing, erkannte sie, dass sie dringend die Polizei benachrichtigen musste. Noch nie im Leben hatte sie die 110 gewählt und natürlich machte sie in diesem Moment alles falsch. Sie stotterte herum, als sich am anderen Ende ein Polizeibeamter meldete, redete von rotem Kleid, toter Frau, von Wald, von Angst und entschuldigte sich gleichzeitig, dass sie der nackten Frau nicht geholfen hatte. Erst nachdem der Polizeibeamte beruhigend auf sie einredete, konnte sie berichten, wo sie sich überhaupt befand.

***

Etwa zur gleichen Zeit erreichten Harry und Fred im VW-Pritschenwagen von Harrys Baufirma ihren Heimatort.

„Was machen wir denn jetzt mit ihr?" fragte Fred, der Beifahrer, und drehte den Lautstärkenregler des Autoradios leiser.

„Am besten lassen wir sie erst mal auf der Pritsche liegen, das fällt am wenigsten auf. Ist ja 'ne Plane drüber. Wenn wir sie jetzt irgendwo hinschleppen, entdeckt sie womöglich noch meine Oma."

Während Harry mit dem Firmenauto in die Richtung eines ehemaligen Bauernhauses abbog, verzog sich Freds Gesicht.

„Oh je, die würde einen ganz schönen Schreck bekommen, was?"

„Na ja, sehen tut sie zwar nicht mehr viel, aber wenn sie was spitzkriegt, dann kann sie den Mund nicht halten. – He, mach schon mal das Scheunentor auf", sagte Harry dann, stoppte das Baufahrzeug und ließ seinen Kumpel aussteigen.

Fred, der als Verkäufer in dem einzig verbliebenen Kaufhaus der Kreisstadt kaum anstrengender körperlicher Arbeiten ausgesetzt war, musste heftig an dem Scheunentor rütteln, ehe es sich öffnen ließ. Als er sich jedoch dann umdrehte und zuschaute, wie Harry den Wagen langsam nach vorne rollen ließ, blieb ihm der Mund offen stehen.

„Scheiße", rief er und zeigte mit ausgestrecktem Zeigefinger und offenem Mund auf die Pritsche.

Das rechte Seitenbrett hing herunter. Ihre brisante Fracht war verschwunden. Auch Harry fluchte heftig, als er ausstieg und sich die leere Ladefläche anschaute.

Während die beiden jungen Männer ein paar Sekunden lang ratlos vor dem leeren Pritschenwagen im Regen standen, wurde im Obergeschoss des angrenzenden Wohnhauses ein Fenster geöffnet und sie hörten die Stimme von Harrys Oma:

„Wat macht ihr denn da?"

„Nix, schlaf weiter, Oma!" rief Harry, sprang ins Fahrerhaus und raunte Fred zu: „Los, wir müssen sie suchen!"

Sie hörten nicht mehr, wie Oma ihnen von oben nachrief: „Wat is denn jetzt los?" und während sie das Fenster schloss den Kopf schüttelte und nuschelte: „Versteh einer die Jugend!"

Hektisch schlugen die beiden Freunde den Weg zurück durch den Wald ein. Während ihre Augen im hüpfenden Licht der Scheinwerfer die Straße und Seitenränder angestrengt absuchten, zerbrachen sie sich die Köpfe, wie das hatte passieren können.

„Du hast den Riegel nicht richtig zugemacht."

„Das ist bestimmt in einer der engen Kurven passiert. Da liegt manchmal die Pritsche ja ganz schräg ... und dann ... ist sie wohl ins Rutschen gekommen..."

„Aber das hätten wir doch merken müssen."

„Ja, wenn du nicht immer deine Hiphop-Musik so laut stellen würdest."

„Stell dir vor, jemand findet sie, hier im Dunkeln!"

„Ach was, hier fährt doch kaum jemand. Und außerdem hatte ich doch die Plane um sie gewickelt."

„Mist... und das alles nur – wegen so einem bisschen Spaß."

„Und wenn die am Montagmorgen nicht da ist, was glaubst du, was mein Chef dann macht? Die werden die doch überall suchen! Und wenn rauskommt, dass wir... "

Die beiden Freunde saßen gewaltig in der Patsche.

***

Dass Helga sich nicht mehr ganz sicher war, hinter welcher Kurve sie die makabre Entdeckung gemacht hatte, wäre ja nicht so schlimm gewesen. Dass jedoch die Polizei in dieser Nacht auf der ganzen Strecke weder ein Kleidungsstück noch eine nackte Frau und schon gar keine Leiche fand, war für sie fast genauso eine Katastrophe wie die Entdeckung selbst. Die halbe Nacht verbrachte sie damit, den Polizeibeamten zu versichern, tatsächlich eine nackte Frau im Straßengraben gesehen zu haben. Ein paar Einzelheiten des kurzen entsetzlichen Anblickes fielen ihr noch ein. Ein verdreht liegender Arm, eine gewisse - Starre. Ja, ganz gewiss hatte es sich um eine Tote gehandelt. Aber wo war sie?

An Schlaf war auch in der zweiten Nachthälfte nicht zu denken, als sie neben ihrem sägenden Ehemann im Bett lag. Dieses Mal war es nicht dessen Schnarchen, das sie vom Schlaf abhielt. Immer wieder hatte sie die Bilder der Nackten vor Augen. Und irgendwann drängten sich zwischen wirre blonde Haare sogar offenstehende Augen. Ja, sie hatte eine Leiche gesehen. Sie war sich ganz sicher, auch wenn es nur ein kurzer Augenblick gewesen war. Die Tote spukte in ihrem Kopf herum. Hatte der Täter sie weggeschafft, während sie auf die Polizei wartete? Ihr grauste es, wenn sie daran dachte, dass sie ihm hätte begegnen können. Dann wieder überlegte sie, ob die Frau vielleicht doch nur betrunken gewesen war, sich ihr Kleid gesucht hatte und nach Hause getorkelt war? Durch den dunklen Wald? Über den Berg? Wohin?

Selbst als ihr die Polizei am nächsten Tag versicherte, bei einer Suchaktion im gesamten Waldgebiet außer einer Plane, die an einem in die Straße hineinragenden Ast hing, nichts gefunden zu haben, fühlte sich Helga total mies. Sie hatte den Eindruck, dass man sie für leicht überdreht hielt. Und hier und da zweifelte sie sogar selbst an ihrem Verstand. Konnte es sein, dass sie sich das tatsächlich alles nur eingebildet hatte? Sie hatte nicht einmal Lust, abends mit Hans zu der

Geburtstagsfeier ihres Schwagers Karl, dem eisernen Junggesellen, zu gehen, aber Hans bestand darauf, dass sie auf andere Gedanken kommen solle. Er wusste, dass seine Frau ängstlich war, besonders im Dunkeln, und war davon überzeugt, dass sie sich das alles eingebildet hatte.

Im Gasthaus konnte Helga das gute Essen gar nicht genießen. Wenn sie an die Leiche dachte, dann streikte ihr Magen. Auch über die lustigen, neckenden Spielchen, in denen die Feuerwehr-Kollegen von Karl dem schüchternen Vierzigjährigen nun endlich eine Frau suchen wollten, konnte sie nicht recht lachen, auch nicht über deren anzügliche Sprüche und Lieder. Letztlich präsentierten Harry und Fred vor den feiernden Gästen dem Geburtstagskind Karl die ultimativ richtige Frau, die sie hinter einem milchigen Vorhang verborgen hielten und von der man nur die ausgeprägt gut gebauten Umrisse sah.

„Sie ist schön, sie hat lange blonde Haare, sie hat eine ausnehmend gute Figur", pries Harry die Unbekannte.

„Die haben bestimmt eine Stripteasetänzerin engagiert", flüsterte Hans seiner Frau ins Ohr und grinste bereits in Erwartung dieses Genusses.

„Sie wird dir nie Widerworte geben, sie wird nie schimpfen, wenn du in die Kneipe gehst", eröffnete Fred seinem Freund und eine Weile ging es in der Art weiter.

Bis der Vorhang schließlich gelichtet wurde und sowohl Karl als auch seine Gäste in prustendes Gelächter ausbrachen. Eine Schaufensterfigur stand vor ihnen, mit blonder Perücke und in ein knallrotes knappes Kleid gehüllt.

Zuerst war es Helga, als sei eine Tote zum Leben erweckt worden, so echt sah sie aus. Sie erstarrte in einem Dejá vu. Mittendrin im überschäumenden Gelächter der Partygäste wurden ihre Blicke wie magisch von der attraktiven Schaufensterpuppe angezogen. Das Perlmuttschimmern des Plastikkörpers, die blonden langen Haare, nun schön ordentlich gekämmt, die offenen, blauen Augen... Ja genau! Das waren exakt die blauen Augen, die sie nachts verfolgt hatten. Plötzlich sah sie die Situation klar vor sich.

Während Junggeselle Karl von Fred und Harry aufgefordert wurde, mit seiner ‚Ersatzfrau' zu tanzen, sammelten sich die Mosaiksteine in Helgas Kopf zu einem Ganzen zusammen. Das, was sie im Straßengraben gesehen hatte, war eine nur Schaufensterpuppe gewesen!

Erst viel später an diesem Abend, als Fred zugab, dass er sich die Schaufensterpuppe ohne Genehmigung seines Chefs mal eben übers Wochenende ausgeliehen hatte und sie kurzzeitig auf der Strecke im Wald verloren hatte, konnte sich Helga ein verzerrtes Lächeln abringen. Wenigstens bei ihr hatte sich der Kriminalfall aufgelöst. Ob sie den Sachverhalt aber der Polizei melden sollte, das wusste sie noch nicht.

Schnee

Der Bürgersteig verlief nur auf einer Seite der Dorf-Nebenstraße und es gingen auch nicht wirklich viele Leute frühmorgens zu Fuß darüber. Vermutlich sogar überhaupt niemand. Trotzdem musste Schnee geräumt werden. Das stand jedes Jahr genau beschrieben in den Verordnungen der Verbandsgemeinde, die in der Wochenzeitung, dem „Blättchen" veröffentlicht wurden. Genau wie die Wege vor dem Grundstück von Schmutz und Blättern zu reinigen waren, vor allem vor Sonn- und Feiertagen (!), so war es angesagt, dass frühmorgens um sieben die Bürgersteige vom Schnee gereinigt werden mussten. Und was von oben bestimmt wird, das tut ein guter deutscher Bürger auch. Vor allem ein Eifeler, der als Kind noch vor Autoritäten wie Lehrer, Pastor und sonstigen Obrigkeiten größten Respekt hatte und der nie im

Leben auf die Idee käme, gegen Gesetze und Bestimmungen zu verstoßen.

So ein Eifeler war Alfons. Er räumte also Schnee. Obwohl er als Rentner getrost lange im Bett hätte bleiben können, war er extra wegen der Räumaktion früh aufgestanden. Denn schon am Vortag hatten sämtliche Medien gewarnt: Schneealarm! Ein Island-Tief sei unterwegs mit jeder Menge Schnee im Gepäck. Glatt könne es werden, Schneeverwehungen waren vorausgesagt, Verkehrschaos vorausgeplant. Alfons, dessen Haus recht nahe an der Straße stand, hatte noch nicht gefrühstückt, aber er hatte sich mit Jacke, Schal, Handschuhen und Mütze warm eingepackt und machte sich mit Hilfe seiner Schneeschaufel daran, den nachts gefallenen Schnee wegzuräumen. Es stürmte und schneite weiter und er sah nur aus den Augenwinkeln heraus, dass sein Nachbar Volker sich ebenfalls ans Schneeschippen machte und sich zunächst eine Spur zu seiner Garage schaufelte. „Morgen", brummelte er kurz gegen den pfeifenden Wind in Richtung des Nachbarn.

Volkers Haus lag von der Straße aus ein Stück weiter nach hinten. Davor gab es einen Vorgarten und daneben die Einfahrt zu der Garage.

Normalerweise verstanden sich die Nachbarn einigermaßen gut. Auch wenn sich schon durch den Altersunterschied von fast dreißig Jahren und die unterschiedlichen Lebensverhältnisse keine größeren Berührungspunkte ergaben, redete man über den Gartenzaun hinweg miteinander und sagte sich zumindest „Guten Morgen" oder „Tach". Im Winter aber, zu Zeiten, in denen es schneite, war es in den letzten Jahren zu Reibungen gekommen. Das hatte den Grund, dass Alfons nie so recht wusste, wohin er seinen Schnee räumen sollte. Es hieß ja, auf die Straße dürfe man ihn nicht schippen. Man müsse ihn auf seinem Grundstück lagern. Hmm.

Bei kleinen Mengen ging das ja noch. Aber wenn es etwas mehr wurde, dann hatte Alfons ein Problem. Denn weil seine Hauswand sich gerade mal einen Meter hinter dem Bürgersteigrand erhob, stapelte sich dann der Schnee an der Wand. Das war nicht gut für seine Hauswand. Gerade jetzt, da sein Haus einen neuen Anstrich hatte. Also hatte Alfons im letzten Jahr einmal größere Schneemengen einfach in Volkers Vorgarten geschippt. Da störte er ja niemanden. Dachte er.

Volker dachte nicht so. Ihn störte es. Das wusste Alfons aber nicht von Volker selbst, sondern um drei Ecken über die Frauen. Er hatte nur die schiefen Blicke von Volker registriert und die Tatsache, dass er ein paar Wochen lang nicht „Tach" gesagt hatte. Also war Alfons in diesem Jahr erst einmal vorsichtig.

Der Schnee an diesem frühen Morgen lag vielleicht drei Zentimeter hoch. Man hätte ihn auch noch mit dem Besen wegkehren können, denn es war leichter Pulverschnee. Mit der Schneeschaufel räumte Alfons erst einmal das Gröbste weg und als er dann den Besen in die Hand nahm, um auch die Reste wegzukehren, sah er, dass Volker nur eine schmale Spur über den Bürgersteig und von seinem Hauseingang bis zur Garage gezogen hatte. Dass er während dieser ganzen Aktion sein Auto in der offenen Garage warmlaufen ließ, ärgerte Alfons. Die Abgase zogen bis in seine Nase.

Endlich stieg sein Nachbar in sein Auto und fuhr los. Wurde vermutlich auch Zeit, denn Volker arbeitete in Luxemburg und hatte noch einige ungemütliche Kilometer vor sich.

Igitt, dachte Alfons, verzog die Nase und spürte, wie es in seinem Magen grummelte. Vor Hunger, aber auch vor Ärger. Was musste der Kerl aber auch immer das Auto warmlaufen lassen und die Luft verpesten?

Dieses Mal behielten die Leute von der Wettervorhersage Recht. Es schneite und schneite. Den ganzen Tag. Dreimal noch rückte Alfons mit der Schneeschippe aus. Einmal aus eigenem Antrieb und zweimal auf Drängen seiner Frau Resi. „Stell dir vor, jemand fällt hin und wir haben Schuld. Da je, Alfons, los!" „Aber es schneit ja noch dauernd weiter. Das ist doch für die Katz!" antwortete Alfons. Einen gewissen Schneeschipp-Eifer hatte er als Mann ja im Blut. Wenn es doch nur endlich einmal aufhören würde zu schneien. Die vorhergesagten 10 bis 12 cm waren es bestimmt schon und mittlerweile wusste Alfons tatsächlich nicht mehr, wohin mit der weißen Pracht.

Empört stellte er fest, dass weder bei seinem Nachbarn Volker, dessen Lebensgefährtin doch längst von ihrer Teilzeitarbeit zurück sein müsste, noch bei seinem anderen Nachbarn, den man in Alfons' Kreisen mit einem leichten Nasenrümpfen als ‚Alternativen' bezeichnete, der Bürgersteig geräumt war. Von den Hauseigentümern gegenüber ganz zu schweigen. Die hatten zwar keinen Bürgersteig, aber eigentlich müssten sie dann eine Spur auf der Straße freimachen. Nichts war passiert. „Ei, bin ich denn hier der einzige Depp?" fragte sich Alfons. Weit und breit war kein einziger Fußgänger in Sicht. Als er also das dritte Mal ausrückte und keine Lust hatte, den Schnee einen halben Meter hoch an seine Hauswand zu stapeln, schippte er das ganze Zeug einfach wieder in den Vorgarten seines Nachbarn Volker. Dem Rasen würde das überhaupt nichts ausmachen und die paar Pflanzen darunter wären sicher froh, vor den kalten Temperaturen geschützt zu sein. Der sollte sich bloß nicht so anstellen, der Volker.

Aber Volker stellte sich an. Abends, als er nach Hause kam und wieder zur Schaufel greifen musste, sah Alfons aus seiner warmen Stube – er lugte hinter einem Spalt unter den Jalousien heraus – wie Volker schippte und schimpfte, äußerst missmutig zu dem Haufen in seinem Vorgarten blickte und daraufhin noch lauter schimpfte.

Am nächsten Morgen eskalierte die Situation. Es hatte weiter geschneit und Alfons war wieder der erste, dessen Schneeschippe knirschende, kratzende Geräusche von sich gab. Er war auch der erste, der laut fluchte. Denn kurz zuvor hatte der dorfeigene Traktor mit dem Schneeschild die Straßen von den Schneemassen befreit und ein Großteil dieser Massen lag jetzt noch zusätzlich auf Alfons' Bürgersteig. Was blieb ihm anderes übrig, als auch noch dieses Zeug wegzuräumen? Wohin? Natürlich auf Volkers Vorgarten. Er schippte, kratzte das Eis weg, das sich darunter gebildet hatte, er schimpfte und sein Rücken tat ihm weh. Immerhin war er auch nicht mehr der Jüngste.

Dann kam Volker. Bankeranzug, Mantel, Lederhandschuhe. Garagentor auf, Zündschlüssel rumgedreht, Auto an. Dann raus, mal eben locker die Schneeschaufel in die Hand und kurz eine Spur gezogen. Alfons beobachtete jede seiner Bewegungen, tat aber weiterhin beschäftigt, bis… bis er einen furchtbar lauten Schrei aus Volkers Kehle hörte und sich vor Schreck fast auf den Hintern gesetzt hätte.

„Was soll der Scheiß? Alfons, hör sofort auf, deinen ganzen Schnee auf mein Grundstück zu schippen! Ich habe im Herbst neu eingepflanzt, die Pflanzen gehen jetzt garantiert ein. Und außerdem, was denkst du denn, was los wäre, wenn jeder dem Nachbarn seinen Schnee aufs Grundstück schippt? Verdammt noch mal, ich verbitte mir das!"

„Ei wo soll ich denn hin damit? Dein heiliger Rasen wird schon nicht kaputt gehen von dem bisschen Schnee. Und sei froh, wenn dir die Pflanzen nicht erfrieren! Und außerdem – lass du nicht jeden Morgen dein Auto ewig laufen. Da kriegt man ja keine Luft mehr! So eine Umweltverschmutzung!"

„Das geht dich überhaupt nichts an. Und was heißt hier jeden Morgen? Zweimal! Nur weil es so kalt ist! Und deinen Schnee, den kannst du genauso gut auf Deinen heiligen Rasen hinter deinem Haus bringen. Bis ja nur zu faul, ihn so weit zu schleppen!"

„Ich zu faul? Na hör mal! Wer hat denn gestern vier Mal hier alles saubergemacht? Ihr habt den ganzen Tag nicht geräumt!"

„Die Ina ist krank. Und außerdem geht dich das überhaupt nichts an. Du brauchst jedenfalls meinen Bürgersteig nicht zu räumen."

In den Häusern auf der gegenüberliegenden Seite bewegten sich die Rollläden ein Stück weit nach oben. Die lauten Stimmen waren nicht zu überhören. Dann stand auch Alfons Ehefrau Resi breitbeinig im Morgenmantel auf der Treppe vor der Haustür und giftete kräftig mit:

„Ha, wenn es drum geht, was zu schaffen, ist die immer krank! Aber wenn sie übermorgen mit dem Canasta-Klub in Skiurlaub fährt, dann ist sie bestimmt gesund. Das kennt man ja!"

„Ohhh, leck mich doch…", bemerkte daraufhin der feine Banker kurz, warf die Schneeschaufel weg, klopfte sich den Schnee von seinen schwarzen Lederschuhe und machte sich auf den Weg zu seinem edlen Gefährt, nicht ohne vorher noch wütend auszustoßen: „Wenn der Schnee bis heute Abend nicht von meinem Grundstück ist, zeige ich dich an."

Uiuiui, das war kein feines Frühstück an diesem Morgen.

Alfons wetterte über den blöden Volker, Resi ebenfalls. Alfons schimpfte über Resi, weil … da braucht sie sich doch nicht noch einzumischen, das regelt er schon allein. Resi meckerte über Volkers piekfeine Tussi, über ihren Mann und die Männer überhaupt. Und das alles nur wegen des bisschen Schnees.

Ein bisschen? Es waren schon einige Kubikmeter, um die es sich drehte, obwohl es irgendwann endlich aufhörte zu schneien. An diesem Tag wagten sich die Leute wieder mal aus ihren Häusern. Warm eingemummelt standen sie beieinander, die Nachbarn. Sie tuschelten. Über den frühmorgendlichen Streit. „Hast du das auch gehört?" „Ja, ich bin davon wach geworden!"

„Nicht genug, dass die morgens schon mit der Schneeschippe so'n Krach machen, da müssen die auch noch rumbrüllen!"

Zu Alfons sagte nur einer etwas. „Eye, was war denn heute Morgen hier los? Hast du Streit mit dem Volker?"

„Ja, der feine Pinkel macht Aufstand wegen so nem bisschen Schnee, den ich auf sein Grundstück geschippt hab. Ist doch kein Platz bei mir vorm Haus."

„Mach es doch wie ich", sagte der Alternative, ich lass den Schnee liegen, da rutscht man weniger, als wenn er weggeräumt ist und die

Nässe dann überfriert. Und außerdem verschmutze ich die Umwelt nicht mit Salz." Missfällig warf er dabei einen Blick auf Alfons' Hände, die gerade aus dem Salztopf schöpften, um den Bürgersteig zu streuen.

Alfons dachte überhaupt nicht daran, den Schneeberg, den er auf Volkers Rasen aufgeschüttet hatte, wieder abzutragen. Dass wollte er doch mal sehen. Oh Mann, was der Kerl sich aber auch anstellte. Dass er ihn anzeigen würde, war sicher nur eine leere Drohung.

Am nächsten Morgen – es hatte nicht mehr geschneit und es war nicht mehr ganz so kalt, lag der Haufen Schnee aus Volkers Vorgarten in Alfons' Einfahrt und auf seinem Bürgersteig herum. Überall kleine Häufchen. Weil kein Schnee mehr angesagt war, hatte sich Alfons auch nicht den Wecker gestellt. Erst um halb acht hatte er aus dem Badezimmerfenster einen Blick nach draußen geworfen und dann hatte er ihn entdeckt, diesen Frevel. Oh warte!

Im Laufe des Vormittags, an dem er zuerst wütend einen Teil der weißen Masse zurück auf Volkers Grundstück hievte, jagten ihm Gedanken durch den Kopf. Ha, da hatte er dem Banker aber mal zur körperlichen Ertüchtigung verholfen. Aber immerhin hatte er seine Drohung nicht wahrgemacht, die Sache mit der Anzeige. Denn so ein bisschen Grummeln im Bauch hatte Alfons doch gehabt. Er wusste, dass er im Unrecht war, auch wenn er überhaupt nicht nachvollziehen konnte, warum sich sein Nachbar so anstellte.

Sollte das jetzt aber tagelang so weitergehen? Sollten sie sich aus Sturheit jeden Tag bzw. jede Nacht den Schnee hin und herwerfen? Alfons hatte eine Idee.

Weil es etwas wärmer wurde, hatte der Schnee jetzt genau Konsistenz, die sich wunderbar zum Bau von Schneemännern eignete. Und so stand am nächsten Morgen ein prächtiges Schneetier in Volkers Vorgarten. Die Vorbeifahrenden und die wenigen Vorübergehenden konnten zwar nicht auf Anhieb erraten, um welches Tier es sich handelte, Stier oder Bock. So exakt war das Kunstwerk nicht zu erkennen, aber dieser sitzende Tierkörper mit großen Hörnern deutete auf Kampf, auf Angriff, er war aussagekräftig.

Die Affäre avancierte zum Dorfgespräch, als wiederum am nächsten Morgen folgendes geschah: Es war der Tag der Müllabfuhr. Für die Müllmänner war es schon schwierig genug, durch die schneebedeckten Straßen zu kurven, an dessen Rändern überall große Haufen Schnee aufgeschichtet waren. Für die Bewohner war es schwierig genug, die Mülltonnen durch den Schnee zu ziehen und ihre gelben Säcke im Schnee zu deponieren.

Alfons hatte nicht wirklich damit gerechnet, dass sein Kunstwerk die Nacht überleben würde. Als aber um neun noch alles stand, fühlte er sich schon als Sieger. Er hatte nicht mitbekommen, dass Volker an diesem Tag später zur Arbeit fuhr, weil er seine Lebensgefährtin zur Bahn bringen musste. Als Alfons mit Resi zum Einkaufen in den Supermarkt fuhr, war also noch alles in Ordnung. Als sie zurückkamen waren sämtliche gelben Säcke in der Straße verschwunden, das heißt von der Müllabfuhr weggefahren worden. Nur nicht die vor Alfons Haus. Die zwei Stück lagen noch da.

Alfons schimpfte: „Was soll das? Wieso haben die unsere gelben Säcke nicht mitgenommen? Resi, hast du irgendwas Falsches da rein getan?"

„Ich doch nicht! Ich weiß genau, was da rein darf."

Und dann sahen sie es. Die Verschnürungen der Säcke waren geöffnet und oben auf dem Plastikmüll befanden sich in einem Sack der Stierkopf aus Schnee und in dem anderen der Schwanz des Tieres, zusammen mit einem weiteren Schneeklumpen.

„Ha, wie lustig", brummte Alfons ärgerlich, „ich lach mich tot!" und sann auf Rache.

Am nächsten Tag regnete es in Strömen. Die Temperaturen waren um mindestens 10 Grad gestiegen und der Schnee schmolz. Als Volker frühmorgens aus dem Haus kam und einen Müllbeutel in seinem großen Mülleimer versenkte, platschte es. Gut der halbe Mülleimer stand voll Wasser, obenauf schwammen die traurigen Reste eines Stierkopfes aus Schnee und blickten ihn mit gläsernen Augen an. Volker musste lachen. Er hatte Alfons unterschätzt. Aber... der Krieg war noch nicht zu Ende. Der männliche Stolz und der von seinem Vater ererbte Dickkopf, der ihm schon mehr als einmal das Leben schwer gemacht hatte, ließen ihn dieses Spiel weiterspielen. Im Grunde erging es ihm genauso wie seinem Nachbarn Alfons. Nachgeben? Keinesfalls!

Und so erlebten die beiden Nachbarn in den nächsten Tagen und Wochen so einige Überraschungen. Matschreste befanden sich am nächsten Tag in Alfons' Briefkasten, seine Post musste er erst einmal auf der Heizung trocknen.

Nach zwei Tagen Ruhe trat Banker Volker morgens auf seiner Treppe mit seinen frisch polierten Schuhen voll in eine Hundekacke. Unglücklicherweise bemerkte er den Fehltritt nicht gleich, weil es draußen ja noch dunkel war. Erst als er im Auto saß, stieg ihm ein fürchterlicher Gestank in die Nase und weil er es eilig hatte und auf der viel befahrenen Strecke nicht einfach so anhalten konnte, musste er den Gestank wohl oder übel bis nach Luxemburg ertragen. Dort stellte er fest, dass sowohl die Fußmatte als auch Gaspedal und Kupplung mit braunen Streifen überzogen waren und dass er mit diesen Schuhen unmöglich sein Büro betreten konnte.

Während der Waschaktion in der Toilette stieg eine unbändige Wut in ihm auf. Sein Nachbar Alfons besaß zwar keinen Hund, aber diese Aktion hier hatte er ja bestimmt ihm zu verdanken.

Als bei Alfons am Tage darauf die Tageszeitung nicht im Zeitungsfach lag, schwoll auch ihm wieder einmal der Kragen. Das konnte nur Volker gewesen sein! Nun klaute er ihm auch noch die Zeitung! Ein Frühstück ohne Zeitung das war wie... ein Abend ohne Fernseher oder ein Abendessen ohne sein Bier. Das ging gar nicht. Die Tatsache, dass er die Zeitung zur Mittagszeit, als das Postauto vorbei war, im Briefkasten fand, konnte das nicht wieder gutmachen. Eine Zeitung am Nachmittag fühlte sich einfach alt an.

Nun wäre die Sache vielleicht noch eine ganze Zeitlang so weitergegangen, hätte nicht in der nächsten Nacht gefrierender Regen sämtliche Straßen und Gehwege mit gefährlichem Glatteis überzogen und wäre nicht Volker am frühen Morgen auf dem Weg zu seiner Garage darauf ausgerutscht, mit einem lauten Aufschrei auf seinen Allerwertesten geplumpst und hilflos liegen geblieben.

„Was war das?" durchfuhr es Alfons im Halbschlaf, während seine Frau Resi bereits im Nachthemd am Fenster stand, Ausschau hielt und dann aufgeregt rief: „Alfons, schnell, mit dem Volker ist was passiert!"

So schnell war Alfons lange nicht mehr aus dem Bett. Streit hin oder her, wenn Not am Mann war, dann mussten sich Nachbarn gegenseitig helfen. Rasch warf er sich einen Bademantel über und eilte, nur mit Pantoffeln an den Füßen, hinüber zu seinem stöhnenden Nachbarn. Das heißt, er wollte! Denn kaum betraten die glatten Sohlen seiner Pantoffeln den mit Glatteis überzogenen Boden vor seinem Haus, lag er auch schon da. Und da solche Stürze aufs Eis äußerst schmerzhaft sein können und Männer bekanntlich nicht sonderlich leidensfähig sind, stöhnten die beiden Nachbarn um die Wette. Auch noch, als sie nebeneinander im Krankenwagen lagen.

In den ersten Stunden ihres Krankenhausaufenthaltes - man hatte die Beiden im gleichen Zimmer untergebracht – sprachen sie kein Wort. Vielleicht war Volker zu sehr mit seinem eingegipsten Fuß beschäftigt und Alfons mit seinem geschienten Arm. Vielleicht aber auch wegen ihrer Feindschaft. Dann konnte sich Alfons nicht zurückhalten, grimmig zu bemerken: „Und das nur wegen dir! Da meint man es noch gut…"

„Tut mir leid, ich hab' das Glatteis nicht gemacht", antwortete Volker „und ich hab' dich auch nicht gerufen!" Dass er just in dem Moment des Sturzes allerdings sofort gedacht hatte, Alfons hätte ihm mal wieder einen Streich gespielt, sagte er nicht. Und nach und nach kamen sie dann, die gegenseitigen Vorwürfe, der Ärger, der aufgestaute Unmut. Genauso wie sie es vorher mit dem Schnee gemacht hatten, warfen sie sich nun gegenseitig Schimpfworte an den Kopf, so dass der dritte Patient im Zimmer sich irgendwann Ruhe erbat.

Später, als die ersten Schmerzen abgeklungen waren und Volker sich der Situation bewusst wurde, kicherte er plötzlich: „Alfons, Ich wusste gar nicht, dass du so ein guter Schneemannbauer bist."

„Und ich wusste nicht, dass ein Banker so kindische Streiche spielt – Schnee in den gelben Sack", konterte Alfons. Und dann mussten sie beide lachen. Sie schauten sich in ihrer hilflosen Lage gegenseitig an und fanden die Situation auf einmal zum Brüllen.

„Aber die Sache mit der Hundescheiße war nun wirklich nicht lustig", schalt Volker, als er wieder zu Atem gekommen war.

„Welche Hundescheiße?"

„Die du mir vor die Treppe gelegt hast?"

„Hee? Nee, ich lege dir doch keine Hundescheiße vor die Treppe, Pfui bäh."

„Das warst du nicht? Ehrlich!"

„Ehrlich, muss der Hund von dem Alternativen gewesen sein, der läuft öfter mal frei rum. Aber, dass ein Banker die Zeitung klaut und mittags wieder in den Briefkasten steckt, finde ich auch ein wenig abartig."

„Zeitung? Was für eine Zeitung?"

„Gib zu, du wolltest mich mal wieder ärgern."

„Quatsch, ich hab selbst ne Zeitung."

Der dritte Mann im Krankenzimmer überlegte gerade, ob er nicht vielleicht in der Psychiatrie gelandet war. Er verstand nur Bahnhof. Nur als die beiden wieder anfingen zu lachen und mit ihrem schallenden Gelächter gar nicht mehr aufhören wollten, da lachte er einfach mit. Die Eifeler waren doch komische Leute.

In der Kneipe

„Na Hugo?"
„Na Heinz? Wie isset, wat machste denn für ein Gesicht?"
„Ooooch."
„Is wat?"
„Net wirklich. Ich hab nen neuen Bohrhammer."
„Und deswegen bist du sauer?"
„Nee, aber…"
„Wat denn? Geht er nicht?"
„Doch der geht. Mein alter war kaputt."
„Ja und? - He Friedchen, mach dem Heinz mal ein Bier und en Korn."
„Nix ja und! Iss ein bisschen blöd gelaufen - dat iss!"
„Wieso? Eh Heinz, lass dir doch nicht immer die Wörter aus dem Mund raus ziehen."
„Ooch, jetzt liegt mir die Marieluise schon seit Wochen in den Ohren, ich soll endlich mal die Löcher bohren. Wir haben doch das Schlafzimmer neu tapeziert. Und da will sie unbedingt so komische neue Gardinen aufhängen. Und weil mein Schlagbohrer kaputt war, ging dat net. Und dann hab ich ihr gesagt, ich muss mal sehen, wo ich einen Neuen herkrieg. Aber du weißt ja, keine Zeit."
„Ja und?"
„Und dann hat sie vorgestern so einen Terror gemacht und dann hab ich gestern mal im Internet geguckt und da war ein fast neuer Bohrhammer bei Ebay. Für 10 Euro. Und auch noch in Trier. Kann man abholen und braucht keine Versandkosten zu bezahlen."
„Und jetzt, hast du ihn gekriegt?"
„Phh! Wir waren drei Bieter. Gestern Morgen, da waren wir bei 30 Euro, da ist der eine abgesprungen. Aber der andere, der hat geboten,

sag ich dir. Also bei neunzig wollte ich eigentlich aufhören, aber dann habe ich mir gedacht, nur noch einmal! Bin extra in der Mittagspause an den Firmencomputer. - Um zwei Uhr war er dann mein."

„Für wie viel?"

„Hundertzwanzig."

„Oh je, da hättest du auch fast einen Neuen gekriegt."

„Hmm."

„Und das ärgert dich jetzt so?"

„Dat auch. Aber als ich heimkam, hat die Marieluise gleich losgelegt. Sie hätte es jetzt Leid, sie würde jetzt gucken, dass wir einen neuen Schlagbohrer bekommen. Sie hätte heute schon beinahe einen bei Ebay ersteigert, der wäre sogar bei einem Anbieter in Trier gewesen. Aber irgend so ein Idiot hat sie dauernd überboten. Und als sie spitzgekriegt hat, dass der so scharf darauf ist, hat sie ihm den Preis noch ein bisschen höher getrieben. Der Blödmann hätte den jetzt gekauft, für 120 Euro."

„Hahaha. Das glaub ich jetzt net." Hugo fiel fast vom Hocker, so sehr lachte er. „Und der Blödmann warst du?"

„Der Blödmann war ich! Aber erzähl dat ja net der Marieluise."

Saulus oder Paulus

Dass Kinder nicht so geraten, wie Eltern sich das vorstellen, ist nicht immer leicht zu verkraften. Wenn aber ein begabter junger Mann kurz vor dem Abi die Schule schmeißt, als Aussteiger anstatt in seinem komfortablen Zimmer zu Hause in einem leerstehenden, uralten Bauernhaus etwas abseits des Dorfes haust, keiner geregelten Arbeit nachgeht, sondern als Traumtänzer nur für seine Musik lebt, dann ist das für Eltern schon starker Tobak.

Man munkelte, dass Paul als Straßenmusikant in Trier und Koblenz gesehen worden sei. Abgerissen gekleidet, einen Hut vor sich aufgestellt. „Er bettelt", hatte Berta berichtet und Hermine war klar „eine Schande ist das. Meinst du, seine Eltern wissen das?"

Hermines Tochter verteidigte ihren ehemaligen Klassenkameraden: „Ich finde es mutig", sagte sie „der Paul ist eben ein wenig anders, aber er ist ein ganz Lieber. Der hat mir immer geholfen, wenn ich in Mathe mal wieder keine Ahnung hatte. Und schlau ist der auch."

„Aber warum hat er dann kein Abi gemacht? Und nicht studiert? Oder wenigstens eine Lehre gemacht? Man kann doch nicht einfach so in den Tag hinein leben! Die armen Eltern." Nein, so etwas war für Berta undenkbar. Sie hatte immer nach der Maxime gelebt, alles so zu machen, wie es sich gehört. Und in der Eifel gehörte es sich nun mal nicht, so ungepflegt herumzulaufen, so ein Träumer zu sein, so anders. Und schon gar nicht, nichts zu schaffen.

Hermine hatte sogar gehört, dass da auch noch Drogen im Spiel seien. Und wie es in dem baufälligen Haus aussehe, oh je, da würden sich noch mehr solcher Typen rumtreiben. Ihr Bruder hatte abends mal von weitem gesehen, dass da mindestens noch vier solcher Kerle um ein Feuer herum gesessen hatten. Geraucht hatten sie und so eine ganz merkwürdige Musik war an sein Ohr gedrungen. Das müsste verboten sein, dass so ein Volk da haust. Wem gehört das Haus eigentlich? Und man müsste die Polizei mal hinschicken …

Keiner der jungen Männer und ganz besonders nicht Paul tat irgendjemandem irgendetwas zuleide. Keiner scherte sich darum, was geredet wurde. Alle wollten sie nur eins: anders sein, als all die Streber, die geldgeilen, profitsüchtigen und nach außen hin hochanständigen Leute. Musik wollten sie machen. Aber nicht solche, die bei der Masse ankommt. Nicht die kommerzielle, herkömmliche Musik. Auch nicht

Rock-Pop, Hip Hop, Dance, Techno, House oder wie sie alle hießen, die modernen Musikrichtungen.

Pauls Musik war eine ganz eigene. Er hatte echt Talent. Faul war er auch nicht. Ständig war er auf der Suche nach neuen Einfällen. Er klimperte auf seiner Gitarre, saß an seinem Schlagzeug, summte, sang, schrieb auf. Er schrieb poetische, wunderschöne Texte zu seinen Melodien. Aber auch Kritisches. Es tat ihm weh, wenn er daran dachte, in welcher Weise skrupellose Massentierhalter Fleisch ‚produzierten'. Er konnte es nicht fassen, dass ganze Völker ins Unglück liefen, nur weil geldgierige Großbanken ihre Zahlen hin und her schoben und fand es abscheulich, dass man sogar mit Lebensmitteln spekulierte. Auch solche Sachen verarbeitete er in seinen Liedtexten.

Wenn Paul Geld brauchte, trampte er mit seiner Gitarre irgendwo in eine Stadt, setzte sich auf irgendeinen Platz, an dem viele Leute und möglichst wenig Polizisten vorbeikamen (weil er ja keine Genehmigung hatte) und machte Musik. Er sang seine Texte, meist solche, die seine Gesellschaftskritik ausdrückten und manchmal hörten ihm die Leute sogar zu. Wenn er nach einigen Stunden einige Euros in seinem Hut fand, kaufte er sich etwas zum Essen und war glücklich.

Manchmal spielte und sang er in Kneipen. Doch die Tatsache, dass die meisten Kneipengäste lieber herumlaberten als zuzuhören, dass Halbbesoffene an der Theke während seines Gesangs herumgrölten und seine kostbare Musik nur Perlen vor die Säue war, ließ ihn trotz (geringer) Gage jedes Mal frustriert in eine tiefe Melancholie verfallen. Die Tatsache, dass sich in der ganzen Gegend kein Veranstalter fand, der ihn, seine Bandfreunde und seine spezielle Musik auf eine Bühne holte, machte diese Melancholie auch nicht besser. Er war und blieb ein Außenseiter.

Wie glücklich oder unglücklich er war, als er für ein halbes Jahr seine Unterkunft verließ und in der Welt herumtingelte, wusste keiner. Auch nicht seine Eltern, die verständlicherweise vor Sorgen äußerst niedergedrückt waren. So oft hatte Vater Karl ein Machtwort sprechen wollen. Aber was sollte er machen angesichts der Sturheit seines Sohnes, die er im Übrigen sehr gut nachvollziehen konnte, denn er selbst war in seiner Jugendzeit auch nicht gerade ein Musterbeispiel an Anpassung gewesen. Vielleicht lag es ja sogar in den Genen, dass Paul so war. Mutter Marita litt am meisten darunter, dass Paul so dünn war und nichts Ordentliches zu essen bekam. Heimlich steckte sie ihm immer wieder mal ein wenig Geld zu, obwohl Paul das absolut nicht wollte. Nein, Paul wollte frei sein. Nicht, dass er seine Eltern nicht geliebt hätte. Er wusste, was er an ihnen hatte. Trotzdem sollten sie irgendwann erkennen, dass Paul eben Paul war. Er hatte seine eigenen Ideen. Seine eigene Vorstellung von einer idealen Welt.

Paul war kaum von seinem Ausflug in die Welt (wo er sich überall herumgetrieben hatte, wusste keiner so richtig) zurück, da machte nicht nur die Nachricht im Dorf die Runde: „Der Paul ist wieder da. Sieht noch schlimmer aus als vorher." Es gab noch eine andere Neuigkeit. Einer seiner ehemaligen Schulfreunde hatte ein YouTube-Video entdeckt, dass im Internet herumgeisterte und schon zig-tausend Klicks hatte.

(Für Internet-Unkundige: Heutzutage stellen Leute kleine Filmchen in ein Internetportal mit dem Namen YouTube, die dann sämtliche Leute sehen können. Je interessanter solch ein Filmchen von wenigen Minuten ist, umso mehr Leute schauen sich das an. Und wenn es vielen gefällt, dann verbreitet sich so etwas wie ein Virus. Einer empfiehlt es mehreren anderen, ähnlich wie früher ein Kettenbrief. Dass es in diesem Portal auch Leute gibt, die sich, nur um bekannt zu werden, total zum Affen machen und – wie mein Vater zu sagen pflegte – auf den Kopf stellen und mit den Beinen hurra schreien, das ist heutzutage tatsächlich so. Aber in der Tat werden immer wieder Leute mit solchen Verrücktheiten berühmt.)

Irgendjemand irgendwo in der Welt hatte Paul mit seinem Handy gefilmt und das ins Netz gestellt. Paul saß auf einer Klippe an einem einsamen Strand, die Wellen rauschten im Hintergrund und ab und zu schäumte die Gischt bis zu Pauls Füßen. Er klimperte auf seiner Gitarre und sang ein Lied. Mit einer Stimme, wie sie schöner kein Popstar hatte und mit einer solchen Hingabe, wie sie leidenschaftlicher nicht sein konnte. Paul in seinen abgerissenen bunten Klamotten, die untergehende Sonne im Hintergrund. Fast schon kitschig. Aber soooo romantisch.

Im Nu verbreitete sich das YouTube-Video nun auch in der Eifel. Sämtliche Gymnasiasten aus Pauls ehemaliger Schule, seine Lehrer, sämtliche Facebook-Nutzer und alle PC-kundigen Dorfbewohner verbreiteten das Video wiederum an ihre gesamten Freunde und Bekannte. Und da Eifeler bekanntlich nicht nur Freunde in der Eifel haben, sondern mittlerweile mit aller Welt verbunden sind, nahm die Anzahl der Klicks rapide weiter zu. Pauls Video wurde ein Renner und schon kam es, wie es in einem solchen Fall kommen muss.

Musikproduzenten meldeten sich. Pauls Song wurde bekannt und nun auch im Radio rauf und runter gespielt. Die Presse lief Paul die Bude ein. Das war nun wirklich ein gefundenes Fressen für Presse und Fernsehleute. Die abgelegene ländliche Idylle des heruntergekommenen Bauernhauses wurde abrupt gestört durch Fernsehkameras und herumlungernde Journalisten. In kürzester Zeit hatte Paul einen Plattenvertrag in der Tasche und wurde nominiert, für den Grand-Prix zu kandidieren. Er saß auf Fernsehsofas und man verpasste ihm ein ganz spezielles, aber auch total anderes Image. Paul wurde plötzlich von regionalen und überregionalen Veranstaltern gebucht. Man riss sich um ihn, zahlte ihm hohe Gagen, auch den Jungs seiner Band. Sie wurden bejubelt, sie waren Stars.

Im Dorf und in den Dörfern rundum herrschte auf einen Schlag die wahre Euphorie. Man verschlang die Artikel über Paul in der Zeitung, man sah ihn im Fernsehen. Die jungen Leute strömten zu seinen Konzerten. Sogar Berta fand, dass ‚unser Paul' ja richtig gut singen könne. Hermine meinte in einem Fernsehinterview anlässlich von Aufnahmen in dem idyllischen Dorf, in dem der berühmte Paul seine Kindheit verbracht hat, sie hätte immer schon gewusst, dass aus dem Paul mal was ganz Besonderes würde. Der Bürgermeister des Dorfes, der kurze Zeit vorher noch überlegt hatte, wie man den Besitzer des alten Bauernhauses überreden könne, das Haus von der Gemeinde abreißen zu lassen, lobte das Dorfgewächs Paul nun öffentlich in höchsten Tönen. Jung wie Alt schwärmte von der tollen Musik und alle waren total stolz darauf, in dem Dorf zu wohnen, wo Paul wohnte.

Pauls Eltern saßen überall in der ersten Reihe und Paul selbst... wusste eigentlich gar nicht, wie ihm geschah.

Gewiss hatte er immer schon vor gehabt, seine Musik der Welt vorstellen zu können. Natürlich hatte er nichts dagegen, richtig viel Geld zu verdienen und selbstverständlich war er stolz darauf, plötzlich berühmt zu sein. Dass er dafür Eingeständnisse in seiner Lebensweise zu machen hatte, das musste er vorerst in Kauf nehmen. Leider musste er auch in Kauf nehmen, dass sein Produzent ihm nun vorschrieb, was er zu singen hatte und auch von ihm forderte, so einiges an seinem Äußeren zu verändern. Er sollte ja die Massen ansprechen.

Paul machte den Zirkus mit. Weil er doch ein junger Mensch war, der den Verlockungen des Erfolgs nicht widerstehen konnte? Weil er es den Zweiflern und Kritikern zeigen wollte? Oder weil er dachte, seine gesellschaftskritischen Songs könne er hinterher dann auch an die Leute bringen? Oder weil er einfach in den Sog geriet.

Vom Außenseiter zum gefeierten Star. Vom Saulus zum Paulus. Paul durchlief die ganze Palette, wie vor ihm schon so einige andere Aufsteiger in der Musikszene. Und genau wie bei den meisten von ihnen wird es auch bei Paul in absehbarer Zeit und nach weniger erfolgreichen Titeln vermutlich ruhiger werden. Vielleicht dann, wenn er eine Wohnung in Berlin besitzt, ein Ferienhaus auf Mallorca und/oder eine Freundin aus England oder Moldawien hat. Oder auch nicht.

Versteh nix

Oma Anita verstand die Welt nicht mehr. Ihr Bild von einer trauten Heimat, einem gewissen Stolz auf ihr Deutschland, das so viele Dichter und Denker hervorgebracht hatte, bekam immer mehr Risse. Was war passiert, dass man im eigenen Land immer öfter wie ein Ochs vor dem Berg stand und nur noch Bahnhof verstand?

Wenn Anita die Zeitung las, musste sie immer häufiger das Fremdwörterlexikon oder das Englisch-Deutsch-Wörterbuch in die Hand nehmen, das ihr Sohn ihr geschenkt hatte. „Mama", hatte er gesagt, „ohne Fremdsprache kommt man heute nicht mehr aus, vielleicht solltest du mal überlegen, ob du nicht noch in der Volkshochschule ein bisschen Englisch lernst." Anita war ja nicht blöd, aber mit zweiundsiebzig noch Englisch lernen? Nur weil die Deutschen so blöd waren, sich nicht mehr in Deutsch ausdrücken zu können? Nee.

Das Leben wurde schwieriger. Mit ihren Enkelkindern eine Unterhaltung zu führen war ungefähr so, als würde sie sich mit Außerirdischen unterhalten. Sie sprachen in Abkürzungen oder in Englisch. Von DVDs, CDs, SMS, DSDS, PCs, von Facebook, von Viren, Spam, Mailbox, W-Lan, Apps, Twitter, Google, Chats. Oder auch von Bachelors, Masters, WGs, Bafög, BM-Index und was nicht sonst noch alles. Und wenn Anita ungläubig den Kopf schüttelte, weil sie mal wieder überhaupt nicht wusste, wovon die Rede war, dann lachten sie. „Omachen", sagten sie, „mach dir nichts draus. Die Welt verändert sich nun mal."

Oh ja, das merkte Anita. Wenn sie in die Stadt fuhr, fielen ihr die zunehmend englisch klingenden Leuchtreklamen und Firmenschilder über den Geschäften auf. Shoes for you, Copy-Shop, Coffee-Lounge, Hairkiller, bookstore, Mac D und wie sie alle hießen, die Läden, die man als Unkundige erst betreten musste, um zu wissen, was sie verkaufen wollten. Nnein, Anita betrat solche Läden nicht. Höchstens wenn sie im Schaufenster etwas entdeckte, was ihr gefiel.

Es gefiel ihr aber auch nicht, dass sogar dort an den Scheiben in roter oder weißer Farbe etwas aufgemalt war, was sie nicht verstand.

„In der Koblenzer Straße machen sie wohl ein neues Geschäft auf", erzählte sie gerade ihrer Schwiegertochter Karin, nachdem Opa Anton sie nach dem Einkaufsbummel in der Stadt dort abgesetzt hatte. „Das heißt Woff-Saale oder so ähnlich, steht am Schaufenster."

Karin musste grinsen. „Schwiegermama, das ist kein neues Geschäft, das heißt Wow-Sale, ‚wau-sail' spricht man das, das heißt übersetzt... emm", und dann musste Karin doch überlegen, wie sie das übersetzen sollte. „Sale, das ist so was wie Schlussverkauf und Wow, das sagt man so, als Steigerung, also das ist extra billig."

„Hmm, wenn ich das gewusst hätte, dann wäre ich ja mal reingegangen. Aber warum steht da nicht Schlussverkauf?"

„Weil es eigentlich keinen Schlussverkauf mehr gibt. Das heißt, quasi schon, also die reduzieren die Klamotten und nennen das jetzt Sale."

„Versteh ich nicht."

„Ich auch nicht, Mutti."

Kurt kam nach Hause, begrüßte seine Frau Karin mit einem kurzen Küsschen und wandte sich dann seiner Mutter zu.

„Hallo Mama! Bist du alleine? Wo ist Papa?"

„Bei seinem alten Freund Bernd, wo sonst? Der holt mich gleich wieder ab. Die zwei machen Pläne für... ach, irgend so etwas fürs Auto. Keine richtige Garage, nur..."

„Ein Carport."

„Genau."

„Ach ja, da fällt mir ein", richtete sich Kurt an seine Frau, „der Max, mein Kollege, hatte uns ja zum Outdoor-Dining eingeladen, das ist gecancelt. Der hat Burnout. Also weißt du, die Leute mit solchen Patchwork-Familien haben es aber auch echt schwer."

„Oh je, der Arme", antwortete Karin, „ich habe seine neue Frau kürzlich beim Shoppen getroffen. Phh, die trägt aber auch nur Designer-Klamotten, immer das modernste Outfit, die Haare gestylt, Anti-Aging-Cremes im Gesicht, wenn die nicht sogar schon geliftet ist!"

„Tja, er hat mir erzählt, sie hätten jetzt einen Last-minute-Flug gebucht mit irgendeiner Billig-Airline, sie wollen in einem All-inclusiv-Hotel Wellness-Urlaub machen."

Anita sperrte Mund und Augen auf. Dass die jugendlichen Enkelkinder so redeten, das war ihr ja bekannt, aber jetzt fingen deren Eltern auch noch an mit diesen ganzen Ausdrücken.

„Kurt!" schalt sie, „es geht mich ja nichts an, was du mit deiner Frau redest, aber musst du unbedingt auch so ausländisch reden wie deine Kinder?"

„Wieso, was habe ich denn gesagt?"

„Ha, das weiß ich eben nicht."

Für einen kurzen Moment lang wirkten Kurt und Karin irritiert und beide überlegten, was genau sie denn gesagt hatten. Und sie stellten fest, dass ihnen so einige Anglizismen schon gar nicht mehr als solche vorkamen, weil sie schon fest in ihren Sprachgebrauch eingebunden waren.

„Hast ja Recht, Mama. Wenn wir mit dir sprechen, werden wir darauf achten, versprochen!"

Opa Anton fuhr gerade mit dem Auto vor, als Enkel Tom vom Fahrrad stieg. Gemeinsam betraten sie das Haus. Als Anton seinen Enkel so nah vor sich sah, erschrak er.

„Ach du liebe Zeit, Tom! Sag bloß, dir haben sie jetzt auch so'n Ring durch die Nase gezogen, wie früher bei den Stieren."

„Psscht…, sag Oma nichts, vielleicht sieht sie es ja nicht."

„Die sieht alles."

„Aber wenn sie ihre Brille nicht anhat?"

„Glaub mir, dann riecht sie es."

Im Wohnzimmer fiel dann auch tatsächlich Oma Anita fast in Ohnmacht. Sie trug ihre Brille. „Junge, wie kannst du dir so was antun?"

„Du meinst, dir? - Oma, das ist cool! Das ist ein echter Eyecatcher."

„Ei...was? Das ist ein Ring durch die Nase. Wie bei den Wilden im Urwald. Oh Gott, Tom!"

„Wilde im Urwald? Oma, das ist Diskriminierung! Man darf ja jetzt nicht einmal mehr Neger sagen, schon gar nicht Wilde."

„Genau, und Mohrenköpfe isst man auch nicht mehr, das sind Schaumküsse", ergänzte Kurt.

„Was? Ein deutsches Wort? Ich glaub' es nicht." Anita war baff.

Das Thema Nasenring hatte natürlich auch bei Kurt und Karin für ziemlich lange Diskussionen gesorgt und war immer noch nicht vom Tisch. Aber Kurt wollte sich nicht vorwerfen lassen, ein gänzlich hinterwäldlerischer und altmodischer Vater zu sein und Karin war in den Jahren mit ihren pubertierenden Kindern äußerst leidensfähig geworden.

„So ein Piercing finde ich nicht so schlimm wie solche riesigen Tattoos", sagte sie deshalb, „so einen Ring kann man wenigstens wieder ausziehen."

„Aber ... dann hat man ja ein Loch in der Nase", schniefte Anita, „iihh."

Kein Wunder, dass Tom sich so schnell wie möglich verziehen wollte. „Ich muss dringend meine Mails checken, sorry... ach ja, Mama, die Tina hat nen neuen Lover, hat sie auf FB gepostet, mein Schwesterherz. Und sie hat schon 87 Likes."

„Was? Likes? Was ist das denn?" Nun musste aber auch Karin passen.

„Gefällt mir, auf Facebook!" Für Tom war es unbegreiflich, dass die Eltern immer noch nichts checkten.

Anita kam sich vor, als sei sie sie selbst eine Außerirdische. Sie saß auf dem bequemen Sessel, den Kurt Relax-Liege nannte, trank einen Kaffee, den Karin ihr als Latte macchiato ans Herz gelegt hatte, hörte im Hintergrund das Geräusch der vorbeiführenden Straße, das Tom als Sound of the street bezeichnen würde. Sie trug Schuhe, die im Laden als Sneakers ausgezeichnet waren, einen Pulli, der Shirt hieß und ein Seidentuch, das man unter Accessoires finden konnte. Sie saß dort und schnappte nach Luft und überlegte, welchen Ausdruck man sich dafür wohl einfallen ließe. Und dann sagte die sonst so feine alte Dame:

„Ich finde es einfach beschissen, dass unsere schöne Sprache so verhunzt wird."

Beim Arzt

Karin musste zum Arzt, weil sie mit ihrem rechten Bein in ein Schlagloch getreten hatte und danach heftige Schmerzen im Knie verspürte. Nachdem sie geschlagene sieben Minuten mehr oder weniger auf dem linken Bein an der Anmeldung gestanden hatte, humpelte sie ins Wartezimmer. Die nicht sonderlich freundliche, aber sehr resolut klingende Dame dort hatte telefoniert, eifrig auf den Bildschirm ihres PCs gestarrt und irgendwann gnädig herablassend gefragt: „Haben Sie einen Termin?"

Natürlich hatte sie einen Termin, bereits vor sechs Minuten. Trotzdem suchte sich Karin dann im Wartezimmer, wo weitere sechs Personen ebenfalls auf ihren Termin warteten, erst eine Zeitschrift und dann einen Sitzplatz, möglichst weit weg von den anderen Patienten. Es miefte.

Als die dicke Frau zwei Stühle neben ihr laut nieste und anschließend einen Hustenanfall bekam, versteckte Karin ihr Gesicht rasch hinter der Zeitschrift. „Gesundheit", sagte eine alte, schwer atmende Dame, die daraufhin mit der neben ihr sitzenden Mutter eines kleinen Jungen ein Gespräch anfing.

„Jaja, das ist jetzt so eine Zeit, wo alle erkältet sind. Ist aber auch ein Wetter, nicht wahr? – Ist Ihr Sohn auch erkältet?"

Karin ließ die Zeitschrift nach unten sinken und sah, dass dem etwa vierjährigen Jungen, der gerade dabei war, die Spielzeugkiste zu leeren, weißlich-feuchte Schlieren aus beiden Nasenlöchern rannen. Dem Geräusch nach versuchte er, diese möglichst wieder an ihren Ausgangspunkt zurückzuziehen, was seine Mutter jedoch zu verhindern wusste, indem sie ihm mit Papiertüchern zu Leibe rückte. Was wiederum dem Sprössling nicht sonderlich zu gefallen schien. Er wehrte sich, gab klagende Laute von sich und feuerte schließlich wütend ein paar Plastikklötze in Richtung Garderobe.

„Kevin", schimpfte die Mutter. „Heb das bitte wieder auf!" In Richtung der alten Dame antwortete sie schließlich: „Ja leider, mein Kevin hat sich bestimmt mal wieder im Kindergarten angesteckt. Sind ja immer irgendwelche Kinder krank dort." Auf die Uhr schauend schickte sie hinterher: „Eigentlich habe ich gar keine Zeit, hier herumzusitzen…"

Auch sie griff sich eines dieser Promi-Schmalz-Blättchen, die alle immer nur in Wartezimmern lesen, und vertiefte sich dort hinein.

Die alte Dame suchte sich daraufhin den älteren Herrn mit der Glatze aus, um ihr Kommunikationsbedürfnis zu befriedigen: „Dauert heute aber auch wieder lange, nicht wahr? Der Doktor hat sicher wieder einen Notfall. Waren Sie nicht letzte Woche auch hier, als wir hier zwei Stunden gewartet haben? Wissen Sie, da war der Doktor doch zu einem Notfall gerufen worden. Und wissen Sie wer das war? Mein Nachbar, also zwei Häuser neben mir. Alleinstehender Herr. Kriegt so mir nichts dir nichts einen Herzanfall. Also ich sage Ihnen, hätte nicht dem sein Hund die ganze Nachbarschaft zusammengebellt und hätte nicht der Briefträger gesehen, dass die Seitentür einen Spalt weit aufstand, dann hätte der vermutlich noch Tage da gelegen. Ach, was sage ich – Wochen! Und dann wäre der mausetot gewesen. Ja, so kann es gehen, wenn man alt wird."

Der dicke ältere Herr sagte nichts dazu. Er war gerade damit beschäftigt, seine Füße den rennfahrerischen Künsten des kleinen Kevin zu entziehen, der ausprobierte, wie schnell so ein Lego-Auto durch das Wartezimmer rasen konnte.

„Kevin, lass das", rief die Mutter.

Ob Kevins Erkältung so weit fortgeschritten war, dass seine Ohren bereits beeinträchtigt waren, konnte Karin nicht feststellen. Sie spürte allerdings ziemlich heftig, dass der liebe Kevin auf den Einwand seiner Mutter überhaupt nicht reagierte, denn das Lego-Auto überschlug sich gerade auf ihrem dicken Zeh. Weil sie daraufhin ihr Bein abrupt anzog, spürte sie mehr denn je den stechenden Schmerz in ihrem Knie.

Ein „Aua" entwich ihr.

„Entschuldigung", sagte die Mutter und versuchte ihr Glück erneut bei ihrem Sprössling: „Kevin, spiel ordentlich. Und schieb den Leuten das Auto nicht auf die Füße."

In den nächsten Minuten waren dann trotzdem alle wartenden Patienten damit beschäftigt, ihre Füße so anzuheben, dass sie den Angriffen des Kampfautos ausweichen konnten. Erst als das Spielchen dem kleinen Rotzbengel zu langweilig wurde, suchte sich dieser eine neue Herausforderung. Während er weiterhin eifrig die Sekrete in seiner Nase hochzog, stellte er sich neugierig vor den jungen Mann, der neben dem Glatzkopf saß. „Was ist das?" fragte er mit dem Blick auf dessen Krücken.

„Das sind Krücken, Gehhilfen", antwortete der Angesprochene.

„Und warum brauchst du das?"

„Mein Fußgelenk war gebrochen."

„Warum?" Dem jungen Mann war es etwas peinlich, so einem kleinen Pimpf öffentlich Auskunft zu geben. Weil aber dessen Mutter dabei saß, antwortete er.

„Hmm. Ich habe Fußball gespielt."
„Warum?"
„Weil das Spaß macht."
„Macht das Spaß, Fuß brechen?"
„Nee, das macht keinen Spaß".
„Ich kann auch Fußball spielen, guck!"

Ruck-zuck packte der liebe Kevin einen dicken Holzwürfel, trat mit seinem kleinen Fuß kräftig dagegen und zeigte dem jungen Mann einmal, was ein richtiger Elfmeter ist. Dieser hatte Glück, dass sein geschundener Fuß in einem Gipsverband steckte, trotzdem spürten die herausragenden Zehen wohl noch erheblich den Volltreffer.

„Au! He du, jetzt lass das aber!" Mit beiden Krücken nahm er Abwehrhaltung ein.

Kevin aber war schneller. Er schnappte sich eine der Krücken und übte durch das Wartezimmer, wie man mit solch einer Gehhilfe herumhinkte. Da das Teil aber größer war als er, hatte er schnell heraus, dass man das Gerät auch als Stab nutzen konnte, so ähnlich wie ein Stabhochspringer. Nun wurde es ungemütlich in dem engen Raum. Die Mutter war wieder einmal gefordert. Zumindest nach den Blicken aller Anwesenden, denen es nur so in den Händen juckte, dem Treiben des kleinen Quälgeistes endlich ein Ende zu bereiten.

„Keeevin!"

Die Tür wurde geöffnet, die Sprechstundenhilfe bat Kevin und seine Mutter ins Sprechzimmer. Bevor in sämtlichen Köpfen das Wort ‚Hurra' die Runde machte, ließ der kleine allzu putzige Kevin, abrupt von seinem Spielgerät abgelenkt, seinen Sprungstab ebenso abrupt fallen. Direkt auf den Fuß des Glatzköpfigen, dem das Wort Hurra vermutlich im Hals stecken blieb und – nach seinem Gesichtsausdruck zu urteilen – wohl eher dachte „verdammte Schweinebacke."

Zur gleichen Zeit trat ein chic gekleideter Herr ein, der erst einmal missbilligend in die Runde blickte, dann ebenso missbilligend die Nase rümpfte und gleich einmal zum Fenster eilte, das er in ganzer Flügelbreite aufriss. „Schlechte Luft hier."

Recht hatte er ja. Nun aber schoben sich fünf Schulterpaare so nach oben, dass sich die dazugehörenden Köpfe darin verstecken konnten. Es war kalt. Saukalt.

Der soeben misshandelte ältere Herr mit Glatze stand auf, hinkte entschlossen durch den Raum und schloss das Fenster, woraufhin der fein Gekleidete stumm den Kopf schüttelte und dann wie wild auf den Tasten seines Handys herumdrückte.

Nachdem die ältere Dame erleichtert tief ein und ausgeschnauft hatte, suchte sie wieder das Gespräch. Nun wandte sie sich Karin zu. „Ja ja, die Kinder heutzutage. Also die Schwester von der Frau meines Neffen, die ist Lehrerin, wissen Sie, also wenn die so aus der Schule erzählt… Ich kann Ihnen sagen, also ich wollte heutzutage nicht… Wissen Sie, mein Vater hat früher schon immer gesagt, er würde lieber eine Herde Schweine hüten."

Ehe die Wartenden weitere Einblicke in die Familienverhältnisse bekamen, erschien die Sprechstundenhelferin noch einmal „Herr Weber bitte…"

Aha, der feine Herr. Sofort nachdem dieser die Tür hinter sich geschlossen hatte, redete die alte Dame weiter: „Das konnte ich mir ja denken. Ist bestimmt Privatpatient. Kaum hier drin und schon dran. Und unsereins…"

Die Tür ging auf „Frau Grünspecht bitte." „Uiuiui, ich will ja nichts gesagt haben. Aber ich sitze ja immerhin auch schon seit anderthalb Stunden hier. Und bei mir", sie watschelte zur Tür, „geht es ja auch schnell, die nehmen mir ja nur Blut ab."

„Drei Kreuze", dachte sich Karin nur noch, blätterte in ihrer Zeitschrift schnell die Seiten durch, die bereits ziemlich zerfleddert und unhygienisch aussahen. Sie blätterte noch schneller, als Boris Becker und seine neueste Errungenschaft ihre strahlenden Lächeln und edelsten Klamotten präsentierten, über die neuesten Klatschereien aus den europäischen Königshäusern berichtet wurde und weiter hinten die hunderttausendste superleichte Diät vorgestellt wurde, bei der man in vier Tagen garantiert 5 kg abnimmt. Nun atmete auch Karin seufzend ein und aus und dachte sich, dass sie in der Zeit nun längst ihre Bügelwäsche fertig hätte und dass ihr Knie vielleicht auch von selbst wieder besser geworden wäre.

Das hoffte sie umso mehr, als sie irgendwann später mit einem immer noch schmerzenden Knie und mit einer Überweisung zum Orthopäden nach Hause fuhr. Denn bis sie beim Orthopäden einen Termin bekäme, konnte eine Zeit lang vergehen und wenn sie sich vorstellte, wie lange sie dann dort im Wartezimmer sitzen musste....

Das Hörgerät

Opa Antons Hörvermögen hatte in letzter Zeit sehr stark abgenommen. Wenn er abends mit Oma Anita zusammen vor dem Fernseher saß, gab es immer wieder Diskussionen um die Lautstärke.

„Mach doch mal lauter, man hört ja nichts", brummelte Anton regelmäßig, sobald er es sich in seinem Fernsehsessel bequem gemacht hatte. Anita hörte alles. Deshalb fand sie es ziemlich störend, wenn sie den Ton noch lauter schalten musste. Dass die Fernbedienung immer griffbereit neben ihrem Couchplatz auf dem Wohnzimmertisch lag, hatte einen Grund. Denn wenn auch im Vorfeld so einige Male über die Programmwahl gestritten wurde, so setzte die Dame des Hauses doch meistens ihre Wünsche durch. Und da Anton sowieso fast jeden Abend schon nach einer Stunde die Augen zufielen, war dann auch der

Weg frei für Anita, sich durch sämtliche Programme zu zappen, was Anton überhaupt nicht leiden konnte. Und sobald sie sah, dass ihr lieber Gatte in leichtem Schlummer lag, drehte sie auch den Ton wieder auf ein erträgliches Maß zurück. Außer, wenn Anton auch noch anfing zu schnarchen, dann musste die Lautstärke des Fernsehers wieder herhalten, die unangenehmen Geräusche zu übertönen.

Hatte Anita anfangs noch gedacht, ihr Rentner-Gemahl würde ihre Anordnungen für zu erledigende männliche Aufgaben rund ums Haus geflissentlich überhören, um sich davor zu drücken, so merkte sie doch nach und nach, dass Anton wirklich schlecht hörte. Manches verstand er falsch, oft hörte er nach: „Wie bitte? was hast du gesagt?" und so manches Mal antwortete er auch nur mit einem „jaja", was dann nicht immer wirklich passte.

Angefangen hatte es mit solchen Szenen:

Sie: „Du Anton, machen wir einen kleine Spaziergang?"

Er: „Was?"

Sie: „Einen Spaziergang, die Sonne scheint, da könnten wir uns ruhig mal ein wenig bewegen."

Er: „Jaja".

Fünf Minuten später. Sie: „Du hast ja noch keine Schuhe an, ich denke wir gehen spazieren?"

Er: „Was?"

Sie, lauter: „Spazieren! Du hast doch gesagt, du gehst mit."

Er schaut, wie seine Frau die Jacke anzieht: „Mit? Wohin?"

Sie, noch lauter: „Spazieren! Da je, mach!"

Er: „Hättest ja mal was sagen können, dann wäre ich mitgegangen."

Sie, resigniert: „Oje Anton, ich glaube du hörst nicht mehr gut!"

Später entwickelten sich mitunter kuriose Unterhaltungen mit den Enkelkindern Tom und Tina.

Tom: „Opa, ich hab ne Eins in Chemie." Für jede Eins in der Schule bekamen die Enkelkinder fünf Euro von den Großeltern.

Opa: „Wer ist ein Genie?"
Tom, lauter: „Ich, ich hab ne eins - in Chemie!"
Opa: „He? Was ist mit Eisenindustrie?"
Tom, sehr laut: „Einser – Chemie - Belohnung!!!"
Opa: „Schrei nicht so, wer sucht eine Mietwohnung?"

Oder:
Tina, schmeichelnd: „Opilein, ich fahre auf Klassenfahrt. Emm - wie wär's denn mit einem kleinen Zuschuss?"
Opa (hat Klassenfahrt sogar verstanden): „Mit einem kleinen Bus? Passt ihr denn da alle rein?"
Tina: „Nee, wir haben einen großen Bus, ich meinte – Zu-schuss!"
Opa: „Zu Fuß? wo geht's denn hin? Ist das weit?"
Tina, ungeduldig, lauter: „Ja das ist weit, Italien!"
Opa: „Was? Nach Australien? Dann müsst ihr ja fliegen!"
Tina, laut: „Opa – Italien - wir fahren mit dem Bus!"
Opa: „Nee nee nee, was machen die heute Klassenfahrten. Zu den Kängurus! Wir sind früher an die Maare gewandert. Zu Fuß."
Tina, schreit: „Opa, Italien! Mailand!"
Opa: „Nein, Tina, Australien ist kein Eiland. Australien ist ein Kontinent. Deshalb ist ja auch Grönland die größte Insel der Welt." Opa war stolz darauf, dass seine geografischen Kenntnisse immer noch weit größer waren als die seiner Enkelkinder, die das Gymnasium besuchten.
Tina: „Och Mann, Opa, mit dir macht das aber keinen Spaß mehr."
Opa: „So weit über das große nasse Meer. Das ist ja sicher sehr teuer. Da braucht mein Mädchen aber sicher noch einen kleinen Zuschuss vom Opa, was?"

Opa Anton war weder dumm noch zeigte er irgendwelche Anzeichen von Demenz oder Alzheimer. Deshalb merkte er rasch selbst, dass er nicht mehr gut hörte. Nicht mehr gut? Er hörte schlecht. Sehr schlecht. Es war ihm ziemlich peinlich, immer wieder „Wie bitte?" „Was?" oder „was hast du gesagt?" bei Familienangehörigen, Freunden und Bekannten nachzufragen. Deshalb gab er irgendwann gar keine Kommentare mehr zu dem Halb-Gehörten oder nuschelte nur „jaja" oder wenn er der Mimik seines Gegenübers etwas Negatives entnahm, dann schüttelte er auch ganz einfach den Kopf und murmelte: „nee, nee."

Ans Telefon mochte er schon gar nicht mehr gehen. Manchmal ließ er es sogar klingeln, wenn Anita nicht zu Hause war, denn er hatte keine Lust, noch einmal so ein Erlebnis zu haben wie kürzlich. Da dachte er, die Stimme seines Freundes Franz zu hören und mutmaßte zu vernehmen, er wolle sein Archiv umstellen. Anton sagte also jaja, wie so oft, machte sich auf den Weg, seinem Freund zu helfen, aber dieser wusste von nichts. Einige Tage später kam ein Brief vom Telefonanbieter mit einer Bestätigung einer Tarifumstellung.

Anita wetterte. Brauchen wir nicht, wir telefonieren doch nicht so viel, und schon gar nicht mit Handy.

Weil Anton schlecht hörte, sprach er laut. Kam er in die Küche und wollte von Anita irgendetwas wissen, dann fiel dieser manchmal vor Schreck ein Messer oder ein Teller aus der Hand, wenn er leise die Tür geöffnet hatte und urplötzlich losbrüllte: „Anita, wann gibt es Essen?" oder „Wo liegen denn die Plastiktüten?"

„Oh Anton, nun schrei doch nicht so!" Sie hatte sich selbst schon angewöhnt, recht laut mit ihrem Mann zu reden, weil seine Hörschwäche mittlerweile offenkundig war. Mitunter hatte sie deshalb den Eindruck, die Nachbarn würden schief gucken, weil sie womöglich dachten, es würde sich um laute Streitgespräche handeln.

Aus all diesen Gründen bedrängte sie ihren Anton täglich, endlich einmal zum Ohrenarzt zu gehen. Doch erst als Anton einmal beim Autofahren fast einen Unfall verschuldet hätte, weil er das Tatütata eines herannahenden Krankentransportes nicht gehört hatte, dem er hätte Platz machen müssen, ließ er sich schließlich überreden.

Ja, er brauchte ein Hörgerät. Ob es männliche Eitelkeit war oder die Tatsache, sich nicht die Mühe machen zu wollen, sich mit so einem Ding am Ohr zu beschäftigen, es dauerte dann wieder Wochen, bis er sich von Anita endlich auch noch zu einem Hörgeräte-Akustiker schleppen ließ. In der folgenden Zeit testete Anton dann verschiedene Hörgeräte. Oh ja, es war schon eine feine Sache, sich mit Anita noch einmal normal unterhalten zu können, auf der Straße herannahende Autos nicht nur zu sehen, sondern auch zu hören und sogar draußen im Garten dem Gesang der Vögel zu lauschen. Allerdings ging er fast in die Luft, wenn sein Messer durch das Fleisch hindurch auf dem Teller kratzende Geräusche von sich gab, wenn Anitas Fensterleder an der Scheibe quietschte, wenn beim Ausräumen der Spülmaschine das Besteck oder das Porzellan schepperte oder wenn er mit seinem Handwerkszeug klapperte.

Einmal hatte Anton es gewagt, mit dem Gerät im Ohr eine Veranstaltung im Gemeindehaus zu besuchen. Da hatte ihn die Geräuschkulisse jedoch derart genervt, dass er rasch wieder nach Hause geeilt war. Nach solchen unangenehmen Erfahrungen landete das Hörgerät dann immer wieder in seiner Verpackung. Und beim nächsten Besuch beim Fachberater wurde dann nochmal ein anderes Gerät getestet. Konnte Anton auch ab und zu einmal von Hörgenuss sprechen, so war es mit dem Hilfsmittel doch nicht gerade immer die hellste Freude.

„Ersatzteillager", sagte sein Freund Franz immer, wenn die beiden älteren Herren über diverse Hilfsmittel diskutierten. Franz hatte Probleme mit seinen dritten Zähnen, sah trotz Brille nicht sonderlich gut und nahm zum Spazierengehen einen Stock. Und dann machten sie ihre Späße über die altersbedingten Unzulänglichkeiten, obwohl ihnen beileibe nicht immer zum Spaßen war.

Erst als Anton sich nach längerem Probieren verschiedener Geräte für ein In-ear-Gerät (Im-Ohr) entschieden hatte, das optisch kaum auffiel, wagte er sich wieder unter die Menschheit. Er freute sich sogar darauf, nach längerer Zeit noch einmal mit Anita bei seinem Sohn und der Schwiegertochter zum sonntäglichen Mittagessen eingeladen worden zu sein. Und da Anton von jeher so ein klein wenig der Schalk im Nacken saß und er durchaus registriert hatte, dass die Mitglieder seiner Familie so einige Male heimlich über seine Unzulänglichkeit getuschelt, gelächelt oder gespöttelt hatten, hatte er Anita verdonnert, ja nichts von seinem neuen Hörgerät zu erzählen.

Geschickt platzierte sich Anton neben Anita und hielt sein Ohr immer so, dass niemand ihm von der Seite her direkt hineinschauen konnte. Enkel Tom war gerade erst aufgestanden und hatte noch nasse Haare vom Duschen, Tina servierte die Suppenteller und Kurt schenkte Wein ein, während Karin die Küchenschürze abband und am Esstisch Platz nahm.

„Na, Tina, wie war die Klassenfahrt nach Australien?" begann Anton.

„Oma, hast du ihm immer noch nicht beigebracht, dass wir in Italien waren?" sagte Tina und murmelte: „Oh Mann, der glaubt doch nicht wirklich, dass wir eine Klassenfahrt nach Australien machen!"

„Dein Opa macht einen Scherz. Klar weiß er, dass ihr in Italien wart. Und, wie war's? Deine Mama hat mir schon am Telefon erzählt, dass es euch gut gefallen hat."

„War toll, echt. Geile Einkaufsmeile haben die da. Allerdings reicht da mein Taschengeld nicht weit." Und dann hob sie die Stimme und sagte laut: „War schön Opa! Mailand, Stadt der Mode!"

„Was? Du hattest eine Episode? Mit wem, mit einem Italiener?"

„Mailand, Stadt der Mode", brüllte Tina, so dass es Anton schon fast weh tat im Ohr – mit dem Hörgerät. „Seht ihr, mit Opi kann man nicht mehr reden, ich geb's auf."

Anton löffelte seine Suppe und wandte sich an Tom:

„Na, Tom? Lange keine Eins mehr gehabt?"

„Nee, nur Zweier", sagte Tom sehr laut und flüsterte dann: „Opa braucht ja nicht zu wissen, dass ich in der letzten Arbeit eine Fünf hatte. Mama, hast du die unterschrieben?"

„Ja, mein lieber Sohn, ich hoffe, dass war die letzte. Du setzt dich jetzt mal wieder auf den Hosenboden und lernst."

„Was ist dir Ernst?" sprach Anton zu Karin. „Bist du sauer, dass Tom keine eins hat? Ach Karin, lass mal, der Tom macht das schon."

Die Unterhaltung plätscherte weiter während des Essens dahin. Karin servierte die Hauptspeise, Anton fand das Klappern der Teller sehr unangenehm und auch die immer wieder äußerst lauten Bemerkungen, die an ihn gerichtet wurden. Es fiel ihm auf, dass sie mit ihm redeten wie mit einem, der nicht alle Sinne beieinander hat. Trotzdem tat er weiterhin so, als würde er nur Bahnhof verstehen.

So kam es dann auch, dass zwischendurch immer wieder leise Bemerkungen über Antons Schwerhörigkeit gemacht wurden. Die Kinder kicherten, wenn Opa mal wieder etwas missverstanden hatte und Karin sagte zu Kurt: „Kurt, jetzt musst du aber mal mit Opa ein ernstes Wort reden. Er muss sich endlich mal um ein Hörgerät kümmern."

„Oma, wie hältst du das nur aus? Der checkt ja gar nichts mehr!" bemerkte Tom.

„Die Oma ist bestimmt froh, dann kann sie endlich ihre komische SWR 4 Musik hören, weil Opa jetzt sicher nicht mehr schimpft, weil er nichts hört, hahaha."

„Tja genau", meinte Karin belustigt, „Oma, jetzt kannst du mit Tante Berta locker über eure Männer lästern, wenn er dabei ist. Nicht nur, wenn Opa zu seinem Skatabend geht."

Beim Nachtisch hob Kurt die Stimme und machte einen Anlauf: „Papa, wäre es nicht schön, wenn du nochmal ganz normal am Gespräch teilnehmen könntest?" Sehr laut und mit Gesten beschwor er ihn: „Papa, du brauchst ein Hörgerät, Hör-ge-rät!!!"

Opa Anton lächelte: „Ich habe eines."

„Und warum ziehst du es nicht an?" fragten alle durcheinander.

„Ich habe es an!" Fragende Blicke.

„Seht ihr, ich wollte euch mal testen. Ihr redet mit mir wie mit einem Vollidioten. Ich bin nicht blöd, ich höre nur schlecht. Das heißt, ich höre jetzt wieder alles. Also, ihr braucht weder zu schreien noch so zu tun, als hätte ich nicht alle Tassen im Schrank. So, und nun macht ihr mal alle selbst einen Test."

Anton zog ein paar Packungen Weichgummi-Ohrstöpsel aus der Tasche. „Hier, nun steckt euch die mal alle in die Ohren und dann unterhalten wir uns."

„Ich weiß wie das ist", sagte Tina, „ich nehme so etwas, wenn ich in der Disco bin. Sonst rauscht es mir nachher immer so in den Ohren."

„Sehr vernünftig Kind. Bei der Lautstärke heutzutage bekommt ihr irgendwann mal einen Hörsturz und werdet schwerhörig."

„Aber Opa, du bist auch schwerhörig – und du warst früher nicht in der Disco."

„Doch, ich war auch schon in der Disco, ganz am Anfang, als es die gab. Aber damals war es da drin noch nicht sooo laut."

Um Opa einen Gefallen zu tun, fummelten sich tatsächlich alle die Gummidinger in die Ohren und sprachen plötzlich alle furchtbar laut.

„Ach Kurt, hol doch mal das Dessert", bat Karin, derweil sie Desserttellerchen austeilte.

„Wer hat ein Gewehr?" fragte er zurück.

„Dessert – Küche – holen!"

„Was? Sprüche – Polen?"

Anton lachte. Die Lautstärke der Gespräche empfand er ziemlich unangenehm, aber jetzt konnten endlich einmal alle nachvollziehen, wie das war, wenn man so schlecht hörte.

„Opa", sagte Tom und zog sich die Stöpsel aus den Ohren „das ist echt Scheiße, wenn man nichts hören kann."

„Wem sagst du das?" gab Anton zur Antwort „und denkt daran: wer nicht gut hört, nicht gut sieht oder sonst irgendwie nicht der Norm entspricht, ist noch lange nicht blöd!"

Anita schmunzelte. Das war endlich wieder ihr Anton. Der kluge Mann, der genau wusste, wie man jungen Leuten etwas vermittelte.

Deko

In Lianes Haus war nicht nur immer alles topsauber und gepflegt, es gab auch zu jeder Jahreszeit überall die passende und auch die modernste Deko. Sobald in den Supermarktregalen das erste Weihnachtszeug auslag, bekanntlich sehr frühzeitig, also schon im September, sortierte Liane ihren Bestand an adventlicher Dekoration und suchte unverzüglich entsprechende Läden auf, um ja nicht den neuesten Trend zu verpassen. Und dann standen und hingen Pausbacken-Engel, Elche, Nikoläuse und sonstige Figuren herum. Kerzenständer mit Kerzen, selbstverständlich farblich passend zu dem jeweiligen drapierten Tüll oder Deckchen, mit Glitter besprühte Weihnachtssterne – nicht im einfachen Übertopf – nein, wenn schon gewöhnliche Weihnachtssterne, dann wenigstens in vier- oder achteckigen Steinkästen oder runden, silberglänzenden Töpfen. Draußen im Vorgarten leuchteten spätestens zur Adventszeit die Sterne als Bodenstecker und als Ersatz für die sommerlichen Blumenkästen gab es Girlanden aus künstlichen Tannen. Nicht die, die so kitschig aussehen. Nein, alles total edel.

Vor Ostern war es ähnlich. Hasen bevölkerten Haus und Eingangsbereich. Eier in sämtlichen Ausführungen und Verzierungen.

Keine echten selbstverständlich. Große Eier aus Steingut, Terrakotta oder Holz, kleine Eier aus Plastik oder weichen Bastelmaterialien. Dazu Primeln, Osterglocken und Tulpen in trendigen Behältern. An den Fensterscheiben baumelten bunte Filzblumen. Sobald Ostern vorbei war, wurden diese Sachen unverzüglich wieder weggeräumt und Liane stellte sich um auf Sommer. Urlaubsfeeling war angesagt. Und natürlich Blumendekoration im Außenbereich.

Bei Liane, der Städterin, der es gar nicht leicht gefallen war, aufs Land zu ziehen, war das nicht so wie bei anderen Leuten, die einfach aus der nächstbesten Gärtnerei Geranien und Blumenerde kauften. Sie fuhr zu einem großen Händler mit riesiger Auswahl und Showroom (Ausstellungsraum). Stundenlang schlenderte sie dort herum und überlegte, wie sie ihre Blumenkästen in dem Jahr möglichst dekorativ zusammenstellte und wie die neuesten farblichen Trends und Formen für Blumenkästen waren. Wenn sie nun schon Haus und Garten besaß und nicht nur eine kleine Mietwohnung mit einem winzigen Balkon, dann sollte auch alles schön aussehen.

Deko gab es auf dem Tisch zum sonntäglichen Essen in Form von farblich abgestimmten Tischdecken, Querbändern, Servietten und Kerzen, alles passend zum Service. Deko gab es im Schlafzimmer, im Flur, in der Gäste-Toilette, im Wohnzimmer, überall.

Lianes Ehemann Ingo fand das ganze Getue total überflüssig. Er machte sich lustig darüber, wenn sich ein großer Deko-Hase bei einer Reinigungsaktion das Genick brach und er hatte auch kein Verständnis dafür, dass auf dem Wohnzimmertisch eine Schale mit Blumengesteck und Osterzeugs so viel Platz beanspruchte, dass er selbst keinen Platz mehr hatte, dort seine Zeitung auszubreiten, geschweige denn seine Füße darauf auszustrecken, wenn er auf dem Sofa saß.

Und so gab es nicht nur hin und wieder Streit darüber, dass Liane für das ganze Zeug so viel Geld ausgab. Das Ehepaar stritt, weil Ingo sowohl auf dem Esstisch als auch auf dem Wohnzimmertisch in Lianes Augen ‚Unordnung' verbreitete. Ingo bezeichnete es als normales

Wohnen, wenn er im gemütlichen Wohnzimmer seiner Lieblings-Freizeitbeschäftigung, dem Puzzeln, nachging, wenn er auf dem Esstisch seinen Laptop benutzte oder Listen aus der Firma bearbeitete. Er hatte kein Verständnis dafür, dass sich Hühner, Hasen, Moos und Blümchen mitten auf dem Esstisch breitmachten und dass Deko-Tüll-Bänder genauso dort bleiben mussten, wie Liane sie kunstvoll dorthin drapiert hatte.

Nicht einmal mehr Platz genug für Schüsseln, Teller und Gläser blieb, wenn die beiden dort aßen. Als Ingo irgendwann sein Sprudelglas zu dicht an das hübsche Deko-Nest gestellt hatte und ihm beim Einschenken aus der Plastikflasche das Missgeschick passierte, das Glas umzuwerfen, wurde Liane fuchsteufelswild. „IIIhhh, mein schönes Gesteck, alles pitschnass! Ingo, du Trottel! Wie kannst du nur so ungeschickt sein? Jetzt kann ich alles wegschmeißen! Oh nee, meine schööööne Deeeko! Jetzt muss ich alles neu kaufen. Weißt du, was das gekostet hat?"

Als Trottel ließ sich Ingo nun gar nicht gerne beschimpfen. Lange genug hatte er dem Treiben seiner Ehefrau zugesehen, aber in diesem Moment, in dem sich Lianes bunte Zellstoff-Eier samt Unterlage in matschige unförmige Dinger verwandelten, kam all sein Ärger hoch:

„Verdammt noch mal, jetzt hab ich es aber satt. Jetzt schmeiß ich den ganzen Krempel in den Mülleimer!" Er schlug mit der Faust auf den Tisch und Liane machte große Augen, weil sie ihren Ingo so gar nicht kannte und selten so wütend gesehen hatte.

„Ein Esstisch ist zum Essen da und nicht für Deeekooo! Dann wäre es ein Deko-Tisch! Und ein Wohnzimmertisch ist zum Wohnen und nicht, damit er voll Gerümpel steht und man nichts mehr drauflegen kann. Und deine tolle Obstschale, aus der man sich nicht einmal einen Apfel rausholen darf, weil sonst die schöne Anordnung durcheinander kommt, die kannst du dir sonst wo hinstellen. Wofür kauft man denn Obst, wenn nicht zum Essen? He? Andere Leute wären froh, wenn sie was zum Essen hätten und bei uns steht überall Deeekooo!" Ingo redete sich in Rage.

„Überhaupt: leben wir hier in einem Wohnhaus oder in einem Deko-Haus? Das ganze Kitsch-Zeug geht mir so etwas von auf den Keks. Für dich dreht sich doch nur noch alles um Deko! Wahrscheinlich bin ich auch nur Deko für dich. Sonst würdest du nicht so peinlich darauf achten, was ich anziehe, wenn du mit mir ausgehst. Deko, Deko, ich kann es nicht mehr sehen. Wenn das so weitergeht, dann hast du eine Deko weniger, dann ziehe ich aus."

Sprach es, packte das ganze nasse Nest vom Esstisch und versenkte es draußen im großen Mülleimer.

Zwei Tage herrschte danach absolute Ruhe im Haus. Niemand sprach etwas. Liane war zutiefst beleidigt und Ingo war froh, endlich einmal Klartext geredet zu haben. Abends legten sie sich ins Bett, ohne Gute-Nacht-Küsschen und ohne auch nur dem anderen einen Blick zuzuwerfen. Liane dachte nicht daran, die zwei dicken Wollhühner, die kuscheligen Schäfchen mit der grünen Wollweide darunter sowie die riesigen frühlingshaften Leinwandbilder an der Wand zu entfernen, nur weil Ingo plötzlich zu einem Deko-Gegner avanciert war. Sie blieb stur. Ok, wenn sie abends im Bett lag und nachdachte, musste sie zugeben, dass bei ihr das Thema Dekoration wirklich ein wenig zur Sucht geworden war. So wie andere immer mehr rauchten, tranken, am Computer spielten, vor dem Fernseher saßen oder verreisten, so war es ihr ein immer größeres Bedürfnis geworden, ihr Haus und ihren Garten mit allen möglichen Dingen zu verzieren. Aber nachgeben? Nur weil Ingo das nicht so toll fand wie sie? Nie im Leben.

Ausgerechnet in dieser Woche, in der das Ehepaar Tage nach der Eskalation immer noch nur das Nötigste miteinander sprach, machte Liane einen Ausflug mit der Frauengemeinschaft. Und genau an diesem Tag war Sperrmüllabfuhr. Am Abend davor hatte Ingo ein paar Sachen vom Speicher geräumt und vor das Haus gestellt und Liane hatte die langsam an ihrem Haus vorbeifahrenden Autos registriert, aber da sie immer noch nicht mit Ingo sprach...

Als Liane abends von ihrem Ausflug zurückkam, stellte sie fest, dass nicht nur der Müll vor den Häusern verschwunden war, sondern auch ihr Blechtiergeschwader, die bunten Kugeln aus dem Blumenbeet und sämtliche Terrakotta-Tiere, die zwischen den Stauden in regelmäßigen Abständen platziert gewesen waren. Wutentbrannt betrat Liane das Haus und ließ sofort eine Tirade an Schimpfworten los:

„Du engstirniger blöder Eifeler! Du Ignorant, du Ekel, du... Anti-Ästhet! Wie kannst du mir das nur antun?"

Ingo saß im Wohnzimmer auf dem Sofa, zwei Zeitschriften lagen ausgebreitet auf dem Tisch, die Deko in eine Ecke auf dem Fußboden verbannt, und machte ein total unschuldiges Gesicht. „Was ist los?"

„Du weißt genau, was los ist. Wo sind meine Edelstahl-Ameisen, mein Storch, meine Vögel, meine Terrakotta-Igel, meine Kugeln? Was hast du damit gemacht, nun sag schon?"

„Keine Ahnung. Wieso, sind sie nicht mehr da?"

„Nun tu nicht so!"

„Ich habe wirklich keine Ahnung. War ja heute Sperrmüll. Vielleicht hat..."

„Du warst das! Gib es doch zu! Als ob die Sperrmüll-Leute... Du Spießer, Scheißkerl, du..."

Liane, die immer noch glaubte, weil sie aus der Stadt käme, müsse sie ein wenig verächtlich auf die Landbevölkerung herab blicken, ließ sich auf das unterste Niveau herunter und betitelte ihren Ehemann mit sehr beleidigenden Ausdrücken. Der Streit um die Deko weitete sich zu einem handfesten Ehekrach aus und am nächsten Tag packte Ingo seinen Koffer, setzte sich in sein Auto und fuhr davon. Ohne ein Wort.

Es dauerte Wochen, bis sich in den Köpfen der beiden Eheleute eine Art Erkenntnis breitmachte. Ingo stellte fest, dass es für einen Vierzigjährigen einfach nicht mehr gut war, im Haus seiner Eltern zu wohnen und dass Lianes Kochkünste gar nicht so schlecht waren. Dass er längst einmal mit Liane ein ernstes Wörtchen hätte sprechen müssen wegen deren Deko-Fimmel und dass es, wenn sie schon keine Kinder hatten und somit kein Spielzeug herumlag, ja eigentlich auch gar nicht sooo schlimm war, wenn überall Hühner, Hasen und sonstige Viecher herumstanden.

Liane erfuhr zum ersten Mal, wie fürchterlich einsam sie plötzlich war ohne ihren Ingo. Sie hatte niemanden, der den Müll raustrug, den Rasen mähte, die Beete in Ordnung hielt, den Bürgersteig fegte, Online-Überweisungen und Behördenkram erledigte. Niemanden, dem sie morgens erzählen konnte, wenn sie Kopfschmerzen hatte, mit dem sie über die neuesten politischen Strömungen diskutieren, das von ihr liebevoll gekochte Essen genießen, über die Nachbarn lästern oder einfach nur ein Gespräch führen konnte. Und sie kam zu der Erkenntnis, dass ihre Deko-Gelüste vielleicht wirklich ein wenig übertrieben waren und dass ein kleines Gesteck auf dem Esstisch vielleicht auch genügen würde.

Es dauerte noch einmal eine Woche, bis Liane sich entschloss, ihrem verstockten Ehemann eine SMS zu schicken und weitere drei Tage, bis sich Ingo entschloss, zurückzukommen.

Man versöhnte sich im Schlafzimmer unter den Blicken zweier Woll-Hühner, die von Lianes Nachttisch her wohlwollend ihre Schnäbel in ihre Richtung streckten, während die Schafe von Ingos Nachttisch verschwunden waren. Fortan versuchte Liane, ihren Deko-Wahn nicht mehr ganz so excessiv auszuüben und Ingo gab sich alle Mühe, sich über solche Unwichtigkeiten nicht mehr zu ärgern. Kompromisse, ohne die eine Ehe einfach nicht funktioniert.

Berta und Hermann

Berta kam vom Einkaufen. Dieses Mal alleine. Hermann schleppte freiwillig die vollen Taschen vom Kofferraum des Autos bis in die Küche. Doch dann musste Berta die ganzen Sachen zum wiederholten Male anfassen und dahin verstauen, wo sie hingehörten.

„Du warst aber lange weg", sagte Hermann. Sein Magen brummte und er schielte gierig nach den Streuselteilchen, die Berta gerade auspackte. Seit dem Mittagessen waren bereits ein paar Stunden vergangen und Hermann liebte es, zur Kaffeestunde mit heißem Getränk und etwas Süßem verwöhnt zu werden.

„Ja, du weißt ja, wie das ist. Erst habe ich die Anneliese getroffen. Die hat mir mal wieder von ihren sämtlichen Krankheiten erzählt und nachher ist mir noch die Helga über den Weg gelaufen. Die kennst du doch, die hat bis letzten Oktober noch beim Doktor Schmitt gearbeitet, da war die bestimmt zehn Jahre. Der ihr Mann ist doch mit deinem Freund Franz verwandt. Weißt du, wen ich meine?"

„Ja sicher. Ich habe Hunger."

„Dann mach doch schon mal die Kaffeemaschine an. Ich räume noch eben aus."

„Oooch, ich kann das nicht."

„Natürlich kannst du das! Also muss man denn hier alles alleine machen?"

Berta beschwerte sich oft über Hermann, doch selbst hatte sie die klassische Frauenrolle auch nie abgelegt. Die Küche war ihr Bereich. Und selbst wenn Hermann wirklich einmal Anstalten gemacht hätte, dort herum zu werkeln, hätte sie ihn bestimmt nicht aus den Augen gelassen. Und gemeckert hätte sie vermutlich auch. Also füllte sie nun doch rasch die Kaffeemaschine und wies Hermann an, wenigstens schon mal den Tisch zu decken. Da konnte er ja nicht viel falsch machen.

„Guck mal, ich habe Streuselteilchen mitgebracht, von unserem Lieblings-Bäcker, die schmecken besonders gut."

Das brauchte sie Hermann gar nicht erst zu sagen. Er biss schon hinein, bevor der Kaffee auf dem Tisch stand.

„Man könnte grad glauben, du bekämst hier nichts zu essen", scherzte Berta, während sie es sich am Esstisch gemütlich machte und Hermann bereits mampfte.

„Das ist ja fast so, wie die Helga mir eben etwas erzählt hat." Berta nahm erst einmal einen Schluck Kaffee und grinste. „Oh, das muss ich dir erzählen! Der Helga ihr Felix, also das ist ja mal einer! Stell dir vor, was der kürzlich gemacht hat! Also die Helga, die hat sich so geschämt! Die Nachbarn von denen haben gegrillt. Und während draußen auf dem Grill das Fleisch so vor sich hin brutzelte und die Nachbarn noch im Haus zu tun hatten, ist der Duft dem Felix wohl so in die Nase gezogen, dass er sich nicht mehr beherrschen konnte. Stieg über den Zaun, schlich sich heimlich an und klaute sich einen Schwenkbraten vom Grill. Stell dir das mal vor! Die Helga hat das erst gemerkt, als er damit ankam. Aber da konnte sie den Schwenkbraten ja nicht mehr zurückbringen. Oh, war ihr das peinlich!"

„Das riecht aber auch oft dermaßen gut, wenn bei den Nachbarn gegrillt wird. Da liegt mir manchmal auch auf der Zunge, zu fragen, ob sie noch jemanden brauchen!" Momentan war Hermann mit seinem zweiten Teilchen beschäftigt. Aber wenn er samstags Rasen mähte und die Grillgerüche von den Nachbargrundstücken ihm in die Nase zogen, dann hatte er auch schon oft Gelüste bekommen. Aber einfach ohne zu fragen? Nee, das war echt krass.

Berta dachte nach: „Der muss ja ziemlich verfressen sein, weil ... ich kann mir nicht vorstellen, dass die Helga den schlecht verpflegt."

Sie goss sich noch eine Tasse Kaffee ein. „Und weißt du, was der noch gemacht hat? Also das ist mal einer, sag ich dir. Vor zwei Wochen hat die Helga einen fremden BH in ihrem Haus gefunden. Stell dir mal vor! Sie vermutet, dass der Felix den irgendwo von der Wäscheleine geklaut hat."

„Nee, im Ernst?" nuschelte Hermann, „Von der Wäscheleine? Na, das könnte aber auch ganz anders sein."

„Und neuerdings kommt er auch oft erst spät in der Nacht nach Hause, so dass die Helga sich echt Sorgen um ihn macht. Also ich denke, den plagen die Hormone."

„Krass! Und so etwas erzählt die dir?" Hermann fielen fast die Krümel aus dem Mund. Da musste er aber unbedingt mal mit Franz drüber sprechen. Ob der davon wusste?

„Das ist noch nicht alles. Der macht echt verrückte Sachen. Neuerdings angelt der Felix sogar die Fische aus ihrem Gartenteich. Einfach nur so zum Spaß. Also der ist vielleicht mal bekloppt, was?"

Hermann dachte gerade intensiv darüber nach, in welchem verwandtschaftlichen Verhältnis sein Freund Franz zu diesem Flegel stand und dass der dringend mal ein Wörtchen mit dem reden müsse. Dann fiel ihm ein, dass Franz vor gar nicht so langer Zeit noch irgendetwas von Helga und ihrem ..., er zögerte.

„Sag mal Berta, heißt der Helga ihr Mann nicht Peter?"

„Ja, warum?"

„Und wieso erzählst du die ganze Zeit von einem Felix? Hat die denn einen Neuen?"

Berta lachte. Sie verschluckte sich am Kaffee und hörte gar nicht mehr auf zu lachen.

„Oh Hermann! Jetzt wollte ich dir gerade noch erzählen, dass er regelmäßig gegen die Haustür der Nachbarn pinkelt. Hahaha, der Felix...hahaha.. ist doch ihr Kater!"

Die Busreise

Der ziemlich mitgliederschwache Brauchtums- und Kulturverein feierte ein ziemlich kleines Jubiläum. Dies nahm man im Vorstand zum Anlass, eine ziemlich interessante Busreise anzubieten mit dem kleinen Hintergedanken, dadurch eventuell ein paar neue Mitglieder anwerben zu können. Alle Bürger des Ortes wurden eingeladen zu einer kulturellen und geselligen Reise an Rhein und Ahr.

Zuerst wollte man in Andernach den weltweit höchsten Kaltwasser-Geysir anschauen, danach das Arp-Museum Rolandseck besuchen und zum Abschluss eine Rotweinprobe an der Ahr machen. Sozusagen für jeden Geschmack etwas. Natur, Kultur, Genuss. Und siehe da, als es sich rundgesprochen hatte, waren die Busplätze ruckzuck belegt. So ein kleiner geselliger Ausflug kam immer gut an.

Dieter, der Vorsitzende des Vereins, war zufrieden. Er hatte zuvor zusammen mit seiner Frau und der zweiten Vorsitzenden, der äußerst kulturbeflissenen ehemaligen Lehrerin Isidora, das Programm geplant. Sie waren die Strecke abgefahren, hatten Restaurants für Mittag- und Abendessen ausfindig gemacht und einen Winzer gesucht, in dessen Weinkeller man eine gemütliche Rotweinprobe machen konnte.

Am frühen Morgen des Ausflugtages standen die ersten Mitreisenden bereits eine halbe Stunde vor Abreise an der Bushaltestelle. Schließlich wollten sie die besten Plätze im Bus ergattern. Deshalb rückten sie auch nicht von der Stelle, als die weiteren Ausflügler anrückten. Als der Bus vorfuhr, gab es Gedränge.

„Ich war zuerst hier. Ich warte jetzt schon zwanzig Minuten. Hinten wird mir schlecht, ich muss vorne sitzen", verteidigte Isidora ihren vordersten Sitz. „Und neben mich kommt Luzia, der halte ich den Platz frei. – Nein, tut mir leid, hier ist besetzt."

Auf der anderen Seite ganz vorne hatte Dieter vorsichtshalber rasch einen Zettel mit der Aufschrift ‚Für die Reiseleitung' hingelegt. Trotzdem hatte sich die dicke Franziska mit ihrem äußerst ausladenden Hinterteil darauf fallenlassen und nahm gut und gerne anderthalb Sitze ein.

„Das geht nicht", rief Dieter ihr von draußen zwischen den sich in den Bus drängelnden Leuten zu. „Da sitzt die Reiseleitung!"

„Da sitze ich!" kam als Antwort. Sie hatte auch keine Chance, in diesem Moment ihren Platz zu wechseln, denn im Bus stauten sich die Platzsuchenden, weil alle, die bereits ihren Platz gefunden hatten, erst einmal ihre Jacken ausziehen und sie auf der Gepäckablage verstauen mussten.

„Wie im Flugzeug", ärgerte sich Brunhilde, „können die Leute sich nicht erst mal hinsetzen und warten, bis alle drin sind?"

Da sämtliche Plätze im Bus ausgebucht waren, wurde es schwierig, die dicke Franziska noch irgendwo anders unterzubringen. Also erbarmte Dieters Frau Helene sich ihrer und setzte sich mit einer Pobacke auf das Stückchen freien Platz neben ihr, während Dieter sich den Beifahrersitz neben dem Busfahrer ausklappte und darauf Platz nahm. Nach einer kurzen Begrüßung konnte es losgehen.

Dieter hatte durch das Mikro kaum das Programm ausführlich erklärt und darauf hingewiesen, dass es vorne im Kühlfach Sprudel, Cola, Sekt und Bier gäbe, da stürzten auch schon die ersten Durstigen nach vorne. So eine Reise musste erst einmal begossen werden.

Weiter hinten zog Bettina genau aus diesem Grunde eine Flasche Sekt aus ihrer Tasche sowie eine Anzahl von Papp-Bechern, mit denen sie ihre Freundinnen und Freunde rundum beglückte. Im gleichen Augenblick jedoch, als sie die Flasche entkorkte, fuhr der Bus durch ein Schlagloch. Der Korken knallte gegen die Decke und hatte beim Zurückprall noch genug Geschwindigkeit, um Peter die Brille von der Nase zu reißen. Der stieß einen Schmerzensschrei aus, während Bettina ebenfalls aufschrie, weil der Sekt schneller aus der Flasche herauswollte, als geplant und sich der ganze Schaum über ihre Hose ergoss. Das fing ja schon gut an.

Die Häppchen, die Brunhilde als zweites Frühstück dabei hatte, blieben ihr fast im Hals stecken, weil sich zwischen Peter und Bettina ein aufgebrachter Dialog entwickelte.

„Die Brille ist ganz schief. Ich sehe nichts mehr. Muss man denn unbedingt im Bus eine Flasche Sekt aufmachen? Zu geizig, um beim Busfahrer ein Piccolo zu kaufen, was? Jedenfalls kannst du die Brille deiner Versicherung melden, jetzt brauch ich bestimmt ein neues Gestell."

„Nun mach mal halblang. Wenn die ein bisschen verbogen ist, dann kann man das doch richten. Soll ich's mal versuchen?"

„Wag es ja nicht. Dann bricht sie noch ganz durch, dann seh' ich gar nichts mehr."

„Ich denke, du siehst schon nichts."

Eine Gruppe vom Musikverein, von denen die meisten nur deshalb mitgefahren waren, weil der Vorsitzende der Meinung war, die Vereine müssten sich bei derartigen Veranstaltungen gegenseitig unterstützen, hatte sich gleich eine ganze Kiste Bier mitgebracht. Die diente Hans als Fußbänkchen. Er war es auch, der nun erst einmal allen männlichen und einigen weiblichen Vereinsmitgliedern eine Flasche rüberreichte. Wenn schon Brauchtumsverein, dann musste man das Brauchtum auch pflegen. Auf Vereinsausflügen war das nun mal so.

Ganz vorne nestelte die dicke Franziska in ihrer Handtasche herum. Schließlich zog sie ein kleines Probierfläschchen heraus und tupfte sich den Inhalt hinter die Ohrläppchen und an die Pulsadern. „Hab ich im Drogeriemarkt als Pröbchen bekommen. Hatte ich fast vergessen, aber man will ja gut riechen, wenn man auf Tour geht. So oft fahre ich ja nicht weg."

Helene, die nach und nach versuchte, mehr als eine Pobacke auf den Sitz zu bekommen, rümpfte die Nase. Auch Isidora und Luzia auf den gegenüberliegenden vorderen Plätzen schnüffelten. „Was stinkt denn plötzlich hier so?" fragte Luzia.

„Ihh", flüsterten auch die in den zweiten Reihen. „Was stinkt denn hier so?"

„Emm", stupste Helene ihre dicke Nachbarin an, „kann ich mal sehen? Das Pröbchen? Riecht nicht wirklich toll!"

Franziska brach der Schweiß aus. Nein, es roch wirklich nicht toll, das merkte sie selbst. Wieder nestelte sie in ihrer Tasche herum, fand schließlich das Fläschchen und stellte fest, dass es sich um Bittermandelaroma handelte. Ach je, hatte sie in der Eile in ihrem Küchenschrank gewühlt, die Brille nicht angehabt oder was auch immer. Sie schämte sich so.

Helene musste grinsen. Franziska war bekannt dafür, dass sie schusselig war und wenn es nicht so fürchterlich gestunken hätte, dann wäre es ein richtig guter Witz gewesen.

Helene als Mitorganisatorin brachte Speisekarten in Umlauf, aus denen sich die Busgäste ihr späteres Mittagessen aussuchen sollten. So ersparte man sich lange Wartezeiten in dem vorgesehenen Restaurant, denn man konnte vorab telefonisch bestellen. Vermutlich hätte sie für jeden Sitz eine Karte kopieren müssen, denn viele brauchten ewig lange, bis sie endlich wussten, ob sie denn nun ein Jäger-, ein Zigeuneroder ein Wiener Schnitzel essen wollten oder etwa ein Rumpsteak oder Fisch. Helene war froh, ihrem Ein-Pobacken-Sitz entkommen zu sein und stand gerne mal eine Zeitlang im Mittelgang herum. Am Ende stimmte ihre Liste jedoch nicht mit der Anzahl der Businsassen überein, also musste sie alle noch einmal befragen, ehe sie zum Handy griff und die Bestellung aufgab.

Im hinteren Teil des Busses steckte sich Kettenraucher Hans ungeniert eine Zigarette an. Sofort gifteten sämtliche Insassen rundum: „He, hier wird aber nicht geraucht. Ausmachen. Sofort!" Nur Beate, ebenfalls starke Raucherin, sah sich durch Hans' Initiative veranlasst, ebenso ihre Zigarettenpackung herauszukramen. Die Proteste wurden lauter und sofort eilte jemand nach ganz vorne, damit der Vorsitzende oder der Busfahrer ein Machtwort spräche. Das taten dann auch beide und untersagten strikt das Rauchen im Bus.

„Wenn ich das gewusst hätte, wäre ich nicht mitgefahren", murrte Hans und paffte munter weiter, bis eine resolute ältere Dame sich den Glimmstängel griff und rasch im Aschenbecher versenkte.

Daraufhin eröffnete Hans den lauten Ruf: „Pause! Ich muss mal, können wir mal anhalten?"

Weitere Raucher stimmten mit ein. „Pinkelpause!"

Normalerweise hätte sich Isidora von den Proleten mit solch drastischer Ausdrucksweise distanziert, aber ... eine Zigarette hätte der sonst eher mäßigen Raucherin jetzt auch ganz gut getan. Ihr war schon ganz schlecht von dem Bittermandelgeruch.

Kurz vor Koblenz wurde also angehalten. „Nur ganz kurz", sagte Dieter durch das Mikro, „der Geysir spuckt alle zwei Stunden und das Schiff, das uns dahin bringt, legt um 11.15 Uhr ab, also beeilt euch!"

Keiner der Raucher suchte eine Örtlichkeit auf, dafür aber pafften sie um die Wette. Auch Isidora inhalierte. Franziska machte sich auf die Suche nach einer Waschmöglichkeit und auch Bettina reinigte ihre Hose notdürftig und streckte ihre Beine dann unter den Händetrockner. Bis alle ihre Plätze wieder eingenommen hatten, waren rasch 20 Minuten vergangen.

Kurz vor Weißenturm gab es auf der Bundesstraße 9 einen kleinen Auffahrunfall. Sofort bildete sich ein Stau und der Bus musste warten.

„Ist gerade erst passiert", sagte der Busfahrer und Dieter ärgerte sich. „Hätten wir nicht den ungeplanten Zwischenstopp eingelegt, dann wären wir hier längst durch."

Als sie schließlich beim Erlebniszentrum in Andernach ankamen, sahen sie von weitem, wie das Schiff bereits ablegte, das die Besucher jeweils zum Geysir-Ausbruch auf die Halbinsel bringt. Ein Raunen ging durch die Bus. „Oooohhh."

„Das fängt ja gut an", sagte Dieter zu seiner Frau, die enttäuscht ihren Fotoapparat wieder wegsteckte. „Ich bin nur wegen dem Geysir mitgefahren", ärgerte sich Bettina „und jetzt... das bist du schuld", wandte sie sich an Hans. Andere hieben in die gleiche Kerbe. Die Stimmung im Bus schlug ganz schnell um. Auch wenn Dieter die Businsassen mit dem Besuch des Ausstellungszentrums tröstete, in dem es eine Menge zu entdecken gab, waren die meisten Leute mürrisch, weil sie die Hauptattraktion nun verpasst hatten.

„Dann hätten wir halt früher abfahren müssen", sagten einige, „Schuld daran ist der Hans mit seiner blöden Zigarettensucht", andere. Fortan wurde Hans geächtet und auch die anderen Pinkelpausen-Rufer bekamen ihr Fett ab, bevor man sich im Besucherzentrum über alles Wissenswerte rund um den Vulkanismus informierte, Modelle von Geysiren anschaute und im Blubberraum entspannte.

Die Reiseleitung beschloss dann, das anvisierte Restaurant nun eben etwas früher anzufahren, denn auf einen späteren Geysir-Termin konnte man nicht warten.

Als der Bus abfahren sollte, blieb ein Platz frei. Der von Franziska. Helene hätte sich ja freuen können, aber ... man musste sie suchen. Dieter fand sie nach zehnminütiger intensiver Suche auf einem Kuschelsack liegend in dem sogenannten Blasenrauschraum, in dem sie anscheinend durch das sanfte Blubbern in sanfte Träume verfallen war. Sie schnarchte.

Es war ein gutes Stück Arbeit, die schwerfällige Franziska wieder in den Bus zu verfrachten und kurze Zeit später wieder hinaus und ins Restaurant. Immer noch einen leichten Bittermandelgeruch hinter sich herziehend, schleppte sie sich halbwach dahin. „Ich habe doch heute Nacht so schlecht geschlafen", entschuldigte sie sich „ich war doch so aufgeregt."

Im Restaurant kam es dann erst einmal zu dem bei solchen Gelegenheiten üblichen Taktieren, wer bei wem am Tisch sitzen soll. Getränke wurden bestellt und dann wurden die ersten Essen serviert.

Hier ergab sich das übliche Großgruppen-Problem. Die Kellnerin kam, drei Teller in der Hand „Zigeunerschnitzel, wer hat Zigeunerschnitzel bestellt???" Ein paar aufzeigende Finger, rege Unterhaltungen an allen Tischen, einige abwesende Klobesucher. Eine aufgeregte Helene, die auf ihren Zettel schaute, aber leider auf der Strichliste keine Namen notiert hatte. „Hallo! Wer hat denn Rumpsteak bestellt?" Zwei Hände gingen nach oben. „Waren aber drei bestellt, wer hat noch ein Rumpsteak bestellt?" So ging es eine Zeitlang und natürlich hatte irgendjemand beim falschen Essen aufgezeigt, so dass die letzten das nehmen mussten, was übrig blieb und darüber ziemlich sauer waren.

Der Besuch des Arp-Museums war für einige Kunstinteressierte der absolute Hochgenuss, für andere ein eher zu vernachlässigender Punkt der Reise. Isidora und Luzia waren ganz klar diejenigen, die am meisten Ahnung hatten von Kunst. Das zeigten sie generell, indem sie sich bei allen Führungen stets in die vorderste Reihe drängten und der Führerin oder dem Führer Fragen stellten. Solche Fragen selbstverständlich, die bei Umstehenden unbedingt den Eindruck erweckten, dass die Damen äußerst hoch gebildet und kompetent waren. Ob es bei Stadtführungen, in Kirchen, Schlössern oder sonst wo war, Isidora und Luzia standen immer in der vordersten Reihe. Das nervte, und nicht wenige Leute aus dem Dorf fanden sie ganz schön hochnäsig und angeberisch.

„Guck mal", flüsterte Bettina ihrer Freundin ins Ohr „wie die sich wieder mal vordrängeln. Und um eine so scheußliche Skulptur machen die so einen Aufstand!"

„Also ehrlich, was manche Leute so unter Kunst verstehen ...", flüsterte die Angesprochene zurück.

Hans und einige seiner Raucherfreunde waren erst gar nicht mit hineingegangen in das Ausstellungsgebäude. „Für so en Zeug zu gucken gebe ich kein Geld aus", hatte Hans posaunt. Sie waren wegen der Geselligkeit mitgefahren und wegen der Weinprobe. Dass einige

Leute unbedingt die Kunstexperten raushängen lassen mussten, dafür ging ihnen das Verständnis ab.

Franziska watschelte der Führung hinterher. Für sie war es das erste Mal, dass sie ein derartiges Kunstmuseum besuchte und während Isidora grübelte, was ihr der Künstler mit seiner Plastik sagen wollte, stellte Franziska ungeniert fest: „Wer hat die denn kaputtgemacht, die hat ja den Kopf ab." Helene und Dieter passten auf, dass keiner verloren ging und niemand etwas anfasste und achteten besonders darauf, dass Franziska sich nicht an irgendwelchen Kunstwerken vergriff. Wer aber letztendlich über ein Exponat stolperte und der Länge nach darüber fiel, war nicht Franziska, sondern die kunstbeflissene Isidora. Mit der Nase immer voran hatte sie übersehen, dass ein besonderes Stück mitten im Raum platziert worden war. Die wertvolle Plastik hatte es überstanden, nur Isidoras Handgelenk hing etwas schlaff herab, als man sie wieder auf die Beine gestellt hatte. Und ihr Gesicht war noch viel blasser als es normal ohnehin schon war, ihre Nase noch spitzer und ihre schmalen Lippen noch mehr zusammengepresst. Doch ihre erste Reaktion galt nicht etwa ihrem anschwellenden Handgelenk, sie fragte ganz erschrocken „Habe ich etwa das Kunstwerk zerstört?"

Es entstand eine ziemliche Unruhe, als Luzia unbedingt ihre Freundin Isidora zum Notarzt verfrachten wollte und eine ziemlich lange Zeit verging, bis ein Experte das misshandelte Kunstwerk auf Herz und Nieren geprüft hatte, dass es auch ja nichts abbekommen hatte. Isidora hätte es als Verlust ihrer Ehre betrachtet, wegen so eines kleinen Missgeschickes die ganze Gesellschaft aufzuhalten. Mit eiserner Miene, einem Haufen Schmerzen und doch mit viel Sachverstand verfolgte sie die weitere Führung. Heiner konnte es nicht lassen, ab und zu ein paar Scherze über die oft – nun ja – etwas seltsam anmutende Kunstwerke zu machen und damit die Umstehenden zum Lachen zu bringen. Das Ehepaar Scheuermann meinte zwischendurch, das hier sei eine Schnapsidee gewesen und so komische Klumpen als Kunst zu bezeichnen – nee, also das könne ihr dreijähriger Enkel genauso gut, wenn man ihm Lehm in die Hand gäbe.

Beim Abendessen saß Isidora mit leidendem Gesicht und verbundenem Handgelenk (aus dem Verbandskasten im Bus) auf ihrem Stuhl, ließ sich von Luzia das Fleisch schneiden, von Bettina eine Schmerztablette geben, und aß dann ein paar Bissen mit der linken Hand. Veranstalter Dieter überlegte ernsthaft, ob er nicht die angesagte Weinprobe absagen solle, damit die feine ältere Dame abends noch in einem Eifeler Krankenhaus ihr Handgelenk röntgen lassen könne. Als Hans und einige andere vom Musikverein davon hörten, blökten sie ärgerlich herum:

„Wegen der Weinprobe sind wir extra mitgefahren. Nee nee, das wird nicht abgesagt. Wegen der Tussi! Wenn die nicht überall ihre Nase vorne hätte, wär sie auch nicht über so ein Ding da gestolpert."

Isidora wollte das Programm keinesfalls durcheinanderbringen. Sie hatte sich zwar geärgert, dass so viele ‚Proleten' aus dem Bus überhaupt kein Kunstverständnis aufbrachten und gar nicht zu würdigen wussten, was ihnen da geboten wurde. Trotzdem, die Weinprobe fand statt.

Eine Gruppe von Trinkfreudigen hatte schon beim Abendessen dem Rotwein zugesprochen und an einem Tisch hatte der dorfbekannte Witzbold Max für anhaltend lautes Gelächter gesorgt. An Dieters Halbpromi-Tisch wurde ernsthaft über Kunst diskutiert und nachdem man schließlich im Weinkeller fünfzehn verschiedene Rotweine probiert hatte, wankten alle mehr oder weniger zufrieden in den Bus. Manche mit Weinpaketen bepackt, weil der Wein ja sooo gut geschmeckt hatte. Einige Männer schwankten erheblich, ein paar Frauen kicherten unaufhörlich, andere sangen.

Franziska stolperte an der Kellertreppe und musste von zwei Leuten zum Bus geführt werden. Bettinas Hose enthielt nun auch noch ein paar Rotweinflecke (du musst Salz drauf streuen), Luzia passte auf, dass niemand Isidoras Handgelenk zu nahe kam. Während der Heimfahrt ertönten zuerst grölende Liedgesänge „So ein Tag, so wunderschön..." aus den Sitzen in den hinteren Reihen, dann laute Schnarchgeräusche. Hans entfachte zuerst eine Zigarette, dann einen Streit. Egon Scheuermann erbrach sich über seinen Vordersitz und Pinkel- bzw. Rauchpausen gab es auf dem gar nicht mehr so weiten Weg noch drei.

Helene drückte die schlafende Franziska so in die Ecke, dass sie selbst einigermaßen Platz fand und Dieter überlegte ernsthaft, ob er sich so etwas jemals noch einmal antun sollte.

Erotischer Kalender

Die Gemeinde war verschuldet. Genauso wie die meisten anderen Gemeinden auf dem Land, die über geringe Steuereinnahmen verfügen und die von immer höher werdenden Umlagen gebeutelt werden. Das Gemeindehaus brauchte aber dringend eine neue Kücheneinrichtung. Immer dann, wenn Feste gefeiert wurden, gab es Beschwerden, dass die Spülmaschine versagte, dass zu wenig Arbeitsfläche vorhanden war und man nicht genug Geschirr hatte. Als der Gemeinderat zu diesem Thema tagte, kamen nur vereinzelt Vorschläge, wie man die Finanzierung einer solchen Maßnahme gestalten könne.

„Ein Fest könnte man machen, an dem alle Vereine beteiligt wären. Schließlich sind sie ja auch die Haupt-Nutznießer der Küche", schlug Bertram vor. Ihm war zwar klar, dass es nicht einfach war, alle Vereine unter einen Hut zu bringen und dass es dann wieder zu Streitereien kommen würde, weil sich nie alle in gleicher Weise einbringen würden.

„Wir könnten die Gebühren für die Nutzung des Gemeindehauses erhöhen", meinte Karl, „im Nachbarort nehmen sie auch mehr."

„Das sind doch Peanuts", tat Diana ab. Die junge Frau, die erst seit kurzem im Gemeinderat saß, hatte so manch ausgefallene Idee, aber jetzt fiel ihr gerade auch nichts Besonderes ein.

Renate, die ältere Dame, die seit dreißig Jahren im Gemeinderat saß, anfangs als erste und einzige Frau und bei der letzten Wahl gerade noch so hineingerutscht, erinnerte sich an alte Zeiten.

„Hätten wir nicht all die Jahre über unsere Verhältnisse gelebt und müssten wir jetzt nicht auch noch den Kindergarten für Einjährige vorhalten, dann müssten wir uns jetzt um solche kleinen Summen keine Gedanken machen."

Der Oppositionsführer schlug in die gleiche Kerbe und nutzte die Gelegenheit, harsche Kritik zu üben. Der Fraktionsvorsitzende der Regierungspartei verteidigte sämtliche großen Ausgaben der letzten Jahre und der Bürgermeister musste schließlich alle zur Ordnung rufen, weil plötzlich laut durcheinander geredet wurde.

„Ich hätte da eine Idee", meldete sich Diana plötzlich. „Aber....", sie warf einen verstohlenen Blick auf ihre ältere Mit-Gemeinderätin Renate. „Emm... ich weiß, es ist ein wenig ungewöhnlich. Wie wäre es, wenn ... wir einen Erotik-Kalender machen würden? Kürzlich habe ich einen Bericht im WDR-Fernsehen gesehen, da wurde das in einem Dorf auch gemacht. Die Kalender hat man denen nur so aus der Hand gerissen. Und ich..." Diana war Fotografin von Beruf. Sie übte ihn zwar gerade nur stundenweise aus und war in dem Fotoladen, in dem sie arbeitete, mehr Verkäuferin als Fotografin. Aber sie konnte doch fotografieren und hatte ihre Prüfung mit ‚gut' bestanden. „Und ich würde die Fotos auch umsonst machen."

„Männliche oder weibliche Aktmodelle?" fragte Bertram höhnisch.

„Gute Frage", überlegte Diana. „Bis eben dachte ich an Frauen. Aber wieso eigentlich nicht auch Männer?"

„Hahaha", höhnte auch der Oppositionsführer, „können wir ja vom Gemeinderat machen. Wir ziehen uns alle aus und du knipst uns."

„Ich denke, wir diskutieren hier ernsthaft. Also so einen Blödsinn habe ich ja überhaupt noch nie gehört, schäm dich was, Diana!" Die fromme Renate stellte sich gerade vor, was wohl der Pfarrer dazu würde.

„Ihr seht das vollkommen falsch", erklärte Diana. „Da muss sich niemand nackt ausziehen. Aber man könnte doch Fotos von Frauen in hautengen Tops, in Strapsen oder in Dessous machen. Oder von Männern mit nackten Oberkörpern, oder in Badehosen. Letztes Jahr hat man in Norddeutschland sogar einen Erotik-Kalender mit lauter älteren Frauen gemacht. Und mit Dicken! Wenn man das entsprechend aufzieht, sieht das immer noch sehr ästhetisch aus."

„Jetzt aber genug mit dem Quatsch da." Die Diskussion wurde abgewürgt, das Thema vertagt.

Die Idee mit dem Erotik-Kalender aber ging Diana nicht mehr aus dem Kopf. Als sie abends im Bett lag, überschlugen sich ihre Gedanken. Sie überlegte, wer aus dem Dorf für solche Fotos in Frage käme. Auf Anhieb fielen ihr zwei bildhübsche Mädchen ein, die ganz sicher stolz wären, zu posieren. Und warum nicht auch wirklich Männer? Ihr eigener hatte einen so knackigen Hintern … aber nein, höchstens in enger Jeans. Und dann machte es plötzlich klick und die Idee hatte sich verfeinert. Ja, das war es doch! Die Fotos mussten alle etwas mit Küche zu tun haben. Der Gemeindehaus-Küche. Im Negligee mit dem Milchglas vor dem Kühlschrank, ein knackiger Po in rotem Slip zusammen mit einer glühenden Herdplatte, ein Dekolleté neben Äpfeln oder Pfirsichen, ein Nudelholz …

Beim nächsten Zumba-Abend eröffnete sie das Thema Erotik-Kalender ihren mittanzenden und mithüpfenden jungen Damen und fragte einfach mal so in die Runde, ob sich jemand so etwas vorstellen könne. Sie, die Fotografin versprach allen, die sich für den Kalender zur Verfügung stellten, zusätzlich ein Portrait-Foto. Außer Marina mit den dunklen langen Locken und einer umwerfenden Figur meldete sich auf Anhieb jedoch keine. Aber es wurde getuschelt. Marina erzählte davon ihren Freundinnen. Nicole, die junge Mutter, erzählte es den anderen Kita-Müttern und Jana verbreitete schnurstracks bei all ihren Facebook-Freunden, dass man Modelle für einen Erotik-Kalender suche.

Bertram erzählte zu Hause von der ‚wieder mal bekloppten Idee' von Diana und schüttelte nur den Kopf darüber, dass solche Leute in den Gemeinderat gewählt wurden. Jens, Bertrams Sohn, fand die Idee gar nicht so schlecht und erzählte wiederum abends seinen Freunden davon. Renate, die alleinstehende alte Juffer, betete drei Vater unser, dass die Sitten im Dorf nicht so verfallen sollen.

Noch bevor die nächste Gemeinderatssitzung einberufen wurde, hatten sich bei Diana sage und schreibe einundzwanzig Leute gemeldet, die die Idee toll fanden und sich für ein erotisches Foto zur Verfügung stellten. Sechzehn weibliche und fünf männliche. Diana war überwältigt. So konkret hatte sie das Ganze noch gar nicht durchdacht. Sie konnte wohl die Fotos machen, aber wo so ein Kalender gedruckt werden, wie der Vertrieb ablaufen und wie das alles rechtlich und steuermäßig abgesichert werden sollte, das wusste sie noch gar nicht.

Es war ein ganzes Stück Arbeit, alles zu recherchieren und die Küche-Erotik-Ideen umzusetzen. Da der Gemeinderat nicht als Ausrichter solch einer verrückten Idee ins Gespräch kommen wollte, nahm Diana schließlich alles auf ihre Kappe. Dann würde sie den Erlös einfach stiften, wenn es dann überhaupt einen Erlös gäbe. Denn erst einmal gab es nur Kosten. Dianas Ehemann ließ sich nicht dazu überreden, seinen Knack-Po auf ein öffentliches Foto bannen zu lassen, aber er zeigte sich bereit, die Anschubfinanzierung für das Projekt zu decken. Er war Kaufmann und dachte weiter. Denn mit tollen Fotos würde seine Liebste ganz bestimmt bekannt und begehrt, und vielleicht könnte sie sich dann selbständig machen.

Es wurden wirklich hervorragende Fotos. Marina in Dessous mit ganz viel Haut – Gänsehaut, vor dem Gefrierschrank, aus dem sie gerade ein gefrorenes Hähnchen holt. Eine üppige Blondine, die in gebückter Stellung (mit viel Einblick in den Ausschnitt) Zwiebeln schneidet, der String Tanga-Po von Jens, von hinten gesehen, vor der Anrichte, rechts und links davon jeweils ein Kohlkopf platziert. Nicole auf dem Küchentisch liegend im Bikini, ein Nudelholz in den Händen, wie sie dabei ist, ihren Bauch glattzurollen. Der nackte, muskelbepackte Oberkörper eines 30-jährigen, der ein beladenes Tablett mit zwei Fingern balanciert und und und...(was hätten Sie noch für Ideen?)

    Zum Schluss gab es das Problem der Auswahl. Denn bekanntlich hat das Jahr nur zwölf Monate und es gab Fotos von neunzehn Leuten. Zwei waren auf Druck ihrer Familien wieder abgesprungen. Und nun gab es Zoff, weil alle auf den Kalender wollten. Also entschloss sich Diana, Marina aufs Titelblatt zu setzen, die zwölf interessantesten Fotos auf die Kalendermonate und die restlichen im Kleinformat auf der Rückseite abzulichten. So kamen alle irgendwie zu ihrem Recht. Dianas Ehemann hatte im Nachbarort eine Firma gefunden, die die Kalender günstig druckte und sie selbst übernahm es, in Bücherläden, Supermärkten und sonstigen regionalen Vertriebsstellen vorzusprechen, wo die Kalender zum Kauf angeboten werden sollten.

    Die Aktion war das Dorfgespräch Nummer eins. Von „Super, Klasse" bis zu „so eine Sauerei" gingen die Kommentare. Es wurde gelobt, bewundert, geglotzt, begutachtet, verschämt darauf geschaut, runtergemacht, verflucht. Und gekauft natürlich. Die ganze Bandbreite menschlicher Reaktionen kam auf. Renate, die äußerst konservative Tugendwärterin, tat öffentlich kund, dass sie so etwas Schmutziges nie in die Finger nehmen würde. Nein, sie weigerte sich, auch nur darüber zu reden und nie würde sie zustimmen, dass der Erlös einer öffentlichen Einrichtung zugutekäme. Dass sie heimlich still und leise den Kalender intensiv durchblätterte, den sie in der Buchhandlung in der Kreisstadt in einer gewissen Anonymität gekauft hatte, davon wusste ja keiner.

Die örtliche Tageszeitung schrieb darüber. Natürlich auch über den guten Zweck der Aktion und darüber, wie lobenswert es ist, dass sich junge Leute derart zum Wohl der Allgemeinheit engagieren. Überregionale Zeitungen und ein Fernsehsender wurden aufmerksam und man lud Diana zu einem Interview ein.

Sie, die Initiatorin und Ausführende des Projekts aber hatte keine ruhige Minute mehr. Mehrere Jobangebote bekam sie, man fragte sie, ob sie auch Hochzeitsfotos machte und ob man die auch in erotischer Form machen könne. Angebote aus weit entfernten Orten bekam sie, wo man die Aktion nachahmen wollte. Aber sie bekam auch andere Anrufe. Wenn sie den Telefonhörer abnahm, hörte sie Worte wie „du Sau, geile Tussi, du Schlampe, du Hure" oder man machte ihr äußerst unseriöse Angebote. Am Ende war Diana fix und fertig mit den Nerven, ließ den Festnetzanschluss einfach klingeln und nutzte nur noch ihr Handy.

In Facebook erschienen überwiegend positive Kommentare. Vermutlich deshalb, weil mehrheitlich jüngere Leute solche Portale nutzen. Nichtsdestotrotz nutzten auch dort einige Nutzer die Gelegenheit, abzulästern.

Wie auch immer, als die erste Auflage vergriffen war, musste man noch jede Menge Kalender nachbestellen und das Projekt wurde zu einem Riesenerfolg. Als Diana dem Bürgermeister im Beisein des Oppositionsführers den Erlös überreichte, wurde sie nun nur so mit Dankesworten überschüttet.

Man konnte nicht nur einen Großteil der Küchengeräte kaufen, das Dorf hatte auch nah und fern einen hohen Bekanntheitsgrad errungen und neuerdings kamen sogar Touristen, um sich in dem Eifeldorf umzuschauen. Das zunächst vorgeschlagene Fest wurde dann doch noch gefeiert und weil das Dorf in die Schlagzeilen geraten war, kamen die Gäste von nah und fern, die wiederum das Geld in der Kasse klingeln ließen.

So waren alle zufrieden, als endlich eine strahlend neue Küche im Gemeindehaus installiert wurde. Jedenfalls fast alle, denn Leute wie Renate hätten lieber mit den alten Gerätschaften gewirtschaftet, als mit neuen, die mit ‚sündigem' Geld gekauft waren.

„Nächstes Jahr", ulkte Diana in der nächsten Gemeinderatssitzung „machen wir dann doch einen Kalender mit dem Gemeinderat. Geht genau auf mit der Mitgliederzahl. Und dann... genehmigen wir uns... einen Boule-Platz oder einen Tennisplatz."

„Oder ein Freudenhaus!" schrie Renate wütend, erschrak über ihre eigenen Worte und fiel vor Raserei fast in Ohnmacht.

Nerv-Worte

Vera stand gerade vor dem reichhaltigen Regal von Fertig-Würz-Tüten, als sie von hinten angesprochen wurde.

„Hallo Vera, lange nicht gesehen, wie geht's denn so?"

„Oh Simone, hallo, ja, geht so, wie es halt eben so ist. Immer im Stress, und du?"

„Na ja, ich sag mal, ich bin quasi dauernd unter Strom, ich meine... es ist einfach anstrengend, den ganzen Tag in der Firma, dann muss ich rennen, die Kleine aus der Kita abholen, daheim was machen. Der Jörg ist ja quasi auch fast nie daheim."

„Ja, das kenn ich, mein Stefan hat halt eben auch seinen Fußball. Zweimal Training und dann jeden Sonntag... Also wir Frauen sind halt eben irgendwie die Belämmerten, gell?

„Wem sagst du das? Meiner spielt zwar kein Fußball, aber – ich sag mal - der spielt an seinem PC - stundenlang! Quasi ohne Pause, wenn er daheim ist. Na ja, ich sag mal, manchmal holt er sich auch die Nadja-Sophie und geht mit ihr auf den Spielplatz. Aber..."

„Sag mal Simone, ich suche grad so'n Tütchen mit Nudeln, jetzt fällt mir halt eben grad nicht ein, wie das heißt. Kennst du das – irgendwas mit Spirelli! Ich muss halt eben ganz schnell was kochen, wenn der Stefan vom Training kommt."

„Hmm... vielleicht Ofen-Spirelli alla Mama? Das hatte ich neulich mal, ich sag mal... Das schmeckt quasi so ähnlich, genauso wie Ofen-Tortellini al pana. Aber der Jörg mag am liebsten den ganz einfachen Bauerntopf, ich sag mal, den könnte der quasi jeden zweiten Tag essen. Und ich sag mal, das geht ja eigentlich auch ganz schnell, brauchst du quasi nur das Hackfleisch anzubraten, die Kartöffelchen und die Packung rein und ziehen lassen."

„Nee, also den mag der Stefan halt eben nicht sooo gern, mit Hackfleisch isst der lieber die Hack-Lauch-Pfanne. Muss ich halt eben nur frischen Lauch haben."

„Och, ich sag mal, den kannst du doch auch aus der Tiefkühltruhe nehmen. Kannst du quasi einzeln entnehmen. Ganz praktisch."

„Du guck mal, hast du schon mal hier das gehabt, Gemüsepfanne mit Hackfleisch? Wär halt eben auch gesünder, so mit Gemüse."

„Ich sag mal, Lauch ist doch auch Gemüse. Und in die Bauernpfanne gehört ja auch Paprika. Mach ich quasi zwar nicht immer rein, aber – ich sag mal – ist ja auch gesund!"

„Na ja. Man soll ja auch mehr Fisch essen. Guck mal hier Lachs-Sahne-Gratin. Aber mein Stefan mag halt eben nicht so gerne Fisch. Und Lachs ist ja halt eben auch nicht gerade billig."

„Kannst ja mal Bandnudeln mit Lachs machen, ich sag mal, wenn du den Lachs ganz klein schneidest, dann merkt er quasi gar nicht, dass das Fisch ist."

„Och, da kennst du meinen Stefan schlecht. Wenn der schon Fisch riecht... Nee, dann mach ich halt eben öfter was mit Fleisch. Irgendwas, was schnell geht."

„Oh, guck mal, da hinten kommt der Herr Müller, oh je…"

„Tach, ihr Mädels, na wie geht's? Schönes Wetter heute, nich wahr?

„Ja", antwortet Vera leicht genervt, „aber wenn man so wenig Zeit hat, dann hat man halt eben wenig davon."

Ihr alter Mathelehrer war ihr schon zu Schulzeiten mit seinem ständigen „nich wahr" auf die Nerven gegangen. Seit er pensioniert war, tauchte er überall zu jeder unpassenden Zeit auf und suchte das Gespräch mit seinen ehemaligen Schülern und Schülerinnen. Dabei hatte sie ihn noch nie richtig leiden können, abgesehen davon, dass er ihr immer viel zu schlechte Noten gegeben hatte. Ok, Mathe war halt eben nicht ihre Stärke und somit auch nie ihr Lieblingsfach gewesen.

Simone antwortete etwas freundlicher. Sie war in Mathe immer glatt mit einer Zwei durchmarschiert, quasi mit links:

„Na Herr Müller? Was macht denn Ihr Waldi? Verträgt er immer noch keine Leckerlis? Ich sag mal, ist ja auch nicht ein Hund wie der andere. Meine Trixi hat auch so ihre Vorlieben. Ach herrje, wenn ich der Discounter-Dosenfutter vorsetze, dann frisst die – ich sag mal – quasi nur gerade mal ein paar Bissen davon. Nee, nee, die frisst nur Schappi, das kaufe ich immer in der Tierhandlung und dann nehme ich quasi so viel, dass es Rabatt gibt."

„Tja, mein Waldi ist nicht mehr der Jüngste, nich wahr, der kann nicht mehr weit gehen, genau wie ich, nich wahr. Geht den Tieren auch nicht anders als uns Menschen, nich wahr, wir werden alle nich jünger, nich wahr."

„Nun ja, dann muss man sich halt eben danach richten. Dann geht man halt eben zweimal am Tag eine kürzere Strecke, anstatt einmal ganz weit." Veras Vater machte es mittlerweile auch so.

Simone: „Ja, ich sag mal, meine Trixi hat schon ein beträchtliches Hundealter, die ist quasi auch schon so alt wie Sie, Herr Müller. Aber sie ist quasi noch gut zu Fuß. Ich sag mal, wenn das noch ein, zwei Jahre so bleibt, bin ich quasi ganz zufrieden."

„Jaja" lächelte Herr Müller freundlich, „ich lasse euch junge Damen dann mal wieder allein, nich wahr? Muss noch so einiges einkaufen, Sie ja sicher auch, nich wahr? Schönen Tag dann noch, nich wahr?"

„Oh mein Gott", stöhnte Vera, als Herr Müller hinter dem nächsten Regal verschwunden war, „was manche Leute doch für nervige Angewohnheiten haben, das hältst du halt eben nicht aus. Hast du mal gezählt, wie oft der jetzt ‚nich wahr' gesagt hat?"

"Ich sag mal, quasi unerträglich!" meinte Simone und beide konnten nur noch den Kopf schütteln.

Ein Samstagabend

Karin hatte mal wieder den Eindruck, dass Kurt irgendwie nicht gut drauf war. Es gab Tage, wo sie sich daraus gar nichts machte und einfach wartete, bis diese Launen vorbei waren. An diesem Tag aber machte sich Karin Sorgen. An diesem Tag, an dem sie selbst damit haderte, dass sie schon wieder ein Kilo zugenommen hatte, dass sie abermals ein paar graue Haare an sich entdeckt hatte und dass sie in der Fernsehzeitung das Kleingeschriebene nicht mehr richtig entziffern konnte. Oh Gott, wie würde sie nur aussehen, mit einer Lesebrille, Speckröllchen am Bauch und grauen Haaren?

Abends, als der erste Samstagabend-Krimi vorbei war und ihre jugendlichen Kinder sich endlich auf den Weg zu ihren Diskos gemacht hatten, machte Karin erste Versuche, Kurt zu einem gemütlichen Kuschelabend in ihrem gemütlichen Bett zu animieren. Wenigstens das Liebesleben sollte doch klappen, wenn auch die äußeren Reize nach und nach verblassten. Kurt zeigte keine Reaktion. Vielmehr zippte er von Sender zu Sender, auf der Suche nach einer weiteren kriminellen Höchstspannung.

Karin hätte sich eine andere, weit spannendere Abendunterhaltung vorstellen können. Wieso zeigte Kurt so gar keine Lust? Lag es an den Speckpölsterchen an ihrem Bauch? Fand er sie alt? Oder sollte sie sich mal eine andere Frisur machen? Die Haare färben, die wenigen grauen übertönen? Vielleicht mal eine knallrote Strähne? Oder brauchte ihr Ehemann mittlerweile optische Reize in Form von Strapsen, Push-up-BHs, Lederzeugs oder ähnlichem? Liebte er sie überhaupt noch?

Einen letzten Versuch wagte sie noch. Während im Fernsehen so einige Vorschauen abliefen, zwängte sich Karin in ihrem Schlafzimmer in den BH, von dem Kurt einmal gesagt hatte, dass er äußerst sexy aussieht, und in das Nichts eines Slips und dann stellte sie sich Hüften schwingend, tänzelnd und mit aufreizend rosarot geschminktem Schmollmund demonstrativ konkurrierend neben die Mattscheibe. Sie kam sich furchtbar blöde vor, als sie – sich schlängelnd wie eine Stripteasetänzerin – auf Kurt zu bewegte, ihn an seinen empfindlichen Stellen streichelte und ihn schnurrend wie eine Katze in Richtung Schlafzimmer mit sich zog.

Kurze Zeit später lag sie in ihrem Bett und wilde Gedanken jagten durch ihren Kopf. Ok, sie hatte erreicht, was sie wollte. Aber irgendwie hatte sie die ganze Zeit den Eindruck gehabt, dass Kurt nicht recht bei der Sache war. Nein, nein, da stimmte etwas nicht. Hatte er etwa eine Affäre mit einer anderen Frau? Hatte er sich vorgestellt, mit der im Bett zu liegen? Oh, Karin litt plötzlich Höllenqualen. Dicke Tränen liefen über ihre Wangen. Da lag sie nun im Dunkeln und auf einmal fielen ihr Sachen ein, die durchaus Hinweise darauf geben könnten, dass Kurt.... Hatte er gestern Abend wirklich seinem Freund beim Anstreichen geholfen? War das Telefongespräch, bei dem er so plötzlich aufgelegt hatte, wirklich ein Werbeanruf gewesen? Hatte er kürzlich nicht so merkwürdig reagiert, als sie ihm nahegelegt hatte, sich doch mal ein paar neue Klamotten anzuschaffen? Ja, hatte er gesagt! Wo er doch sonst nie etwas Neues brauchte. Die negativen Gedanken waren wie Unkraut, sie vermehrten sich schneller als man sie entfernen konnte. Plötzlich war sie von Hinweisen auf ein Fremdgehen nur so umringt.

Schließlich hielt Karin es nicht mehr aus. Sie musste Klarheit haben. Sie musste unbedingt darüber sprechen. Ob sie wollte oder nicht, sie musste den Tatsachen ins Auge blicken.

„Kurt?" fragte sie schluchzend.

„Kurt? - Kurt, liebst du mich eigentlich noch? Sei ehrlich, gibt es eine andere Frau für dich?"

Keine Antwort, stattdessen gleichmäßige tiefe Atemzüge. Kurt war eingeschlafen.

Kurz zuvor hatte er noch gedacht: Was für ein Scheißtag heute. Rasenmäher kaputt, mit dem Hammer auf den Finger gehauen, tat immer noch sauweh, mit Nachbar Heiner in Streit geraten, Bayern gegen Dortmund verloren und nichts Ordentliches im Fernsehen. Na ja, wenigstens Karin wusste, wie man ihn aufmunterte.

Sonntagsausflug

„Schau mal, da hinten kommt einer, das kann nur der Markus sein", sagte Erhard zu seiner Frau. Sie saßen auf einer Bank am Ufer der Mosel, ließen sich von der Frühlingssonne bescheinen und beobachteten die Schwäne auf dem Wasser und die Leute, die vorbeigingen.

„Wo?" fragte Doris zurück.

„Da hinten, der mit der blauen Jacke."

„Oh, der ist ja noch so weit weg. Also, ich habe meine Brille auf und sehe höchstens, dass es ein Mann ist."

„So geht nur einer." Erhard war Sportlehrer und erkannte Leute immer an ihren Bewegungen. Die Art, wie Leute gingen, war für ihn mehr Anhaltspunkt für ein Wiedererkennen als das Gesicht oder die Figur. „Also weißt du, wenn es nicht gerade der Babsi ihr Freund wäre, würde ich ja sagen, der geht irgendwie … dandyhaft. So, als würde er sagen, hier komme ich, was kostet die Welt. So Typen, die glauben …"

„Ach Erhard, was du immer sagst. Ich glaube, du hast manchmal Vorurteile. Du mit deinen Bewegungsanalysen!"

Als die beobachtete Person näher kam, sah Doris es auch. Es war tatsächlich Markus, der Freund ihrer Tochter. Er war schnellen Schrittes unterwegs, ohne nach rechts oder links zu schauen, und steuerte gerade in Richtung Bernkasteler Altstadt. Als Doris ihm von der Bank aus zurief: „Hallo Markus, wohin so eilig?" zuckte dieser zusammen und schaute leicht verwirrt in ihre Richtung.

„Oohh, hallo. Habt ihr mich erschreckt! Was macht ihr denn hier?"

„Nichts, wie du siehst. Wir entspannen. Und du? Ich dachte, du fährst nach Schalke Fußball gucken?"

„Ich? Emm … nee", druckste er herum, „mein Freund… der ist krank geworden und… den gehe ich jetzt besuchen."

„Aha, das ist aber nett von dir. Die Babsi ist heute auch mit einer Freundin unterwegs."

Als Markus zwischen Häuserreihen verschwunden war und Doris über das etwas merkwürdige Verhalten des jungen Mannes nachdachte, der ihr in letzter Zeit öfters mal nachts oder frühmorgens spärlich bekleidet in ihrem Haus in Richtung Bad über den Weg gelaufen war, schlenderten auch schon die nächsten Bekannten ins Bild.

„Ach sieh an", sagte sie nun ihrerseits zu Erhard und wurde von ihren Gedanken abgelenkt. „Das sind doch die Schneiders aus der Winkelgasse. So bunt wie die Marga immer angezogen ist und mit den

Proportionen der beiden Figuren – das können nur die Schneiders sein. Die machen bestimmt auch einen kleinen Sonntagsausflug."

Die ziemlich kleine und beleibte Marga und ihr knapp zwei Meter langer dünner Ehemann waren tatsächlich ein äußerst auffälliges Paar. Erhard übersah zwar geflissentlich die grellbunten Klamotten der Dame, dafür erkannte er sie an ihrem watschelartigen Gang, der ihn an eine Stockente erinnert. Peter Schneider dagegen stakste wie ein Lineal durch die Gegend, das jederzeit Gefahr lief, durchzubrechen.

„Er hinkt ein wenig", flüsterte Erhard seiner Doris zu, als das Ehepaar näher kam. Bei einem kleinen Plausch unter Leuten, die im gleichen Dorf wohnen, stellte sich dann auch heraus, dass Peter Fußprobleme plagten und dass man nun auf der Suche nach einem netten Café war, wo man gemütlich sitzen und die Frühlingssonne genießen konnte.

„Und Leute gucken", ergänzte Doris, als die beiden weg waren. „Die alte Vorwitztüte sieht alles, hört alles und erzählt alles haarklein weiter. Bestimmt weiß heute Abend gleich ganz Eifeldorfhausen, dass wir in Bernkastel waren."

„Na und? Wir haben nichts zu verbergen. Und wir gucken ja auch."

Als Erhard das sagte, fiel ihm Markus ein. Der Junge schien ein schlechtes Gewissen gehabt zu haben.

„Na, dann halten wir mal Ausschau, ob wir noch mehr Leute erkennen. Hier scheint sich ja heute die halbe Eifel herumzutreiben." Doris schlug vor, sich nun auch einen Platz in einem Café zu suchen, sie hatte Lust auf Kaffee und Kuchen. Also schlenderten sie dann durch die engen Gassen der Moselstadt, durch die sich bereits jede Menge Touristen drängten. Am Marktplatz vorbei, wo nicht nur Japaner gegenseitig ihr Konterfei vor dem Brunnen ablichteten, sondern auch sämtliche Holländer, Belgier und sonstige Touristen, die mit oder ohne Motorradbekleidung die herrlichen Fachwerkhäuser bewunderten. In einem großen Innenhof hinter der Tourist-Info war im Außensitzbereich eines Cafés gerade noch ein Tisch frei. Als Doris und Erhard Kaffee und Kuchen vor sich auf dem Tisch hatten und ihre Blicke immer wieder auf den Vorübergehenden ruhen ließen, machten sie sich ein Spielchen daraus, ihre Sichtweisen zu analysieren.

„Pahhh, guck mal die da!" Natürlich wurde nur noch im Flüsterton gesprochen. „Edel, edel."

Doris war nicht sonderlich markenbewusst, wusste aber durchaus teure, edle Klamotten von billigen zu unterscheiden. „Echt eine Kunst, mit solchen Schuhen hier über das Kopfsteinpflaster zu gehen. Und dazu noch so aufreizend!"

Erhard wandte durchaus seinen Blick nicht ab von der Schönheit, die da vorbei wandelte, schlank, sonnengebräunt, langhaarig, in hautenger glänzender Hose und elegant geschnittener Jacke, die derart hochhackige Schuhe trug, als sei sie in einer Talkshow beim Fernsehen eingeladen oder würde bei Wetten-dass auf dem Sofa sitzen.

„Ich kann mir sowieso nicht begreifen, wieso die sich nicht die Hacken brechen in solchen Schuhen. Nee, so verrückt bin ich nicht mehr", bemerkte Doris dazu, die als junges Mädchen durchaus auch gerne mit Stöckelschuhen herumgetippelt war und nach durchtanzten Nächten tagelang ihre wunden Füße gepflegt hatte.

„Da kommt einer, der ist bestimmt ein guter Sportler. Guck mal, wie geschmeidig der sich bewegt." Doris blickte auf. Der junge Mann trug auch sportliche Kleidung und Turnschuhe.

„Dafür muss man auch kein Kenner sein. Das sehe ich auch. Genau wie die da hinten, die in den Fahrradanzügen."

„Na ja." Zum einen fand Erhard es affig, so auffallend glänzende Fahrradtrikots zu tragen, wenn man nur hobbymäßig an der ebenen Mosel entlang radelte und zum anderen sahen die vier älteren Herren eher so aus, als hätten ihre Po's trotz Fahrradhosen ein wenig gelitten. Zumindest ihrem Gang nach.

„Und wie sportlich findest du die Motorradfahrer da hinten?" fragte Doris, „oh, die Armen, in den dicken Ledersachen bei dem schönen Wetter heute."

„Phh, sportlich! Was bitteschön soll daran sportlich sein, auf so einem Motorrad zu sitzen und Gas zu geben? Die bewegen doch ihre Körper nicht. Guck, zwei davon haben dicke Bäuche. Und ich wette, wenn sie die Jacken ausziehen, gucken die Tattoos raus." Nein, nein, Erhard konnte längst nicht alles als Sport bezeichnen, was allgemein so bezeichnet wurde. Für ihn galt nur Sport nur in Verbindung mit Ganzkörperbewegung und nicht mit Gas geben und Schalten mit Hand und Fuß.

Dann sah Erhard noch einen, der einen arroganten Gang hatte und von dem Doris meinte, er sei superchic angezogen und einen, der ganz bestimmt Komplexe hatte, weil seine Körpersprache Angst und Vorsicht ausdrückte. Sowie einige junge Hühner, die laut Erhard ihre Unsicherheit hinter ihrer Albernheit verbargen und an denen Doris bemängelte, dass deren Hosen viel zu eng seien und es gar nicht schön sei, wenn die Bäuche dadurch so nach oben quellen würden und das wegen der kurzen Oberteile furchtbar aussähe. Und dass sie froh sei, dass ihre Babsi nicht so rumliefe.

Nach der zweiten Tasse Kaffee grüßte Erhard einen vorbeigehenden ehemaligen Kollegen, von dem er meinte, er sei ganz schön alt geworden, sein Gang sei längst nicht mehr so dynamisch.

„Na ja, wir werden auch nicht gerade jünger." Doris zog den Reißverschluss ihrer Jacke zu. „Du Erhard, ich glaube, wir sollten jetzt gehen, die Sonne ist weg. Wird kalt hier."

Sie winkten dem Kellner und bezahlten.

„Der ist mit Sicherheit schwul", flüsterte Erhard.

„Na und? Hast du was gegen Schwule?" Doris wollte ganz bewusst Toleranz zeigen.

„Quatsch. Aber guck mal, wie er sich bewegt."

„Stimmt. Und er trägt einen Ohrring. Aber freundlich war er. Und schnell."

Sie erhoben sich. Und hätte der freundliche schwule Kellner ihnen nicht noch hinterhergerufen und Doris ihre Handtasche gebracht, dann hätte sie das wertvolle Stück glatt am Stuhl hängen lassen.

Gerade als Doris überlegte, zum Abschluss des schönen Frühlings-Nachmittages noch ein Tütchen Eis zu kaufen, zog sie ihren Erhard plötzlich rasch hinter einen Hauseingang. „Guck mal da hinten!" flüsterte sie aufgeregt.

Erhard blickte in die Richtung, in die Doris zeigte.

Hatte er gerade noch vermutet, weitere, womöglich unliebsame Bekannte zu treffen, traf ihn zwar nicht gerade der Schlag, doch die Erkenntnis, mit seinen Bedenken Recht gehabt zu haben. Markus, der Freund seiner Tochter, eng umschlungen ausgerechnet mit der aufreizenden Tussi, die vorhin an ihnen vorbeigestöckelt war.

„Na, ist aber ein komischer Freund, den der Markus da hat. Und krank sieht der auch nicht aus."

„Ohh, Erhard, was machen wir denn jetzt? Ohh, unsere arme Babsi! Wenn wir der das erzählen!"

Erhard fand es überhaupt nicht erstrebenswert, seiner Tochter diese Nachricht zu überbringen und auch nicht, zu sehen, wie die liebe Babsi wochenlang unglücklich mit Liebeskummer herumlaufen würde. Er überlegte, ob man es nicht lieber verschweigen solle und Babsi irgendwann von selbst darauf käme, dass Markus nicht der Richtige sei.

„Siehst du", sagte er zu Doris „ich hatte doch Recht - von wegen Gang."

„Das macht die Sache auch nicht besser."

Doris hatte nun keine Lust mehr auf Eis. Sie machten sich auf den Weg zum Auto. Der riesige Parkplatz am Moselufer stand voller Autos und Motorräder. Ein Schiff legte gerade an und die Ausflügler strömten über den Steg ebenfalls auf den Parkplatz zu. Doris und Erhard wollten gerade in ihr Auto steigen, als neben der Fahrzeugreihe laut knatternd ein Motorrad vorbeirollte. Als Doris erschreckt aufschaute, hatte sie plötzlich das Gefühl, dass ihr das unter einem Helm versteckte Gesicht auf dem Soziussitz sehr bekannt vorkam. Und als sie dann im Auto saß und das Motorrad-Paar noch einen Moment lang beobachtete, flüsterte sie plötzlich erschrocken: „Erhard, guck mal, da!" Just in dem Moment, als der Fahrer des Feuerstuhles die Sozia zärtlich mit seinen Pranken vom Beifahrersitz hob und fest an sich drückte und als beide ihre Helme ablegten und sich innig küssten. „Babsi??? Das kann doch nicht wahr sein", flüsterte Doris ungläubig.

„Hmm", brummte Erhard nur und drehte den Zündschlüssel um, „da frage ich mich doch glatt, was mir lieber wäre. Der Dandy oder der tätowierte Rocker da."

„Als ob es bei dem schönen Wetter keinen anderen Ausflugsort gäbe als Bernkastel", sagte Doris und fragte sich, ob es nicht besser für ihre Seelenruhe gewesen wäre, wenn sie an diesem Tag ein Stück weit über den Eifelsteig gewandert wären und von all dem nichts wüssten.

In der Kneipe

Normalerweise saß Heinz schon an der Theke, wenn Hugo kam, denn die Schreinerei machte eher pünktlich Feierabend. An diesem Tag war Hugo der erste, der bei Friedchen ein Bier bestellte.

Er hatte es schon halb leer getrunken, als Heinz kam.

Hugo: „He Heinz, wo bleibst du denn?"

Heinz: „Ich bin zu Fuß."

Hugo: „Oh, machst du jetzt einen auf sportlich? Oder hast du dat Auto geknuppt?"

Heinz: „Nee, jaa, emm, Friedchen, mach mir mal ein Bier und en doppelten Trester."

Hugo: „Wat jetzt?"

Heinz: „Ooch, ich hab' dat Garagentor geölt. Dat hat dermaßen gequietscht..."

Hugo: „Ja unn?"

Heinz: „Na ja, ich hab et paarmal rauf und runter gemacht, dat sich dat Öl richtig verteilt und dann ... hab ich mich ins Auto gesetzt und bin aus der Garage gefahren. Dat heißt, ich wollte..."

Hugo: „Wie, du wolltest? Ging dat Garagentor zu oder wat?"

Heinz: „Ja! Dat heißt – zu net – nur halb. Nur bis auf mein Autodach. Und die Heckscheibe ist auch kaputt! Mist!"

Hugo grinste. „Un dafür ölst du dein Garagentor? Dat et dir auf et Auto fällt? Hahaha. Kauf dir mal ein Neues. So ein Elektrisches wie ich eins hab, mit Fernbedienung. Da kann dir dat net passieren."

Heinz: „Oh, bis jetzt hat dat alte et auch noch getan. Und so alt bin ich ja auch noch net, dat ich net noch dat Tor aufmachen kann. Und wat is, wenn der Strom weg ist?"

Drei Tage später. Heinz hatte schon sein zweites Bier getrunken und wollte gerade bezahlen, da kam Hugo.

Heinz: „Hugo, ich dachte schon, du kämst net mehr."

Hugo: „Hmm."

Heinz: „Ist mal wieder wat? Laus über die Leber?"

Hugo: „Nee, ich bin zu Fuß."

Heinz: „Ha, ist dir auch ein Garagentor aufs Dach gefallen?"

Hugo: „Nee."

Heinz: „Aber?"

Hugo: „Musste länger schaffen. War heute Morgen zu spät an."

Heinz „Wieso? Verpennt?"

Hugo: „Nee, Stromausfall. Garagentor ging net auf."

Friedchen hinter der Theke mischte sich ein: „Oh, da gibt es aber so eine Entriegelungsfunktion. Hatte ich auch mal, da hat mein Fritz das aufgekriegt, entriegelt! Das steht alles auf der Bedienungsanleitung."

Hugo: „Ja eben, und die hat meine Marieluise net gefunden. Hat steif und fest behauptet, ich hätte die weggetan."

Heinz: „Un? Bist du dann zu Fuß gegangen?"

Hugo: „Nee, ja… Dat musste doch aufgehen! Ich hab so lange gefummelt, bis et auf war. Jetzt is et kaputt."

Heinz lachte: „Siehste!"

Berta

Berta bekreuzigte sich mit Weihwasser und verließ die Dorfkirche. Zusammen mit Nachbarin Dora, die sie auf der Treppe traf, machte sie sich dann auf den Heimweg. In ihrem Kopf hallten noch die vielen Gebete des Rosenkranzes nach, Heilige Maria Mutter Gottes …, da hörte sie beim zweiten Haus neben der Kirche, wie Dora zu ihr rüber tuschelte:

„Guck mal, die haben noch nicht einmal die Straßenrinne gekehrt. Nun sieh dir mal an, wie das aussieht, überall wächst Unkraut!"

Berta blieb ihr keine Antwort schuldig: „Zugezogene! Wer weiß, wo die früher gehaust haben. Gardinen haben sie auch keine!"

Weil Dora durch ihre Körperfülle die gesamte Breite des Bürgersteiges für sich beanspruchte, ging Berta auf der Straße. Doch plötzlich musste sie rasch zur Seite springen, denn ein Auto kam von hinten, ziemlich schnell und dicht an ihr vorbei. Erschreckt legte sie los:

„Heilige Maria, jetzt wird man schon mitten im Dorf über den Haufen gerannt. War das nicht dem Manni sein Enkel, der kürzlich noch sein Auto auf den Kopf gestellt hat? Und jetzt hat er schon wieder ein Neues! Na ja, bestimmt auf Pump, das kennt man ja."

„Ja ja, oder der Manni hat mal wieder seinen Geldbeutel aufgemacht. Der hat jetzt übrigens eine Polin, hab ich gehört. Der hat ja ziemlich nachgelassen. Ich glaube, er ist auch schon ein bisschen durcheinander. Na ja, den wollte ich auch nicht versorgen. Der hat ja früher schon mit seiner Frau immer gestritten."

„Meine Schwägerin hat jetzt auch eine Polin für ihre Mutter. Ich glaube, die ist aus Bulgarien oder Rumänien. Kann nicht viel Deutsch und kochen ... oh je. Aber immer noch besser als ins Altersheim."

Berta musste gerade aufpassen, nicht auf dem Laub auszurutschen, das von einem Windstoß über die Straße geweht wurde.

„So eine Sauerei aber auch mit dem ganzen Laub!" schimpfte sie. „Was glaubst du, wie viel Laub der Hermann jeden Herbst wegkehrt, nur von ..." Gerade noch hatte sie sich auf die Zunge gebissen, um nicht zu sagen, nur von unseren Nachbarn, wozu Dora ja auch gehörte. Stattdessen sagte sie: „und das nur von den Köhlers nebenan." Um aber rasch von dem Thema abzulenken, weil sie sich zwar über Doras Birkenlaub auch tierisch ärgerte, aber zu feige war, ihr das ins Gesicht zu sagen, schob sie rasch hinterher:

„Hast du gesehen, was die Martha für einen fürchterlichen Schal anhatte? Und die Gerdi, die neben mir in der Bank war, die hat dermaßen nach Knoblauch gestunken, dass mir beinahe schlecht wurde. Heilige Maria, wenn ich so viel Knobi essen würde, dann würde der Hermann mich zum Teufel jagen."

„Oh, immer noch besser als das fürchterliche Parfüm von der Walburga in der Bank rechts vor mir. Das hat gestunken, ich wette, das hat noch der Küster auf der Empore gerochen."

„Dann hat der deshalb zweimal das falsche Gesetz angefangen. Vielleicht war er ja auch eingeschlafen. Also meinen Hermann, den kann ich ja überhaupt nicht in einen Rosenkranz schicken. Ich wette, der würde schon beim zweiten Vater unser einnicken. Und womöglich noch laut schnarchen."

„Na ja, ich musste auch manchmal aufpassen, dass mir die Augen nicht zugefallen sind." Für Dora, die jeden Tag so einige Putzstellen hatte und immer unter Spannung stand, war so ein monotones Herunterleiern der Gebete auf der Kirchenbank auch eine harte Geduldsprobe. War aber jemand aus dem Dorf gestorben, dann gehörte es sich, dass wenigstens einer aus dem Haus zum Rosenkranz in die Kirche ging. Zumindest unter Einheimischen.

Vor ihren Häusern angekommen, blieben die älteren Damen noch ein wenig beieinander stehen, weil ihre Unterhaltung noch nicht ganz zu Ende war. Man musste rasch noch feststellen, dass Köhlers die Jalousien noch nicht unten hatten und dass man von draußen bis in die Küchenschränke gucken konnte, wenn das Licht brannte. Dass die amerikanischen Mieter im Haus nebenan die Jalousien die ganze Woche nicht hoch zogen und dass es in der Wohnung ganz bestimmt Schimmel gäbe, weil nie gelüftet wurde. Dass Webers Katharina im Krankenhaus lag, deren Nichte Nadine schwanger und Metzgers Bruno daheim ausgezogen war und… der Hund von gegenüber, der grässliche, mal wieder die halbe Nacht lang gebellt hatte. Und als hätte er es gehört, fing er gerade wieder an zu bellen. Unmittelbar, nachdem Hermann das Fenster geöffnet hatte und rief:

„He ihr zwei, wollt ihr da Wurzeln schlagen? Berta, da je, ich hab' Hunger!"

Vater im Himmel, da hat man gerade so viel gebetet, dann wird man ja wohl noch in Ruhe ein paar Worte reden können, dachte Berta. „Ja ja, ich komme ja schon. Deck schon mal den Tisch", knurrte sie.

„Ach so, was ich noch sagen wollte…", Dora druckste ein wenig herum und flüsterte dann: „Hast du zufällig schon gehört, dass der Joshua da drüben…", sie zeigte auf das Haus der Müllers gegenüber, „emm, also meine Nichte, also meinem Bruder Max seine Tochter aus Hinterbachweiler, die hat eine Freundin und der ihrer Schwester ihr

Mann ist Polizist. Und der hat erzählt, dass dort in der Nacht von Samstag auf Sonntag einer mit dem Auto die Friedhofsmauer umgefahren hat. Stand ja auch in der Zeitung. Und weißt du, wer das war? Der Joshua! Besoffen natürlich."

„Nee! Das gibt's doch nicht! – Hmm. Nun lass mich mal überlegen … Samstagnacht … Weißt du, ich schlafe ja immer so schlecht. Und wenn der Joshua heim kommt, dann lässt der ja immer das Auto laufen und die Musik, und macht mit der Fernbedienung das Garagentor auf. – Jetzt, wo du das sagst … , nee, Samstagnacht habe ich auch nichts gehört. Überhaupt, ich habe den die ganze Woche noch nicht gesehen. Wahrscheinlich ist das Auto in Reparatur."

„Oder der Führerschein weg."

„Aah!" Berta fiel gerade etwas ein. „Oh, das ist ja ein Ding! Mein Hermann hat letztens noch gesagt, der Joshua, das wäre der aus der Bibel, bei dem die Mauern umgefallen sind …und jetzt …, auch noch eine Friedhofsmauer! Was sagt man dazu? Ooh Heilige Maria, das muss ich unbedingt dem Hermann erzählen. Tschüss Dora."

Dora stampfte auf ihr Haus zu und überlegte, wo denn wohl die Bibel lag, die sie noch aus Schulzeiten besaß. Vielleicht standen ja da noch mehr solcher wundersamen Voraussagen drin.

Ach Mama

Zwei Stunden vor der Geburtstagsparty kreuzte Mama Hiltrud in Myriams Wohnung auf, Papa Alfred im Schlepptau. Natürlich hatte sie es sich nicht nehmen lassen, einen tollen Kuchen mitzubringen und selbstverständlich wollte sie bei den Vorbereitungen helfen. Myriam wurde achtundzwanzig und wohnte seit vier Jahren mit ihrem Freund zusammen in einer Dreizimmerwohnung im dritten Stock eines Mietshauses in der Kreisstadt, in der die beiden auch arbeiteten.

„Mama, ihr seid aber früh dran", waren Myriams erste Worte, als sie die Tür öffnete, wenig begeistert.

„Herzlichen Glückwunsch, mein Mädchen", sagte Hiltrud, drückte ihrer Tochter einen Kuss auf die Wange und streckte ihr erst den Blumenstrauß und dann den Kuchen entgegen, den Alfred vor sich her trug. Alfred legte seine freie Hand um sein Mädchen, „alles Gute."

„Kommt doch rein … emm, ich bin aber noch bei den Vorbereitungen", entschuldigte sich Myriam sofort angesichts der recht chaotischen Zustände in der Wohnung. Sie wusste, dass Mama mit einem raschen Rundumblick alles erfassen würde und ihr war klar, dass sie sich ihre Bemerkungen nicht würde verkneifen können. Dass sie am Essen herummeckern würde, dass Myriam nicht die richtigen Klamotten anhätte und so weiter. Das Übliche. Sie hasste das, auch wenn sie ihre Mama wirklich liebte.

Schon ging es los. Myriam hätte durchaus Hilfe gebrauchen können in dem Moment. Die Häppchen waren noch nicht fertig, das Fingerfood noch nicht zubereitet. In der Spüle stapelte sich noch das Geschirr vom Vortag, der Tisch war noch nicht gedeckt und überall lagen noch Jens' Klamotten herum. Oh je, wäre doch nur Anne, ihre Freundin gekommen, die versprochen hatte, ihr zu helfen. Aber doch nicht Mama, die immer noch nicht kapieren wollte, dass ihre Tochter erwachsen war und alles selbst konnte.

Mama machte sich unaufgefordert sofort in der Küche breit. „Ich spüle erst mal das Geschirr weg. Du hast ja bestimmt nicht genug Teller, wenn so viele Leute kommen", war ihre erste Bemerkung mit dem vorwurfsvollen Unterton, den Myriam heraushörte. Heraushören wollte, denn Hiltrud meinte es gar nicht so. Sie wusste, wie empfindlich Myriam war, wenn es darum ging, ihre Eigenständigkeit zu dokumentieren. Sie wollte doch nur helfen.

„Papa, setz dich aufs Sofa und mach dir den Fernseher an. Jens kommt etwa in einer halben Stunde, der muss noch einen Kuchen abholen beim Bäcker."

„Was, du kaufst beim Bäcker einen Kuchen?" reagierte Mama sofort, „siehst du, hab ich mir doch gedacht. Deshalb hab' ich dir ja einen gebacken!" Hiltrud, die in der Verwandtschaft bekannt dafür war, die leckersten Kuchen backen zu können, konnte nicht fassen, dass man den teuren Kuchen beim Bäcker kaufen konnte, der ihrer Meinung nach an einen selbstgebackenen Kuchen nicht tippen konnte. „Hättest du was gesagt, ich hätte dir doch auch zwei gebacken!"

„Weiß ich doch Mama, mach dir keine Sorgen, wir werden das schon finanziert kriegen."

„Jaja, werft ihr nur euer Geld zum Fenster raus. Solltet besser mal sparen, damit ihr mal bauen könnt, so wie wir." Da waren sie ja schon wieder, diese Vorwürfe.

Myriam wollte sich ihre Geburtstagslaune nicht verderben lassen und hörte einfach weg.

Mama Hiltrud spülte. „Wo sind denn die Küchentücher?"

„Oh, ich glaube, die sind noch im Trockner, warte ich hole dir welche." Als Myriam ihrer Mutter ein Küchentuch in die Hand drückte, sah sie schon deren kritischen Blick. „Bügelst du die denn nicht? Die muss man doch nicht in den Trockner tun, weißt du, wie viel Strom der verbraucht? Und so verknittert!"

„Mama! Die trocknen so genauso gut ab wie gebügelt."

Mama kam wirklich gut voran mit der Küchenarbeit. Ruckzuck hatte sie Berge von Geschirr weggespült, aufgeräumt, Häppchen gemacht und zwischendurch hatte sie noch mit Schrubber und Putzlappen Flur und Küchenboden geputzt.

Als Myriam ihr zeigte, wie sie sich das mit dem Fingerfood gedacht hatte, ging es dann wieder los. „Fingerfood, habt ihr denn kein Besteck? Hättest du nicht besser einen Rollbraten in den Ofen geschoben und ein paar Salate dazu? Ich hätte dir ja noch einen Kartoffelsalat machen können."

„Mama!"

„Ist ja schon gut. Na ja, ihr jungen Leute macht heutzutage ja alles anders als wir. War auch nicht alles sooo verkehrt, oder? Oder ist es dir bei mir schlecht ergangen?"

„Nein Mama. War alles gut. Aber... ich weiß gar nicht, wie viele Leute nachher kommen und dann ist so ein Fingerfood einfach bequem. Verstehst du?"

„Hmmm."

Pause. Aus dem Wohnzimmer hörte man Alfreds Kommentare zu einem Fußballspiel: „Na los, schieß doch endlich", „aaach, ist das eine lahme Ente, gib ab!"

„Oh, dein Vater und Fußball. Das ist unmöglich. Meinst du, der würde einmal die Sportschau verpassen? Und das ausgerechnet zur Abendessenszeit."

„Ach, lass ihn doch, die Sportschau guckt der Jens auch. Und du immer mit deinem pünktlichen Essen, genau zur gleichen Uhrzeit. Hat mich früher schon gestört. Man isst, wenn man Hunger hat und ob das jetzt eine Stunde früher oder später ist ... also mir ist das ganz egal, dem Jens auch."

„Apropos Jens ...", Hiltrud konnte sich mal wieder nicht zurückhalten. „Emm, wie sieht es denn jetzt aus, wollt ihr denn nicht endlich mal heiraten?"

„Mama! Das Thema hatten wir doch schon."

„Und Kinder? Als ich so alt war wie du, da warst du schon drei Jahre alt und dein Bruder fünf. - Die Lisa aus deiner Klasse bekommt nun auch schon das zweite. Ihre Mutter schwärmt sooo von dem kleinen Juri. Juuuri, also Namen geben die den Kindern heute! Nee, aber ... ich würde ja auch so ein Kind versorgen, also wenigstens so zwei Nachmittage in der Woche ..."

Bevor Myriam platzte, schnappte sie sich einen Wischlappen und fing an, mit heftigen Bewegungen die Fensterbank zu bearbeiten. Wann hörten Mütter endlich damit auf, sich in das Leben ihrer Kinder einzumischen?

„Was machst du denn jetzt da? Deck doch lieber mal den Tisch. Überhaupt, wo sollen all die Leute denn sitzen? Hast du überhaupt eine ordentliche Tischdecke? Hier so auf den blanken Tisch kannst du das aber auch nicht stellen. Übrigens, ich habe zu Hause noch so viele Häkeldeckchen, die würden schön auf deinen Wohnzimmertisch passen. Und auf den Fernsehschrank. Kannst welche haben."

„Oh Mama, deine Häkeldeckchen kannst du dir ..., bring ja keine mit hierher!"

„Aber warum denn nicht? Und Kissenhüllen habe ich auch noch so viele, die ich selbst noch gestickt habe. Ach so ja, ehe ich das vergesse, wir haben ja noch eingemachte Zwetschgen mitgebracht, die sind noch im Auto. Gab ja dieses Jahr so viele."

„Oh Mama, was soll ich denn damit machen?"

„Kuchen backen zum Beispiel. Oder als Beilage zu Nudeln. Oder zum Pudding."

Myriam stieß gepresst die Atemluft aus. Das war doch nicht zum Aushalten. Zum Glück wurde gerade die Wohnungstür geöffnet und Jens kam herein. In einer Hand einen Kuchenkarton, in der anderen Hand einen Strauß rote Rosen. Bevor er Myriam einen liebevollen Kuss auf den Mund hauchte, fragte er erstaunt in Richtung Hiltrud:

„Oh, ihr seid schon da?"

Dass er kurze Zeit später eine Schürze schnappte, mit gekonnten Handgriffen bei der Essenszubereitung half, Gläser und Flaschen bereitstellte und nur zwischendurch mal eben im Wohnzimmer bei Alfred nachfragte, wie der Spielstand sei, rang Hiltrud doch eine ziemliche Achtung ab vor ihrem Schwiegersohn. In spe, leider immer noch. Dabei würde sie doch so gerne eine romantische Hochzeit ihrer Tochter erleben. Sie wüsste auch schon ein Lokal ... und ein Menü ...

und welches weiße Hochzeitskleid der Myriam gut stehen würde ...und sie würde einen dreistöckigen Hochzeitskuchen backen. Ach, sie stellte sich das so toll vor.

Es kam nicht ganz so, wie sich Hiltrud das vorgestellt hatte. Irgendwann, zwei Jahre später, kamen Myriam und Jens aus dem Urlaub zurück und hatten geheiratet. Und Myriam war im fünften Monat schwanger. Erst nach der Geburt des Kindes gab es eine Hochzeitsparty!! In einer Grillhütte!
„Alfred", hatte Hiltrud zu ihrem Mann gesagt „ist das nicht schrecklich? Man muss sich ja schämen. Und nicht einmal kirchlich!"
„Wenn sie nicht in die Kirche gehen, dann brauchen sie auch nicht in der Kirche zu heiraten", war Alfreds Kommentar. Er fand die Hochzeitsparty in der Hütte und auf der Wiese viel schöner als den aufwändigen Rummel, den viele veranstalteten. Der ganze Zirkus mit Kutsche, hochgestylten Gästen, endlosen Essgelagen, Dekos, Tanzband und Fotoshooting entfiel. Und er konnte mit Ruhe draußen seine Zigarette rauchen.
Brautmutter Hiltrud überlebte es. Sie musste sich damit abfinden, dass ihre Tochter ihren eigenen Kopf hatte. Auch als es darum ging, wie man Babys richtig hält, stillt oder zudeckt.

Drei Jahre später, als Enkelin Joana in den Kindergarten ging und Brüderchen Pippo gerade sitzen konnte, hatte sich alles verändert. Mutter bzw. Oma Hiltrud wurde gebraucht.
„Mama, kannst du heute Joana von der Kita abholen?" rief Myriam oft an. Oder: „Mama, können wir heute bei dir essen? Ich habe einfach keine Zeit, etwas zu kochen."
Manchmal wurde sie auch gefragt: „Mama, wie machst du Reibekuchen?" oder: „Mama, könntest du für Joanas Geburtstag zwei Kuchen backen? Oh, danke Mama!"

Keine Frage, Hiltrud tat alles für ihre Kinder und Enkelkinder. Sie half, wo sie konnte. Und sie war sooo stolz, dass sie gebraucht wurde. „Wenn die uns nicht hätten…", sagte sie zu Alfred. Nun ja, manchmal fand sie das alles doch ziemlich anstrengend. Manchmal ärgerte sie sich, weil sie nicht mehr verreisen konnten, wie sie wollten. Und ab und zu hätte sie auch einfach lieber mal die Beine hochgelegt, anstatt Kinder zu versorgen. Alfred auch, denn weil die jungen Leute ein Haus bauten, musste er jedes Wochenende anrücken und helfen.

Hätten sie es anders haben wollen? Nein!

Versuchung mit Folgen

Nachts, kurz nach eins, parkte ein Auto in einem Waldweg mitten in der Eifel, ein gutes Stück von der nächsten Straße entfernt. Durchdringende Rufe einer Eule, ein Rascheln im Wald, ansonsten war es still. Sehr still. Das Paar im Inneren des Autos spürte nichts von dem Unheimlichen, das sie umgab. Vielmehr waren beide unheimlich damit beschäftigt, ihrer heimlichen Leidenschaft füreinander nicht allzu heftig nachzugeben.

Nora, die Frau von Gisbert, und Edgar, der Mann von Rita, beide glücklich verheiratet, hatten schon ein paar Monate vorher bemerkt, dass es zwischen ihnen irgendwie funkte. Sie arbeiteten in dem gleichen Betrieb, liefen sich dort immer wieder über den Weg und – wie es nun einmal so ist, wenn irgendwo die Chemie stimmt – hatten sie sich dabei nicht nur hin und wieder feurige Blicke zugeworfen, sondern waren sich, wie von Magneten angezogen, einige Male auch so nah gekommen, dass man das Knistern fast hören konnte. An diesem Abend, dem Betriebsfest, bei dem man in lockerer Runde miteinander feiern konnte, hatten sie sich erstmals auch tanzend in den Armen gelegen. Mit Bedacht hatten sie natürlich darauf geachtet, dass die anderen Kollegen nichts von ihrem Feuer spürten. Doch als Nora aufgebrochen war, um nach Hause zu fahren, hatte es auch Edgar auf einmal furchtbar eilig gehabt. Draußen im Dunkeln hatte er einfach seinen Arm um Nora gelegt. „Komm", hatte er nur zärtlich sagen müssen und schon war Nora in sein Auto eingestiegen. Mit schlechtem Gewissen zwar und eigentlich hatte sie ihm nur sagen wollen „das geht nicht, in bin verheiratet" oder so etwas Ähnliches, aber ... sie vibrierte. Sie hatte plötzlich das Gefühl, wieder jung und verliebt zu sein. Diese Aufregung, dieses Herzklopfen, diese erotische Erwartung hatte sie so lange nicht verspürt.

Edgar erging es ähnlich. Er war kein Weiberheld. Er hatte nicht vorgehabt, seine Rita zu betrügen, aber seit Wochen konnte er nur noch an Nora denken. Jetzt saß sie hier mitten im Wald neben ihm auf dem Beifahrersitz. Sie wehrte sich nicht, als er sie küsste. Zuerst ganz zart, dann immer leidenschaftlicher. Er streichelte ihre Rundungen, griff mit der anderen Hand in ihre wuscheligen Locken und ... Ach Mist, das Auto war einfach unbequem.

Es war ihm etwas peinlich und er wusste auch nicht, wie weit Nora gehen würde, aber dann, als seine Leidenschaft überschäumte und er auch ihre Erregung wahrnahm, bat er Nora mit einem erotischen Flüstern ins Ohr, es sich doch mit ihm auf dem Rücksitz etwas bequemer zu machen.

Als Nora durch die Beifahrertür ausstieg und draußen mit einem Fuß halbwegs im Matsch versank, verursachte diese Tatsache in ihrem Kopf zunächst einen leicht ernüchternden Gedankengang und sie fragte sich, was sie, die 44-jährige hier eigentlich machte. Edgar als Mann um die fünfzig fragte sich das nicht, denn bekanntlich denken

Männer in solchen Situationen nicht mehr mit dem Kopf. Die Leidenschaft brauchte nach der Umzugsaktion dann erst mal ein paar Minuten, bis sie erneut in stürmische Erregung überging. Dann aber, als heiße Küsse nicht mehr das Maß aller Dinge waren und beide gleichzeitig anfingen, sich nacheinander einzelne Kleidungsstücke vom Körper zu reißen, wuchs sie ins Unermessliche. Nackte Haut, heißer Atem, ein Eulenschrei und dann, gerade als Edgar mit wilden Verrenkungen versuchte, auch noch seine Hose abzustreifen ... ein Schrei!

„AAaaahhh!"

Nora fiel vor Schreck fast in Ohnmacht. Edgar, mit einem Bein aus Hose und Unterhose, erstarrte in merkwürdiger Pose. „Was ist?" fragte sie, auf einen Schlag völlig ernüchtert.

„Aaauuu, ich ... kann ... mich nicht bewegen."

Hätte Nora so etwas in einem Film gesehen, dann hätte sie sich jetzt ausgeschüttet vor Lachen. Liebhaber beim Fremdgehen von einem Hexenschuss lahmgelegt. Und das auf dem Rücksitz eines Autos, hahaha. Ach herrje, warum hatte sie sich bloß auf dieses Abenteuer eingelassen? Oh nein, dachte sie, in dem Alter sollte man solche Spielchen nicht mehr treiben. Schon gar nicht im Auto.

Alle Versuche, Edgar aus seiner merkwürdig schrägen, halb liegenden Stellung zu befreien, scheiterten. Es nützte nichts, dass Nora ihm den Rücken rieb, an seinen Armen zog und sonst alles Mögliche versuchte. Bei jeder Bewegung und jeder Berührung gab es Schreie, lauter als die der Eule. Nora schaffte es nicht einmal, ihrem Beinahe-Geliebten die Hose wieder über das nackte Bein zu streifen. Wobei sie allerdings bemerkte (weil sie wegen der Umstände das Licht im Innenraum eingeschaltet hatte), dass Edgar kalkweiße spindeldürre Beine hatte. Iiihhh.

Schon gar nicht schaffte sie es, ihn vom Rücksitz nach draußen und wieder auf den Fahrersitz zu bugsieren. Keine zehn Zentimeter ließ er sich bewegen.

Weil Edgar meinte, es würde nach etwas Wartezeit wohl wieder von selbst besser werden, bat er Nora, abzuwarten. Doch als die Autouhr zwei Uhr zeigte und Edgar nun auch noch fror, ergriff Nora die Initiative und setzte sich ans Steuer.

„Wir können ja hier nicht übernachten", sagte sie und schaltete entschlossen den Motor ein. Es war nicht einfach, mit dem fremden Auto im Dunkeln auf weichem, holprigem Untergrund rückwärts zu fahren, und bereits nach dem ersten Meter schrie Edgar von hinten auf. „Auu, mach langsam!" Sie machte langsam. Und irgendwie schräg, denn nach höchstens zehn Metern rückwärts rumpelte es plötzlich. Edgar schrie noch lauter und das Auto bewegte sich genauso wenig wie der verhinderte Liebhaber auf dem Rücksitz. Nora hatte sich in einer tiefen Pfütze festgefahren. „Sch...", nun fluchte auch Nora, ziemlich laut und aufgebracht.

Sie stieg aus, wobei erneut ihre neuen, sündhaft teuren Stöckelschuhe oder ‚high heels', wie sie nun hießen, ziemlich tief versanken. Es hatte viel geregnet in den letzten Tagen. Der Weg war schmal, hatte zwei ausgefahrene Spuren und links davon ging ein Grasstreifen in einen Graben über. Darin und in dem darin stehenden Wasser steckte der Wagen mit einem Rad.

Nora stieg mit den Matschschuhen wieder ein und versuchte, nach vorne wieder in die richtige Spur zu kommen. Sie gab Gas. Zuviel Gas, denn die Räder drehten durch und verwandelten den Untergrund in noch mehr rutschigen Matsch. Edgar gab recht unsanft von hinten Ratschläge und schimpfte: „Eh, nicht so viel Gas. Mit Gefühl!"

Nun ja, mit dem Gefühl war das so eine Sache. Was vorhin noch Leidenschaft war, verwandelte sich gerade in ... so etwa das Gegenteil. Man machte sich gegenseitig Vorwürfe. Beide dachten plötzlich daran, was wäre, wenn das hier jemand erfahren würde. Ihre Ehepartner! Oh je, und dabei hatten sie noch nicht einmal ...

Gegen drei war Nora fix und fertig mit den Nerven. Normal schlief Gisbert ja gut, aber wenn er ausgerechnet diese Nacht wach würde und sie war immer noch nicht da... So lange war sie noch nie bei einer Betriebsfeier gewesen. Edgar konnte sich immer noch nicht bewegen. Er zitterte, und mit Mühe und Not schaffte es Nora, ihm wenigstens Unterhemd und Hemd überzustreifen. Bei dem Versuch, Reisig aus dem Wald unter die Reifen zu legen, damit sie besser griffen, ruinierte sich Nora ihr Kleid. Der Wagen stand nun völlig schräg und sie überlegte krampfhaft, wen sie um diese Uhrzeit und in dieser Situation um Hilfe bitten konnte. Ein Traktor musste her. Das nächste Dorf war sicher drei Kilometer entfernt. Das Lokal, vor dem ihr eigenes Auto stand, mindestens genauso weit. Ihre Gedanken überschlugen sich. Zu Fuß zu ihrem Auto zu gelangen, nutzte nichts. Sie besaß kein Abschleppseil und er konnte nicht fahren. Einen Bauern aus dem Bett klingeln? Wie peinlich!

„Hast du denn keine Freunde, die dir helfen können?" fragte sie Edgar und war kurz davor, auf dem Handy ihre beste Freundin um Hilfe zu bitten.

„Was glaubst du, was ich die ganze Zeit überlege!" bekam sie unwirsch zur Antwort. „Oh Mann, wenn das die Rita erfährt", kam dann noch weinerlich hinterher.

„Und der Gisbert erst. Der hat kürzlich schon gemerkt, dass du Stielaugen kriegst, wenn du mich siehst."

„Das hat er gesagt? Stielaugen?"

„Ja, als wir dich im Baumarkt getroffen haben. Dabei hattest du deine Frau dabei!"

„Na ja, das war's dann ja wohl mit den Stielaugen!"

„Allerdings, wenn das hier die Runde macht ... Oh mein Gott!"

„Lass den aus dem Spiel. Das heißt ... das hier ist schon die Strafe!"

Gerade, als Nora feststellte, dass sie mit dem Handy keinen Empfang bekam und gegen halb vier endlich beschloss, entweder zu Fuß im Dunkeln irgendwo Hilfe zu holen oder Edgar mit Gewalt (ihre Wut über sich selbst verlieh ihr Bärenkräfte) wieder in seinen ursprünglichen Zustand zu versetzen, sah sie einen tanzenden Lichtschein zwischen den Bäumen. Dann hörte sie ein Brummen und dann stand einmal ein Jeep vor ihnen. Viel schlimmer konnte ihre Situation nicht werden, aber als zwei Männer, davon einer mit einem Gewehr auf dem Rücken, ausstiegen und auf sie zukamen, fing sie an zu zittern. Nur einen kleinen Spalt weit ließ sie die Scheibe herunter, voller Angst, nun auch noch Opfer in einem Kriminalfall zu werden. Wenn es so ging wie in dem letzten Eifelkrimi, den sie gelesen hatte, dann musste sie fürchten, gleich eine Leiche zu sein.

„Wash isht loshh?" fragte eine holländisch klingende Stimme, die zu einem Mann gehörte, der gar nicht wie ein Mörder aussah.

Nora zitterte immer noch. „Emm... festgefahren!" stammelte sie.

Der Mann besah sich den Schaden, gab seinem Kumpel ein Zeichen, Nora den Befehl, zu starten, und dann schoben sie. Ruck zuck stand das Auto richtig auf dem Weg. Als Nora sich kurz aber herzlich bedankte und gerade wieder den Rückwärtsgang einlegte, entdeckte ihr Helfer die merkwürdig verdrehte Figur auf dem Rücksitz.

„Aha", grinste er. Sofort hatte er die Situation erfasst. „Tschu viel Gymnashtik gemacht?"

„Er hat einen Hexenschuss", flüsterte Nora und war heilfroh, dass es sich hier augenscheinlich um holländische Jagdpächter handelte und nicht um ortsansässige Jäger, die möglicherweise Gespräche in Umlauf bringen würden. Zudem hätten die sicherlich erst einmal dumme Fragen gestellt und sich aufgeführt wie die Polizei persönlich, wenn da jemand in ‚ihren' Wald eingedrungen war.

„Oh", sprach der Helfer und öffnete die hintere Tür, „mit sso wash kenne ich mich aus. Darf ich mal?"

Edgar hatte das Ganze mit äußerst gemischten Gefühlen beobachtet und versucht, sich möglichst unsichtbar zu machen. Als der fremde Mann nach ihm griff und fragte, wo es weh tut, wusste er nicht, was schlimmer war, die Schmerzen oder die Angst. Er fühlte, wie kalte Hände über seinen Rücken glitten, dann spürte er einen Griff an der

Schulter, einen heftigen Ruck, der ihm einen lauten Schrei entrang und dann ... fühlte er sich urplötzlich wieder wie ein Mensch.

Schnell schlüpfte er in die restlichen Klamotten, bedankte sich knapp bei seinem Retter und drängte Nora auf den Beifahrersitz, um dann als Fahrer rasch die Flucht aus dem Wald anzutreten. Doch anstatt heilfroh zu sein, der Situation entflohen zu sein, schimpfte er wie ein Rohrspatz. Eine Flut unanständiger Worte kam aus seinem Mund. Ausdrücke, die Nora nie von ihm erwartet hätte. Er schaute auf die Uhr, wurde ungeduldig und wäre beinahe wieder vom Weg abgekommen. Nichts mehr war geblieben von dem Charmeur, der Nora so bezirzt und fasziniert hatte. Und auch aus Noras Bauch waren mit einem Mal die Schmetterlinge schneller weggeflattert, als jede Hexe schießen konnte.

Ob jemals die Ehepartner der beiden etwas von dem Vorfall erfuhren, ist nicht bekannt. Allerdings war sowohl Nora als auch Edgar die Lust auf Kirschen aus fremden Gärten gründlich vergangen. Eine Zeitlang jedenfalls.

Die Hausfrau

Waltraud war Hausfrau mit Leib und Seele. Vier Kinder hatte sie großgezogen, dem Ehemann beruflich den Rücken gestärkt, seine Mutter bis zu deren Tod gepflegt und seit kurzem versorgte sie stundenweise ihr erstes Enkelkind.

Trotz all der Arbeit, der Fürsorge für ihre Liebsten, dem tip-top-gepflegten Haushalt, dem bestens gedeihenden Gemüsegarten und ihrer reichlichen Zufriedenheit, spürte sie immer wieder, wie abfällig viele Leute sie beurteilten, wenn sie als Beruf ‚Hausfrau' angab.

Dass Waltraud mal eine gute Hausfrau werden sollte, darauf hatte schon ihre Mutter hingearbeitet. Damals, im letzten Jahrhundert, war es für ein Mädchen noch erstrebenswert gewesen, einmal einen ordentlichen Mann zu finden, Kinder zu bekommen und eine gute Hausfrau und Mutter zu werden. Damals hatte Waltraud in ihrem Elternhaus gelernt, wie man eine anständige Kartoffelsuppe kocht, wie man Marmelade haltbar macht, Cremekuchen backt, Strümpfe stopft, Schürzen näht, strickt, häkelt, Windeln wäscht und Kranke pflegt. Damals, ja damals war die Hausfrau noch geachtet und ein Mann war stolz, wenn er seine Familie ernähren konnte und seine Frau nicht arbeiten musste.

Die Zeiten hatten sich geändert. Zum Glück einerseits. Kein Mann konnte mehr seiner Frau verbieten, einen Beruf auszuüben. Frauen studierten, erlernten Berufe, verdienten ihr eigenes Geld und heirateten – wenn überhaupt – aus Liebe und nicht, um versorgt zu werden. Junge Frauen dachten nicht mehr daran, wegen der Hausarbeit und Kindererziehung zu Hause zu bleiben und ihren Ehemann zu betütteln. Doch zum Leidwesen vieler älterer Frauen, wie auch für Waltraud, dachten sie auch nicht mehr daran, ihre Kinder selbst zu erziehen, sondern brachten sie bereits mit ein oder höchstens zwei Jahren zu Kindergärten und Krippen, zu Tagesmüttern oder – im besten Fall zu den Großeltern.

Waltraud erinnerte sich gerne an die Zeit, in der ihre Kinder so klein waren. Jeden Tag hatten sie neue Worte gelernt, jeden Tag ein neues Spiel erfunden. Sie hatte sich gefreut, wenn Klein-Michael mit Legos ein großes Haus gebaut, wenn Yvonnchen mit Mamas Stöckelschuhen eine Modenschau gemacht und Erikchen unter dem Sofa eine Garage für seine Spielzeugautos eingerichtet hatte. Sie hatten zusammen Bilderbücher angeschaut und Märchen nachgespielt. Im Sommer hatten die Kinder im Garten im Planschbecken mit Wasser herumgesudelt und im Winter Schneemänner gebaut. Und Waltraud mitten unter ihnen.

Später, als die Kinder der Reihe nach den Kindergarten und verschiedene Schulen besuchten, fanden sie es sehr angenehm, von Mutter mittags ein frisch gekochtes Mittagessen vorgesetzt zu bekommen. Sie konnten ihre Sorgen zu Hause abladen und fühlten sich geborgen und geliebt. Mutter war immer für sie da gewesen.

So viel zum Thema Hausfrau, dachte Waltraud oft ein wenig wehmütig. Für all das wurde sie nun heute mitleidig belächelt.

Zweimal hatte sie sich beworben um eine Stelle, als die Kinder größer waren. Einmal in ihrem früheren Beruf als Bürogehilfin und einmal als 400-Euro-Jobberin in einer Supermarktkette. „Hausfrau?" hatte man sie mit hochgezogenen Augenbrauen gefragt, „und sonst haben sie nichts gemacht all die Jahre?" Nichts gemacht! Pff!

Auf Ämtern, in Internetforen, bei Kursen der Volkshochschulen, an denen sie regelmäßig teilnahm, bei Ausflügen im Gespräch mit Fremden und auch unter guten Freundinnen, immer wieder fühlte Waltraud diese geringschätzigen Blicke, wenn man auf ihren Status als Hausfrau zu sprechen kam. Genauso gut hätte sie sagen können: Faulenzerin. Irgendwann, in einer Zeit, als Waltraud einen Fernsehspot im Werbefernsehen super geil fand, in dem sich eine Haus- oder besser gesagt Familienfrau als Managerin eines kleinen Familienunternehmens bezeichnete, fasste Waltraud einen Plan. So etwas würde sie auch einmal ausprobieren. Wenn Ausdruckweise so viel Wirkung hatte!

Als sie wieder einmal nach ihrem Beruf gefragt wurde, sagte sie schlicht: „Ich arbeite im Management." Oh, anerkennende Blicke, und auf die Nachfrage: „Welche Branche?"

„Bildung, Ernährung, Rationalisierung von Arbeitsabläufen, um nur einiges zu nennen."

Zweifaches Ohhh. Neugier, Anerkennung, Hochachtung. Nein, Waltraud hatte nicht gelogen. Für all das war sie zuständig.

Plötzlich war das Verhalten ihrer Gesprächspartner ganz anders. Keine abfälligen Blicke, keine despektierliche Bemerkungen über Kaffeekränzchen und Ähnliches am Rande des Schmarotzertums.

Stattdessen verwickelte man sie in Gespräche über hochrangige Themen, an die nie jemand gedacht hätte, wenn er sich mit einer Hausfrau im Gespräch wähnte. Dabei war Waltraud informiert. Sie hörte Radio, sah fern, las Zeitungen, stöberte im Internet. Sie war nicht dumm. Woher nur nahmen die Menschen das Vorurteil, dass Hausfrauen blöd seien und sich Gespräche mit ihnen nur um Strickstrümpfe, Reibekuchen und Kinderkacke handeln mussten?

Waltraud machte sich ein Spiel daraus. Sie hatte kein Problem damit, die Tätigkeiten und Kompetenzen innerhalb ihres Managements oder ihrer Vorstandstätigkeit zu variieren. Vom Erziehungsbereich über Technik, Psychologie, Reinigung, Wäsche, Nahrungszubereitung, Umgang mit Geld, Fahrzeugpark und Transport, in allen Bereichen verfügte sie über ausreichend Erfahrung aus ihrem tatsächlich gar nicht so kleinen Familienunternehmen. Im Internet suchte sie sich die amerikanischen Berufsbezeichnungen heraus, mit denen man heute so um sich warf. Danach konnte sie sogar Stellenausschreibungen in Zeitungen lesen, bei denen sie sich bis dato oft gefragt hatte, was denn so ein General Service Manager oder ein Commodity Buyer eigentlich machen sollten.

Klar, ihre kleinen Wortspielereien konnte sie nur bei Fremden anwenden. In ihrem Bekanntenkreis wussten ja alle, dass Waltraud ‚nur' Hausfrau war. Keinesfalls dumm und ungebildet, aber eben ohne Beschäftigung. Das bisschen Haushalt ..., na ja.

Heribert, ihr Mann, war als Leiter der Technikabteilung von seiner Firma auserwählt worden, an einem Galaempfang in einem großen Frankfurter Hotel teilzunehmen. Der Großkonzern ließ sich nicht lumpen. Tolles Hotel, nettes Ambiente, Stehempfang, Champagner und Häppchen. Waltraud war als Ehefrau natürlich mit eingeladen. Sie fühlte sich ein wenig deplatziert, auch wenn sie sich in Schale geworfen und sogar Rouge, Wimperntusche und Lippenstift aufgelegt hatte. Heribert trug zwar keinen Smoking, aber seinen guten Anzug mit Schlips.

Am Anfang standen sie etwas verlegen herum, mit ihren Champagnerschalen in der Hand, die so leicht überschwappten. Dann aber gab es erste Kontakte mit Heriberts Kollegen von anderen Niederlassungen und deren chic gekleideten Gattinnen, Freundinnen oder Lebensgefährtinnen, allesamt wesentlich jünger als Waltraud. Selbstverständlich wurde viel über die Firma gesprochen, über Arbeitsabläufe, Materialien und darüber, ob der Konzern nicht irgendwann irgendwelche Zweigwerke schließen und die Produktion in Billigländer verlagern würde. Eine der weiblichen Begleiterinnen mischte voll in dem Thema mit, andere unterhielten sich derweil über Sehenswürdigkeiten, Promis und Mode. Als man anfing, sich gegenseitig persönliche Fragen zu stellen, wartete Waltraud förmlich darauf, ihren Hausfrauen-Beruf in vollmundigem Englisch zu umschreiben. Als es dann soweit war – „Und Sie, sind Sie auch in der Firma tätig?" hob sie mit vor Aufregung hoch erhobener Stimme an:

„Emm, nein, ich bin im Management Consulting in einem anderen Betrieb tätig, ich bin dort zuständig für Gender Mainstream, Arbitration und solche Sachen." Es war mehr oder weniger Zufall, dass ihr gerade diese Ausdrücke einfielen, ins Deutsche übersetzt mit Betriebsberatung für Gleichbehandlung der Geschlechter, Schlichtung und solche Sachen. Oh ja, und ob sie davon eine Ahnung hatte. Im wirklichen Leben, wohlgemerkt.

„Oh, wie interessant", war der allgemeine Tenor. Waltraud hatte nicht mitbekommen, wie sich sämtliche Köpfe der Herren plötzlich zu ihr hin gedreht hatten. Sie konnte auch nicht wissen, dass der Vorstandsvorsitzende gerade durch die Reihen ging, um möglichst viele Gäste persönlich zu begrüßen. Sie war es nicht gewohnt, im Mittelpunkt zu stehen. Sie, das Hausmütterchen mit so einigen Pfunden zu viel auf den Rippen, am Bauch, am Busen, überall. Nach vier Geburten immerhin. Zum Glück konnte man unter ihrem Make-up und Rouge nicht auf Anhieb erkennen, dass ihr die Röte ins Gesicht stieg.

„Oh, wie ich höre, haben wir Kapazitäten in unseren Reihen! Erlauben Sie, dass ich mich vorstelle, meine Damen, Dr. Soundso, Vorstandsvorsitzender der Firmengruppe Deutschland." Galant reichte er Waltraud und den anderen Umstehenden die Hand, wandte sich ihr dann zu und zog sie etwas abseits.

„Gender Mainstream", sagte er mit gesenkter Stimme, „meine Liebe, wenn ich hier schon mal eine Fachfrau habe, was halten Sie denn von dem Plan, die Frauenquote für Führungspositionen einzuführen? Finden Sie auch, dass zu wenig Frauen auf Chefsesseln sitzen?"

Waltraud fühlte sich, als würde man ihr gerade den Chefsessel unterm Hintern wegziehen. Da hatte sie ja etwas angerichtet.

„Nun ja ...", versuchte sie sich aus der Affäre zu ziehen „Sie wissen selbst, dass Frauen allgemein durchaus immer noch unterschätzt werden, egal in welcher Branche." Sie atmete zweimal tief durch. „Es ist nun mal eine Tatsache, dass sich Frauen und Männer schon von Natur aus optimal ergänzen. Warum also sollten beide Geschlechter nicht die gleichen Chancen haben?"

„Welche Erfahrungen haben Sie denn in Ihrem Betrieb gemacht, wenn ich fragen darf?"

Waltraud lächelte. Sie dachte an ihr Verhältnis zu ihrem Mann und an die vielen Rangeleien zwischen ihren Töchtern und Söhnen. Aus der etwas beiseite stehenden Gruppe her warf ihr ihr Ehemann einen erstaunten, fragenden Blick zu.

Sie überlegte kurz: „Natürlich hatten auch wir unsere Probleme. Natürlich wollten sich auch bei uns die Herren der Schöpfung nicht die Butter vom Brot nehmen lassen. Und selbstverständlich war es für unsere Vorstandsetage nicht ganz einfach, immer gerecht zu sein und nicht von Anfang an die männlich-weiblichen Geschlechterrollen zu verteilen. Ich will es mal bildlich ausdrücken. Ich finde, ein Junge sollte von Anfang an auch spülen, putzen und kochen lernen und mit Puppen spielen dürfen, genauso wie Mädchen das Recht haben, mit einem Technik-Baukasten oder mit einem Schraubenzieher umzugehen,

Skateboard zu fahren oder ein Ingenieurstudium anzugehen. Wir sollten aber niemanden in Rollen hineindrängen, sondern viel mehr darauf achten, dass Männer und Frauen in ihren Rollen glücklich sind im Leben. Denn nur dann können sie wirklich etwas leisten. Für sich und für die Gesellschaft."

Waltraud wunderte sich über sich selbst, dass sie gegenüber diesem hohen Herrn so munter darauf los plauderte.

„Das haben Sie sehr schön gesagt", Herr Dr. Soundso schien begeistert. „Sagen Sie, Frau…?"

„Weber, mein Mann ist der Leiter der Technik-Abteilung in ihrem Werk in der Eifel."

„Interessant! Hmm, und Sie, geben Sie eigentlich auch Seminare oder halten Sie Vorträge?"

Waltraud lächelte wieder. „Vorträge – ja, aber eher im Non-Profit-Bereich."

„Aha, dann sind Sie also auch ehrenamtlich tätig."

„Das könnte man so sagen." Waltraud konnte sich noch gut erinnern, wie sie ihren jugendlichen Kindern endlos Vorträge darüber gehalten hatte, wie wichtig es war, sich auf sie verlassen zu können. Dass sie um Mitternacht zu Hause waren, wenn es so vereinbart war und nicht erst in den frühen Morgenstunden. Dass sie die Wahrheit sagten, wenn es um Alkohol, Streitereien und Schulprobleme ging.

„Wissen Sie, ich möchte Sie ja jetzt nicht nach Ihrem Arbeitgeber fragen, aber … könnten Sie sich vorstellen, zu diesem Thema einmal in unserer Firma einen Vortrag zu halten? Wir beschäftigen nämlich niemanden speziell im Gender Mainstream-Bereich. Und Sie müssten das auch ganz bestimmt nicht ehrenamtlich machen."

„Oh", nun kam Waltraud doch ein wenig ins Stottern. „Ich glaube, das wäre keine so gute Idee."

„Ich verstehe, Ihre Firma."

„Tja, wenig Zeit …"

„Verständlich. Aber ... vielleicht darf ich mich einmal an Sie wenden, wenn ein Problem auftaucht in dieser Richtung? Quasi, so als freie Beratungstätigkeit? Da muss ja niemand etwas davon erfahren. Haben Sie vielleicht ... eine Karte?"

„Tut mir Leid, aber ... wenn Sie ein Problem haben, lassen Sie es mich einfach über meinen Mann wissen. Dann werde ich mal sehen, was ich tun kann."

Herr Dr. Soundso strahlte, verabschiedete sich und wünschte ihr und den anderen aus der Gruppe noch einen wunderschönen Abend.

Den hatte Waltraud auf jeden Fall. Sie fühlte sich plötzlich, als sei sie in die Vorstandsetage aufgerückt.

Da konnte man doch einmal sehen, was bloße Worte verändern konnten. Und wie bekloppt eine Gesellschaft war, die sich von hochtrabenden englischen Stellenbeschreibungen blenden ließ.

Kindergarteneltern

Nicole und Jennifer schlenderten durch die Dorfstraße in Richtung Kindergarten. Ihre Kinder Anna und Paul (nun hatten die Kinder doch glatt wieder Namen wie ihre Urgroßeltern) stoben mal hierhin mal dorthin. Die Dreijährigen benahmen sich genauso wie Kinder ihres Alters. Sie pflückten Blümchen am Straßenrand, warfen mit Kieselsteinchen und liefen, ohne auf den Verkehr zu achten, quer über die Straße. Die Ermahnungen ihrer Mütter „Anna, lass die Steine liegen", „Paul, komm bitte her", „He, ihr zwei, ihr werdet noch überfahren" und Ähnliches überhörten sie, weil sie aus Erfahrung wussten, dass es nur Worte waren und kaum eine Konsequenz erfolgte.

Trotzdem wurde es manchmal erforderlich, dass die jungen Mütter, während sie sich über Friseurpreise, Lippenstiftmarken und die Art des neuesten Nagelstylings unterhielten, ihre Sprösslinge vor so einigen herannahenden Autos retten und auf den Bürgersteig zurück beordern mussten.

In der Nähe des Kindergartens wurde die Sache noch stressiger. „Anna, wenn du jetzt nicht...", rief Nicole ihrem kleinen Wirbelwind zum fünfundzwanzigsten Male zu und im gleichen Atemzug beschwerte sie sich heftig darüber, dass die Autos in der 30-er Zone in Kindergartennähe viel zu schnell fuhren. Auch Jennifer sah die Sache so. „Oh Mann, die rennen ja hier vorbei! Da müsste man dringend etwas dagegen tun."

Weitere Väter und Mütter mit Kindern kamen hinzu, die entweder ganz in der Nähe wohnten oder ihr Auto etwas abseits geparkt hatten. Die meisten fuhren mit Autos vor und begleiteten dann ihre Kiddies zum Kindergartengebäude, dessen Fenster mit bunten Fensterbildern und Bastelsachen übersät waren. Es war ein reges Kommen und Gehen. Autotüren wurden geöffnet und zugeknallt und immer wieder die Rufe: „Kevin, pass auf, da kommt ein Auto!", „Lisa-Marie, nicht auf die Straße!" Das Verkehrsaufkommen in der Straße schien enorm und so, wie man bloßen Auges feststellen konnte, hielt sich kaum einer an die vorgeschriebene Geschwindigkeitsbegrenzung.

In den nächsten Tagen wurden die ‚gefährlichen Autofahrer' zu einem Thema unter den Eltern, weil nicht nur die jungen Mütter Nicole und Jennifer der Meinung waren, dass in der Tat viel zu schnell gerast wurde. Rufe nach Polizeipräsenz wurden wach.

Bei der nächsten Sitzung des Elternbeirates wurde einstimmig beschlossen, die Polizei um vermehrte Geschwindigkeitskontrollen im 30-er Bereich vor dem Kindergarten zu bitten. Und weil Kinder nun mal das höchste Gut unserer Gesellschaft sind, stand zwei Wochen später ein verdecktes Blitzgerät in der Straße, in der so viele Autofahrer das Wohl der Kleinen gefährdeten. Dreihundert Meter weiter wurden die Verkehrssünder einkassiert.

Bilanz am Ende des Tages:

30 geblitzte Verkehrsteilnehmer mit überhöhter Geschwindigkeit, drei davon mit mehr als 60 h/km. Zweiundzwanzig davon waren Kindergarteneltern.

(frei nach einer wahren Begebenheit)

Runder Geburtstag

Dieser Brief fiel auf. Cremefarbener Umschlag, edles Papier, handgeschriebene Adresse. So ganz anders als das Zeug, was sonst so üblicherweise im Briefkasten lag wie Rechnungen von Versicherungen, Ämtern, Werbebriefe.

Als Karin den Brief öffnete, fiel es ihr wieder ein. Na klar, Onkel Ferdinand, der jüngste von Opas Antons Brüdern, wurde ja dieses Jahr sechzig. Onkel Ferdinand, der Überflieger der Familie. Oberamtsrat, Behördenchef, Leiter einer karitativen Gesellschaft, Stadtratsmitglied, Parteibonze, Buchautor und was sonst nicht alles. Oh, und dieses Mal gab er sich sogar die Ehre, seine gesamte Familie einzuladen. Er, der bei sämtlichen Onkel, Tanten, Vettern und Kusinen den Ruf genoss, etwas hochnäsig zu sein und mit den gewöhnlichen Verwandten nicht viel am Hut zu haben. Genauso wie seine Frau und sein ziemlich hochgestochener Sohn, der bereits mit dreißig den ersten Doktortitel hatte und sich ziemlich viel darauf einbildete, in Amerika studiert zu haben, einen riesigen BMW zu fahren und ein Chalet in der Schweiz zu besitzen.

Als Kurt, ihr liebster aller Ehemänner, nach Hause kam, in Jogginghose und Pantoffel schlüpfte und sich auf die Couch vor den Fernseher lümmelte, zeigte ihm Karin die Einladung.

„Guck mal. Onkel Ferdinand gibt sich die Ehre..."

„Aha" sagte Kurt, stand auf, warf einen Blick auf den Kalender zu meinte: „An dem Tag spielt die Eintracht. Dann können wir gleich von da aus dahin gehen."

„Vom Fußballplatz? Zum Geburtstag?" Karin war entsetzt. War das alles, was Kurt dazu zu sagen hatte?

„Ich glaube, du spinnst! Erstens glaubst du ja wohl nicht, dass ich mich auf den Fußballplatz stelle. Schon gar nicht für die Eintracht. Und zweitens – du kannst doch nicht im Anzug auf den Fußballplatz gehen, oder willst du dich da umziehen? Du glaubst ja nicht etwa, dass du da in Jeans und Pulli hingehen kannst."

Im gleichen Moment lief es wie ein Blitz durch ihren Kopf. Die erste äußerst wichtige Frage, die sich alle Frauen stellen, sobald sie sich einer größeren Feier gegenüber sehen. Was ziehe ich an?

„Kurt!" rief sie, so als sei die Feier bereits eine Stunde später: „Ich brauche dringend etwas zum Anziehen. Also mit dem Kostüm, das ich schon bei Tante Elviras Geburtstag anhatte, kann ich da unmöglich aufkreuzen. – Und du könntest dir auch mal einen neuen Anzug gönnen."

„Mein Anzug ist mir noch lange gut. Was soll denn daran schlecht sein?"

„Oh, der ist doch schon so alt. Ach je, ich glaube den hast du bekommen, als Tina zur Kommunion ging."

„Na und? Der passt mir noch und außerdem hatte ich den höchstens fünfmal an."

„Ich fahre jedenfalls die Woche hier nach Trier", stellte Karin fest, die sich im Geiste bereits das Szenarium dieses höchst edlen gesellschaftlichen Anlasses ausmalte.

„Oh Gott, was kann man dem denn schenken?" fragte sie plötzlich erschrocken.

Kurt, der gerade die Rheinland-Pfalz-Nachrichten auf SWR 3 aufmerksam verfolgte und darauf wartete, dass Karin endlich das Abendessen auf den Tisch brachte, knurrte:

„Nun mach doch nicht so einen Aufstand wegen diesem Geburtstag. Andere Leute hatten auch schon runde Geburtstage."

„Aber... aber, du kennst doch Onkel Ferdinand... und Tante Hilde! Und was glaubst du, da taucht doch bestimmt die ganze Trierer Prominenz auf..."

Karin griff sich das tragbare Telefon und verschwand in der Küche. Zwischen den Geräuschen klappernder Teller hörte Kurt, wie sie mit irgendjemandem darüber diskutierte, was man dem Onkel wo so schenken könne, der einerseits mit einer gewissen Hochachtung behandelt wurde, über den man anderseits jedoch immer ein paar hämische, bissige Bemerkungen fallen ließ, weil er so hochgestochen war.

Kurt gönnte jedem seine beruflichen und finanziellen Erfolge. Ihm war es schnurzegal, welche Autos andere Leute fuhren, welche Klamotten sie trugen und wie hoch sie ihre Nasen trugen. Neid war für ihn kein Thema, solange er seinen Job hatte, genug zu essen und ein gemütliches Zuhause. Die ganze Aufregung wegen familieninternen Befindlichkeiten, Äußerlichkeiten und Geschenken ließen ihn vollkommen kalt.

Als Karin drei Tage später von einem äußerst erfolglosen Einkaufsbummel nach Hause kam, war sie sauer. In nichts hatte sie hineingepasst. Alle Klamotten, die ihr auf Anhieb gefallen hatten, gab es nicht in ihrer Größe. Ganz zu schweigen von der Tatsache, dass man es in den Geschäften gar nicht mehr so einfach hatte, etwas zu finden. Hatten noch vor Jahren sämtliche Hosen, Blusen und Kostüme schön unterteilt auf langen Stangen in den Regalen gehangen, so gab es heute nur noch nach Marken getrennte Abteilungen. Suchte man also eine Hose, so musste man sämtliche Abteilungen abklappern, wo dann vielleicht jeweils vier Hosen in einer Größe und Farbe vorhanden waren. Leute, die nicht auf einzelne Marken fixiert waren, hatten es echt schwer, die Runde zu machen und verbrachten mehr Zeit mit der Suche als mit dem Anprobieren. Karin jedenfalls hatte nichts gefunden. Und so plünderte sie frustriert ihren Kleiderschrank nach möglichen Alternativen.

Die seidene dunkelrote Bluse mit dem tiefen Ausschnitt, die sie irgendwann für ein Schweinegeld in einer Boutique ergattert hatte, saß so straff, dass sie Gefahr lief, an den Knöpfen auseinander zu platzen. Das Sommerkleid aus dem Katalog war zu billig, der edle schwarze Rock für alle Fälle mittlerweile zu eng. Von den Kostümen passten die Hosen nicht mehr, sämtliche Blazer waren aus der Mode. Nein, nein, sie brauchte dringend etwas Neues. In den nächsten Wochen klapperte sie sämtliche Klamottenläden der umliegenden Kleinstädte ab und kam schließlich mit einem sündhaft teuren Kleid zurück. Das einzige, was ihr einigermaßen gefallen hatte. Nur etwas gekürzt musste es noch werden, dafür musste sie es noch zur Änderungsschneiderin bringen..

Das Thema Geschenke beschäftigte nicht nur Karin, sondern auch alle anderen eingeladenen Familienmitglieder. Und so liefen in diesen Tagen die Telefonleitungen heiß.

„Was schenkt man denn so einem, der alles hat?" fragten sich alle. Kusine Maria machte den Vorschlag, man solle zusammenlegen und einen Gutschein für ein Wellnesswochenende kaufen. Tante Wilma bemerkte dazu, dass dann aber auch von allen der gleiche Betrag eingesammelt werden müsse, weil... Vetter Karl meinte, er würde einfach Geld in einen Umschlag stecken, was wiederum Kurt überhaupt nicht gut fand, denn davon besaß Onkel Ferdinand mit Sicherheit mehr als alle anderen. Opa Anton ärgerte sich, dass sein jüngster und prominentester Bruder nicht in der Einladung vermerkt hatte, dass er keine Geschenke erwarte und stattdessen eine Spendenbox aufstellte für einen guten Zweck.

Der runde Geburtstag von Onkel Ferdinand zog sich wie ein roter Faden durch die nächsten Wochen der Großfamilie. „Macht nicht so einen Aufstand", sagte Opa Anton und meinte, dass man bei seinem Siebzigsten auch nicht so ein Gedöhns gemacht hatte und dass Ferdinand, nur weil er mehr in der Öffentlichkeit stand, auch nichts Besseres sei als andere.

Trotzdem, die Eifeler Verwandtschaft wollte sich nicht lumpen lassen. Zu dem Empfang in einem noblen Hotel in der ‚Großstadt' wollten sie in edler Kleidung, mit frisch gestylten Haarfrisuren, mit dekorativ eingepackten Geschenken antreten und der ehrfürchtiger Erwartung dessen, was da komme. Tante Hilde sollte sich ja nicht abfällig über die Eifeler Verwandtschaft äußern müssen und die Prominenz müsse ja nicht denken, dass die Landbevölkerung noch hinterm Mond lebe.

In den nächsten Wochen wurden Tom und Tina ebenfalls neu eingekleidet, was wiederum gar nicht so einfach war, denn bekanntlich liegen die Vorstellungen von Jugendlichen und Eltern ziemlich weit auseinander. Tina freute sich über ihre neuen Klamotten und darüber, dass Mama sich auch noch überreden ließ, ihren Geldbeutel großzügig in der Drogerieabteilung für den Erwerb von Nagellack, Parfüm, Augen-Make-up und sonstigem Kleinkram zu öffnen.

Tom maulte bereits im Vorfeld herum, dass er überhaupt keine Lust hatte, bei so vornehmen Leuten in so einem edlen Hotel zu speisen und dass er viel lieber einen Döner essen würde und Kurt konnte es nicht verhindern, dass auch er mit zu einem Herrenausstatter geschleppt wurde. Eine Woche vor dem Fest hatte sich Karin zu ihrem Kleid noch neue, sehr hochhackige Schuhe gekauft. Und weil sie sich darin recht unsicher fühlte und sie an den Zehen ziemlich drückten, lief sie sie zu Hause stundenweise ein. Was zur Folge hatte, dass die Absätze auf dem Küchenboden klackten und Kurt total nervös davon wurde und dass ihr rechts Knie wieder einmal Schwierigkeiten machte, weil sie bei der Höhe der Absätze ihre Beine nicht mehr durchstrecken konnte.

Das Thema Geschenk wurde telefonisch mit den anderen Verwandten noch so einige Male durchgehechelt, bis sich jemand bei Tante Hilde erkundigte, was in aller Welt man dem lieben Onkel Ferdinand denn schenken könne. Tante Hilde ließ durchblicken, dass sie und Ferdinand demnächst eine Kreuzfahrt antreten würden und wenn man unbedingt etwas schenken wolle... nun, sie würden immer im Reisebüro Soundso buchen, vielleicht ein kleiner Gutschein... Aber nein, es ginge natürlich nicht um Geschenke.

Also waren alle aus der Verwandtschaft beglückt, endlich diese leidige Geschenkefrage geklärt zu haben und suchten der Reihe nach das Reisebüro auf, nachdem im jeweiligen Hause ausgiebig darüber diskutiert worden war, in welcher Höhe man den Gutschein denn wohl nehme. Karin suchte sämtliche Geburtstagskarten von ihrem und Kurts Vierzigsten heraus, worauf sie sich Notizen über die damaligen Geschenke gemacht hatte, damit sie wenigstens einen Anhaltspunkt hatte, was Onkel Ferdinand damals...

Oma Anita machte es genauso. Auch sie hatte sich neu eingekleidet und sogar eine passende Leder-Handtasche zu ihrem Kostüm gekauft. Nur Opa Anton hatte sich nicht überreden lassen, etwas Neues zu kaufen, nicht einmal ein Hemd oder eine Krawatte.

Zwei Tage vor dem großen Event hatte Karin gerade Kurt überredet, das Auto zu waschen, damit man sich beim Einsteigen mit den neuen Klamotten nicht gleich schmutzig machte, da klingelte das Telefon. Tante Hilde war dran. „Ich bin untröstlich, aber leider müssen wir Ferdinands Geburtstag absagen. Er hat sich das Bein gebrochen und liegt im Krankenhaus."

Oh Mann!

Die gute alte Zeit

Katharina kicherte wie ein Teenager, fast hätte sie sich am Kaffee verschluckt. „Hedwig, du solltest dich mal im Spiegel sehn, hihihi. Du hast nen Krümel mitten auf der Nase."

Hedwig fummelte mit ihren Fingern an ihrer Nase herum, aber Katharina lachte jetzt noch lauter. „Jetzt hängt er an deinem Kinn! Hey, du siehst aus wie Loriot mit der Nudel im Gesicht."

Der Krümel stammte von dem Streuselkuchen, den Katharina immer noch am liebsten selbst backte. Den vom Bäcker oder gar aus dem Supermarkt fand sie längst nicht so gut. Die beiden älteren Damen, die sich einmal in der Woche zum Nachmittagskaffee trafen, fanden so einiges gar nicht mehr gut in letzter Zeit. Und so war dieses Mal ein kleiner Krümel Anlass für einen Rückblick in die guten alten Zeiten.

„Weißt du, an wen du mich gerade erinnert hast?" begann Katharina, „an das Krümelchen, die Lisbeth aus der Klasse unter uns."

„Ach ja, der hatten wir den Namen verpasst, weil sie immer die Krümel von ihrem Butterbrot im Gesicht hängen hatte. Oh je, wie lange ist das her? Aber weißt du was, das Brot von denen hat immer extra gut geschmeckt, die haben noch ganz lange selbst gebacken. Im Backhaus, weißt du noch?"

„Und ob ich das noch weiß. Der Lisbeth ihr Vater hat mich nämlich mal runtergeputzt, weil ich Krümelchen zu ihr gesagt hatte. Da hatte sie gerade die Windpocken und sah tatsächlich aus wie ein ganzer Streuselkuchen."

So ging es eine Zeitlang mit dem Austausch von Erinnerungen. Sie erinnerten sich an die Zeiten, in denen noch beinahe alle Leute im Dorf Landwirtschaft betrieben hatten, an die Heuernte, die Dreschmaschine und an die lauen Sommerabende, in denen Nachbarn draußen auf der Bank zusammen gesessen hatten.

„Und dann gingen wir schlafen und kein Mensch hat die Haustür zugeschlossen." sagte Hedwig.

„Ist wahr. Tagsüber schon gar nicht. Jeder kam einfach rein. Klopfte höchstens an die Küchentür. Und wenn es gerade Essen oder Kaffee gab, dann stellte man einen Teller oder eine Tasse dazu. Also, so arm wie manche Eifeler auch waren, gastfreundlich waren sie!"

„Tjaja", sann Katharina „und heute ... heute sind die Haustüren verschlossen und kein Mensch geht mehr einfach so mal zu Nachbarn oder Freunden. Dann wird vorher angerufen, dann werden Blümchen mitgebracht oder eine Flasche Wein – aber ja keine vom Billigmarkt – und dann werden Küsschen ausgetauscht, rechts links rechts, so wie bei den Franzosen, ach je, sind die heute bekloppt. Und kein Mensch hat mehr Zeit, obwohl sie sämtliche elektrische Geräte haben. Oh Mann, heute spritzen sie mit Hochdruckreinigern den Hof sauber und sie haben sogar so schrecklich laute Dinger, um Laub wegzusaugen!"

Oh, über solche Auswüchse an Moderne hatte Hedwig sich auch schon geärgert. „Meine Enkelin ist zehn Jahre alt und hat schon ein Handy", ereiferte sie sich. „Also das finde ich total blöd. Die ist kaum aus der Schule daheim, dann ‚simst' sie schon mit ihrer Freundin. Oder ruft an ‚Hast du schon gegessen?' Hey sag mal, ist das nötig? Ich wette, die sprechen heute kaum noch etwas miteinander, wenn sie nebeneinander sitzen. Aber kurz danach unterhalten sie sich per Handy. Und wenn man dann als Oma etwas sagt, dann heißt es, die anderen Kinder haben das doch auch."

Hedwig und Katharina diskutierten fleißig weiter. Darüber, dass sich die Menschen mehr über soziale Netzwerke unterhalten als von Mensch zu Mensch, darüber, dass man überhaupt nicht mehr versteht, wieso die Welt so von Börsen und Banken beherrscht wird, die blanke Zahlen hin und herschieben. Über Bankautomaten, Kreditkarten, Computer. Über digitale Uhren, die man kaum selbst einstellen konnte,

Küchenherde, für die man erst mal den Führerschein machen muss, Flachbildschirme und Fernbedienungen, deren Technik man nicht beherrscht und vieles andere mehr. Bis sie sich in ein wüstes Geschimpfe über die technisierten modernen Zeiten hineinsteigerten und irgendwann auf die Idee kamen, das ganze neumodische Zeugs doch einfach einmal eine Zeitlang zu ignorieren und mal wieder so zu leben wie früher.

„Ja, das machen wir", schwärmte Hedwig. „So wie damals, vor 50 Jahren, als wir noch jung waren. Und überhaupt, wir brauchen das ganze Gedöns ja sowieso nicht. Und die Haustür schließen wir auch nicht zu. Wenigstens leben wir hier auf dem Land noch ein bisschen in der heilen Welt. Also wollen wir doch mal sehen, ob wir nicht doch noch so leben können wie früher.

Katharina und Hedwig fühlten sich plötzlich wieder jung und beschwingt. So, als hätten sie die Vergangenheit mit einem Lasso eingefangen und die alten Zeiten wieder zurückgeholt.

Als Hedwig durch die Dorfstraße nach Hause stapfte und die Haustür aufschloss, stellte sie die Entriegelungsfunktion ein. Offene Tür für alle. Es wusste zwar nur Katharina davon, aber egal.

Hedwig setzte sich auf ihr Sofa und legte die Beine hoch. Gerade wollte sie auf die Fernbedienung des Fernsehapparates drücken, die immer griffbereit auf dem Wohnzimmertisch lag, dann fiel ihr ein, was sie gerade noch mit Katharina vereinbart hatte. Also nix mit Fernsehen und schon gar nicht mit Fernbedienung. Oh, so ein wenig musste sie sich dann doch überwinden. Denn sie wollte doch sooo gerne wissen, wie ihre Liebling-Fernseh-Seifenserie weiterging. Hmm, sie würde es überleben.

Dann fiel ihr ein: Radio! Ja, Radio hatten sie damals auch schon gehört, da könnte keiner etwas dagegen haben. Sie hatte lange kein Radio mehr gehört, zumindest nicht mit Genuss und im Wohnzimmer. Nur während sie in der Küche hantierte, drückte sie auf den Knopf des alten Kofferradios, wo immer der gleiche Sender eingestellt war. Und natürlich morgens, wenn ihr Radiowecker sie irgendwann aus ihren Träumen riss. Aber die Stereoanlage, die ihr Sohn ihr geschenkt hatte, damit sie CDs und Radio hören konnte, wusste sie kaum zu bedienen.

Nun stand sie auf und drückte an den Knöpfen der Anlage herum. Im Radio war ein Sender eingeschaltet, auf dem nur die moderne Bumbum-Musik lief und Hedwig sah sich außer Stande, einen anderen Sender zu finden. Schließlich legte sie eine CD ein mit Liedern aus den 60-ern ein, das konnte sie gerade noch.

Zurück auf ihrer Couch fühlte sie wieder das Kribbeln in den Füßen, das sie in letzter Zeit so oft spürte. Das Alter, der Kreislauf. Das Fußmassagegerät, das sie sich von einer Werbefahrt mitgebracht hatte, tat ihr immer gut. Doch sobald sie den Stecker einsteckte und die Wärmetaste einschaltete, meldete sich ihr schlechtes Gewissen. Ach nein, so etwas hatte man vor 50 Jahren noch nicht. Also aus damit.

Als Freddy Quinn mit seiner unverwechselbaren Stimme „Junge, komm bald wieder" sang, hatte sie plötzlich den Eindruck, ein Geräusch von der Tür her zu vernehmen. Sie hatte doch nichts klingeln hören? Wer in aller Welt sollte bei ihr einfach so ins Haus kommen? Man hörte doch so viel davon, dass Leute am helllichten Tag überfallen wurden. Hedwigs Herz klopfte laut und konnte sich gar nicht mehr darauf konzentrieren, den Refrain mitzusingen „denk auch an morgen, denk auch an mich."

Vier Mal stand sie noch vom Sofa auf, um nachzuschauen, ob jemand an der Tür war. Nie war jemand zu sehen. Während sie den Brotteig knetete, dachte sie daran, dass es ja viel einfacher gewesen wäre, das Brot in der Brotbackmaschine zu backen. Und den Ofen auf Umluft zu stellen, war wohl auch nicht erlaubt. Wenn schon so ein alter Holzherd nicht mehr zur Verfügung stand, den man immer hatte gut einheizen müssen, um den Backofen heiß genug zu bekommen.

Den Wasserkocher für das Teewasser zu benutzen, bereitete ihr kein schlechtes Gewissen, denn immerhin war das Teil billiger im

Strom, als das Wasser auf eine Herdplatte zum Kochen zu bringen. Das hatte sie erst kürzlich gelesen.

Als Hedwig sich schließlich in das kalte Bett begab, weil sie doch ganz sicher nicht die Heizdecke einschalten durfte, machte sie kein Auge zu. Irgendwann kurz vor Mitternacht schlich sie nach unten und schloss die Haustür von innen zu. Nein, sonst würde sie doch kein Auge zu- bekommen.

Ähnlich war es auch Katharina ergangen. Nachdem sie ihre Haare gewaschen und sich, anstatt unter die Dusche zu stellen, am ganzen Körper mit einem Waschlappen gewaschen hatte, stellte sie sich an die Heizung, damit ihre Haare trockneten. Einen Fön gab es zwar auch schon in den 60-ern, aber... man sollte ja nicht alles elektrisch machen. Entsprechend sah ihre Frisur dann auch aus.

Der Verzicht auf die Nachrichtensendung im Fernsehen fiel ihr äußerst schwer und als sie sich stattdessen entschloss, ihre Wäsche zu bügeln, musste sie feststellen, dass ihre Dampfbügelstation nicht zu ihren nostalgischen Verhaltensmaßregeln passte. Ein normales anderes Bügeleisen besaß sie allerdings nicht, also legte sie los. Wie gut, dass die Wäsche in der Waschmaschine schon gewaschen und im Trockner getrocknet war, bevor sie ihren Entschluss für das einfache Leben von früher gefasst hatte. Sonst hätte sie auch noch auf der Hand waschen müssen. Eigentlich, dachte sie, müsste man ja sogar die Heizung ausschalten, wenn man wirklich in die alten Zeiten zurücktauchen wollte. Aber... woher sollte sie nun auf die Schnelle einen Holzofen hernehmen? Und Holz oder Briketts? Genau wie Hedwig horchte sie andauernd zur Haustür hin, ob nicht doch plötzlich jemand unerwartet hereintrat, was zwischen den zischenden Dampfstößen äußerst anstrengend war. Ja, es war zwar gewollt, dass jeder einfach eintreten konnte, doch irgendwie hatte sie doch ein äußerst schlechtes Gefühl dabei.

Dann fiel ihr ein, dass sie unbedingt ihren Neffen anrufen musste, damit er ihr online eine Fahrkarte bei der Bahn buchen würde, weil sie doch nächste Woche zu ihrer Kusine nach Dortmund fahren wollte. Mit den Fahrkartenautomaten an der unbesetzten Bahnstation kam sie überhaupt nicht klar, eine Kreditkarte besaß sie nicht. Also griff sie den Telefonhörer und drückte die gespeicherte Nummer von Torsten. Sofort stellte sich wieder ihr schlechtes Gewissen ein. Wenn Hedwig das wüsste. Ach je, damals vor 50 Jahren besaß man nicht einmal ein Telefon. Wenn man telefonieren wollte, musste man zur Poststation. Da hing dann ein großes schwarzes Gerät mit einem riesigen Hörer, einer Wählscheibe und einem Zähler, der die Einheiten anzeigte.

Torsten schien nicht zu Hause zu sein, denn der Anrufbeantworter schaltete sich ein. Nein, das mochte Katharina nicht. Immer wenn sie so spontan darauf sprechen sollte, kamen die blödesten Sätze aus ihrem Mund.

Zehn Minuten später klingelte ihr Telefon. Nein, es klingelte nicht, es dudelte ihre Lieblingsmusik ‚Freude schöner Götterfunke'. Torsten hatte ihre Nummer auf dem Display gesehen und zurückgerufen. Praktisch.

Zur Schlafenszeit erging es ihr in Bezug auf die unverschlossene Haustür genau wie ihrer Freundin Hedwig, mit dem Unterschied, dass Katharina bereits den Schlüssel umdrehte, bevor sie sich ins Bett begab. Kalte Schauer liefen ihr über den Rücken, wenn sie daran dachte, was da alles passieren könnte, während sie schlief.

Nachts träumte sie, dass sie mit Hedwig zu Fuß in Stöckelschuhen und weitschwingenden Kleidern mit Petticoat darunter zur Kirmes im Nachbardorf tippelte. Dass junge Männer sie mit einer leichten Verbeugung zum Walzer und Foxtrott aufforderten, die dann am nächsten Tag auf ihren Mopeds angebraust kamen und ihnen in der Dorfkneipe einen Schwarzen Kater spendierten. Das waren noch Zeiten.

Trotzdem, am nächsten Tag kam wieder die Ernüchterung. Von wegen so leben wie damals. Schon zum Frühstück brachen beide Damen ihre Versprechen, denn beide schalteten die Kaffeemaschine ein, drehten die Heizung auf Hochtouren, duschten, benutzten die Toilette mit Wasserspülung und dachten mit Schaudern an die kalten Klohäuschen draußen im Hof, mit den Herzchen in der Tür. Sie kochten ihre Frühstückseier im Eierkocher, warfen Toastscheiben in den Toaster und stellten nach dem Frühstück ihre Tassen in die Spülmaschinen.

Als Hedwig bei Katharina klingelte, weil sie erst gar nicht versuchte, die Tür einfach aufzudrücken, und Katharina auf den Türöffner drückte, weil sie Hedwig schon durch das Fenster gesehen hatte, sagten beide gleichzeitig, noch bevor sie sich einen guten Tag wünschten:

„Es funktioniert nicht!"

Und dann saßen sie zusammen in Katharinas Küche bei der warmen Heizung und erinnerten sich daran, wie kalt es früher war, wenn sie morgens aufstanden und erst einmal ein Feuer im Herd machen mussten. Wie sie auf das Örtchen mit dem Herzchen in der Tür nach draußen mussten, sich mit kaltem Wasser wuschen, wie mühsam das Waschen der schmutzigen Kleidung war, das Heumachen, die Getreideernte, die Kartoffelernte und all die Arbeiten in der Landwirtschaft. Sie dachten daran, wie schwierig es war, von Ort zu Ort zu kommen, wie man zur Poststelle musste, wenn man telefonieren wollte und und und.

Nein, sie kamen zu der Erkenntnis, dass die meisten technischen Neuerungen gar nicht so schlecht waren und dass man die Zeit nicht wirklich zurückdrehen wollte. Bis auf ein paar Kleinigkeiten vielleicht.

Wellness

Zur Silberhochzeit hatten Hilde und Martin von der Verwandtschaft eine Wellness-Reise geschenkt bekommen. In ein Spa-Hotel, inklusive Vollwert-Halbpension und Eintritt in die nahe gelegene Therme.

„Ein Spar-Hotel?" fragte Martin leicht irritiert, als Hilde ihm den Gutschein vorlas.

„Spa! Martin! Hast du noch wie was von Spa gehört?" lachte Hilde. „Das sagt man heute so. Das heißt Gesundheit, Wellness, Bad oder so ähnlich."

Mit Gesundheit konnte Martin ja noch etwas anfangen, aber diese Begriffe wie Spa oder Wellness sagten ihm wenig. Er hatte allenfalls einmal beim Umblättern von Reisekatalogen, rein aus anschaulichen Gründen, die Fotos registriert, in denen fast nackte Damen mit Handtüchern um den Kopf auf irgendwelchen Massagebänken herumlagen. Ansonsten hatte der Maschinenbaumeister weder mit Kuren noch mit Entspannungstechniken etwas am Hut.

Hilde freute sich, Martin war skeptisch, als das Silberpaar schließlich für drei entspannende Tage zu einem bayrischen Badeort aufbrach.

Beim nächsten Treffen im Kreis ihrer Freundinnen schwärmte Hilde dann von dem tollen Wellness-Urlaub.

„Wow, war das toll! Ich sage Euch, schon allein das Hotel! Da sah es schon in der Lobby so edel aus! Und das Personal, so freundlich und hilfsbereit! Im Zimmer stand eine Flasche Sekt, die Bademäntel lagen bereit, das Bad hat geduftet, das Klo war versiegelt, Föhn vorhanden und in der Badewanne war ein Whirlpool integriert. Alles nur vom feinsten."

Freundin Brigitte, die sich auskannte, weil sie schon zweimal mit ihrer Schwester Bäder-Urlaub gemacht hatte, war beeindruckt. „Und was habt ihr so an Wellness gemacht? Wart ihr auch im Hamam und in der türkischen Sauna? Und wie war die Therme da? Also die Therme in Bad Füssing, die finde ich so toll. Da könnte ich mich einen ganzen Tag lang aufhalten."

„Oh, es war einfach traumhaft", schwärmte Hilde weiter und überlegte, wie sie all das Erlebte in der Reihenfolge wiedergeben konnte. „Also, am ersten Tag haben wir uns die Therme erst einmal angeschaut und alles ausprobiert, was nichts extra gekostet hat. Das heißt Wärmebecken mit Massagedüsen, Whirlpool, Sprudeltopf, da kann man auch auf solchen Sprudelliegen entspannen, dann gibt es eine Nackendusche und so einen Wasserfall, wo man sich drunter stellen kann, eine Ruhe Oase, eine Kuppelhalle.... Ach je, wisst ihr, wenn man in so einem riesigen Bad zum ersten Mal ist, dann kann man sich da echt verlaufen. Ich fand das ja schon so toll in dem Massagebecken. Da kann man am äußeren Beckenrand in dem schönen warmen Wasser jeweils zur nächsten Düse wechseln und jede massiert in einer anderen Höhe. An den Füßen, an den Oberschenkeln, Bauch, Rücken und so weiter. Und dann in so einem Sprudelbad zu liegen – einfach herrlich. Das prickelt überall so schön. Schon allein das war ein Erlebnis. Am zweiten Tag konnten wir uns dann aussuchen, ob wir in das türkische, das marokkanische, indische oder japanische Bad gehen. Der Martin wollte nicht mit Heilerde oder Sand eingerieben werden, deswegen haben wir uns für das indische Bad entschieden. Ayurveda. Im Reich der Sinne!"

„Eieiei", lachte Waltraud „unser Silberpaar hat eine Flitterwoche gemacht! Da hätte ich den Martin mal gerne gesehen, in so einem Wellness-Tempel mit allem Pi-pa-po!"

„Na ja", gab Hilde zu, „war dem Martin wohl schon ein wenig peinlich, von so einem Kerl, der aussah wie ein Bodybuilder, massiert zu werden. Bei mir hat das ein Mädel gemacht. Aber von mir aus hätten wir ruhig tauschen können. Nee, aber so eine... Reju... ach, ich weiß den Namen nicht mehr, so eine Ganzkörpermassage mit Ölguss, wo die so Öl auf einen runterrieseln lassen, hmmm, tut das gut! Und anschließend, als wir gut entspannt hatten, haben wir dann in so einem piekfeinen Speisesaal ganz edel gespeist. Entzückend! Riesige Teller, ganz toll dekoriert. Nicht solche Mengen zum Völlen. Alles schön dosiert in mehreren Gängen."

„Super!" träumte Waltraud. Da würde ich auch mal gerne hin. Vielleicht sollte ich mir so etwas zu meinem runden Geburtstag schenken lassen. Aber mein Werner – nee - der hätte da nicht viel dran. Puh, der würde vermutlich darüber spotten, wenn ich da in so einer Badewanne läge – mit Rosenblättern drin, Ölmassage..."

„Mein Harald würde das höchstens machen, wenn er vorher 20 km durch die Gegend gerannt wäre", sagte Brigitte. „Oder mit dem Fahrrad den halben Schwarzwald abgefahren hätte. Eher kriegst du den nicht in eine Badewanne oder gar in einen Whirlpool. Der springt nur immer schnell unter die Dusche."

„Oh doch, dem Martin hat das gut gefallen." Hilde hatte noch eine Menge zu erzählen. Von Wellness, von einem Yoga- und Chi-gong-Schnupperkurs, vom edlen Essen, von dem herrlichen Kurpark mit Open-Air-Veranstaltung, von dem Tanzkränzchen im Kurhaus, vom Lesesaal, von der geführten Nordic-Walking-Tour und davon, dass die drei Tage noch viel zu kurz waren. „Aber", sagte sie „mehr könnte man da auch nicht bezahlen." Denn auch wenn man einem geschenkten Gaul nicht ins Maul schaut, so hatte sie doch in den Prospekten und auf den Preistafeln gesehen, was die Massagen, Bäder und Behandlungen und auch der Eintritt in die Therme so kosteten. Von den Hotelpreisen ganz zu schweigen.

Trotzdem überlegten die drei Freundinnen, ob sie nicht irgendwann einmal gemeinsam eine solche Wellness-Tour machen sollten.

Im Kreise seiner männlichen Freunde wurde Martin bei nächster Gelegenheit auch – wenn auch nur so nebenbei - gefragt, wie denn die Reise in das Spa-Hotel ausgefallen war. Werners Nachfrage hatte schon einen leichten ironischen Unterton und auch Harald versuchte ernst zu bleiben bei der Vorstellung, wie Freund Martin von den zarten Händen einer braungebrannten Schönheit massiert wurde und in warmem Wasser herum plantschte.

„Oh je, hört mir auf mit so was! Nee, ehrlich, da kriegen mich keine zehn Pferde mehr hin."

„Erzähl doch mal", sagte Werner erstaunt, denn seine Waltraud lag ihm seit der Unterhaltung mit Hilde in den Ohren, dass man so etwas Tolles doch auch einmal machen müsse. „Wie war denn das Hotel?"

„Ooch, so ganz nett. Aber... da bist du kaum ausgestiegen, reißt dir schon so ein Hoteldiener die Koffer aus der Hand, bringt die rauf aufs Zimmer und steht dann da und hält mir die Hand hin. Na, denk ich, ist ja ganz nett, gebe ihm die Hand und sage danke, aber der bleibt stehen. Bis die Hilde ihm dann einen Schein in die Hand gedrückt hat. Eye, ich sage euch, für die fünf Euro hätte ich die Koffer locker nach oben getragen. Warum die Hilde zwei Koffer für drei Tage dabei haben musste, weiß ich ja sowieso nicht. Vor allem, weil im Zimmer die Bademäntel lagen und jede Menge Bade- und Handtücher. Aber nee, meine Frau muss die trotzdem mitschleppen. Na ja. Die Matratzen waren zu dünn, die Kissen zu dick. Das Klo war anscheinend neu eingebaut worden, da hatten sie nicht einmal die Verpackung abgemacht. Die Getränke in der Minibar waren sauteuer und das Essen – ach du liebe Zeit. Riesige Teller und nichts drauf. Kommt da so ein staksiger Kellner mit einer Vorspeise an, gerade mal so viel wie in einen Backenzahn passt. Grünzeug wie für ein Kaninchen. Fürs Fleisch musstest du eine Lupe nehmen und als Beilagen fünf Vollkornnudeln, das nannte sich dann Hauptspeise. Und dann wurde man auch noch beobachtet. Jedes Mal, wenn ich auch nur einen Schluck aus meinem

Weinglas genommen hatte, kam der Kellner und goss nach. Ich habe mich schon gar nicht mehr getraut, zu trinken!"

„Das ist so in feinen Häusern", lachte Harald. „Und wie war das mit der Wellness und der Therme?"

„Phh! Wellness, Reich der Sinne, wenn ich das schon höre. Da hat mich doch die Hilde in so ein indisches Bad gezerrt. Erst hat mich ein Hüne von einem Kerl massakriert, dann lag ich auf dem Boden und er hat mit seinen Füßen auf meinem Rücken herumgetreten und dann hat er Öl auf mich geschüttet. Ich sage euch, ich hatte echt Angst, er würde ein Streichholz dran halten. – Ha, und in dieser Therme, ach je, alles voll alte verrunzelte Leute, die da im Wasser herumkriechen. Ich hatte ja keine Ahnung, wie das da zugeht. Von wegen einfach ins Wasser und sich irgendwo an den Rand stellen und von den Düsen massieren lassen – nichts! Da brüllen die dich erst mal alle an: hinten anstellen! Und wenn ein Gong ertönt, darfst du dann zur nächsten Station. Nee nee, dann bin ich doch lieber in den Strömungskanal. Immer rund. Das hat der Hilde auch Spaß gemacht. Aber einmal musste ich sie glatt retten, da war sie unter so einen dicken Mann geraten. Die Hilde hat sich dann in so ein Entspannungsbecken gelegt. Die fand das schön da in der warmen Brühe. Nee, wenn ich daran denke, wie viele inkontinente Senioren da rein... nein danke. Ich habe mir dann zwischendurch mal die Sauna angeschaut. War auch nicht so erbauend, was da so rumsaß und sich anschließend nackend in das eiskalte Abkühlbecken stürzte. Nee nee, dann lege ich mich lieber an einen Strand, dann hat man wenigstens noch was fürs Auge."

„Na Martin, deine liebe Hilde scheint das aber ganz anders wahrgenommen zu haben, nach dem, was mir die Waltraud erzählt hat." Werner zwinkerte Harald ein Auge. Die männliche Sicht der Dinge war meistens ein ganzes Stück weg von der weiblichen.

„Geh mir weg! Ihr zuliebe habe ich mich dann in meine alte Jogginghose gezwängt und bin mit zu so einem Ommm-Kurs. Ommm! Schon allein so zu sitzen mit Knoten in den Beinen, ich hatte gleich einen Krampf im Fuß. Und dann fuchteln sie mit den Armen in der Luft herum und a-t-m-e-n. Ach je, Lotussitz, Sonnengruß, Frosch, Schmetterling. Bei der Übung bin ich dann weggeflattert. Habe Hilde alleine weiter machen lassen und mir anschließend anstatt ein Bad in Bier – das gibt es nämlich auch – lieber ein Bier in den Hals rein geschüttet. Vielmehr so einige. Hilde war dann abends sauer und dann musste ich zur Strafe auch noch mit zu einem Tanzkränzchen. Tanzkränzchen! Jungs, ich sage euch, tut euch so etwas nicht an!"

Werner und Harald grinsten. So ähnlich hatten sie sich das vorgestellt.

„Aber erzählt das um Gottes Willen nicht der Hilde oder euren Frauen! Schließlich wollte ich der Hilde ja nicht den Spaß verderben. Wegen der Silberhochzeit und so."

Weihnachtsgeschenke

Schon von Mitte September an hatte Karin versucht, Lebkuchen, Dominosteine, Spekulatius und all die anderen weihnachtlichen Leckereien zu ignorieren, die in sämtlichen Billig- und Supermärkten bereits so frühzeitig angeboten wurden. Sie fand es fürchterlich, dass Monate vor dem großen Geschenkefest schon so viele Leute in die Weihnachtshysterie verfielen und hatte sich bis Ende November strikt geweigert, auch nur über Weihnachten nachzudenken. Dann aber musste sie doch überlegen, was denn in diesem Jahr so unter dem Weihnachtsbaum liegen sollte. Das größte Kopfzerbrechen bereitete ihr, wie in jedem Jahr, eine Geschenkidee für ihre Schwiegermutter.

„Was könnten wir denn deiner Mutter schenken?" fragte sie ihren lieben Ehemann. Kurt, der sich über solche Nebensächlichkeiten wie Geschenke nicht allzu viele Gedanken machte, war ihr jedoch keine große Hilfe.

„Sie sagt doch immer, sie will nichts."

„Ach Quatsch, sie will nichts. Was glaubst du denn, wie die gucken würde, wenn sie wirklich nichts bekäme?" Karin schüttelte den Kopf. Es war schon ein Kreuz mit den Geschenken. Wenigstens bei Opa Anton brauchte sie sich keine Sorgen zu machen. Der freute sich über alle Arten von guten Schnäpsen, und davon gab es in der Eifel wahrlich genug. Ja, Opa Anton könnte sie fragen.

„Du Opa, sag mal, was könnten wir denn Oma Anita dieses Jahr schenken?" fragte sie in einem ruhigen Augenblick, in dem sie ihren Schwiegerpapa einmal alleine erwischte. „Ich habe echt keine Idee. Glaubst du, sie würde sich über einen schönen Pullover freuen?"

„Ach herrje, davon hat sie einen ganzen Schrank voll."

„Was zum Lesen?"

„Ooch, sie sieht nicht mehr so gut, sie liest am liebsten nur noch Illustrierte, da ist nicht so viel Text und dann kann sie Bilder gucken."

„Und CDs? Was hört sie denn gerne?"

„SWR 4, mit dem CD-Spieler kommt sie nicht zurecht."

Karin stöhnte. „Hmm." Als sie im Bad ihrer Schwiegereltern die Toilette benutzte, öffnete sie heimlich das Spiegelschränkchen, um Omas Vorlieben an Gerüchen zu erkunden. Tosca, Eau de Toilette, stand dort. Igitt, dachte Karin. Das war also der schreckliche Geruch, den Oma Anita immer an sich trug, wenn sie zum Mittagessen oder zum Kaffee kam. Tina hatte sich schon beschwert, weil sie beim Essen neben Oma saß. „Oma stinkt", hatte sie gesagt, „da vergeht einem ja sämtlicher Appetit."

Beim Abendessen im Kreise ihrer Familie brachte Karin das Thema Oma-Geschenk noch einmal zur Sprache.

„Ihh, kauf ihr ja nicht dieses ekelhafte Stinke-Parfüm", sagte Tina.

„Und sag ihr, sie braucht uns auch nicht jedes Jahr diese dämlichen Mon-Cheries zu schenken. Die kann sie selbst essen", nörgelte Tom.

„Ja genau. Wer isst schon Mon-Cherie? Sie soll mir lieber ein paar Tüten Chips mitbringen." Tina verzog das Gesicht.

„Ich!" meldete sich Kurt. „Ich mag die gerne." Karin lächelte. Oma Anita hatte es sich in den letzten Jahren leicht gemacht mit ihren Geschenken. Sie kaufte für jeden Familienangehörigen eine Packung Mon Cherie und steckte ein Scheinchen dazu. Über die Scheinchen freuten sich die Kinder natürlich, aber die roten alkoholisierten Kirschbomben durften die Eltern futtern. Jede Menge. Karin mochte sie eigentlich auch ganz gerne, ärgerte sich aber jedes Jahr über die zwei Kilo, die sie in diesen Wochen der Fressorgien zunahm. Trotzdem konnte sie sich nicht überwinden, ihre Finger davon zu lassen. Nur Kurt freute sich wirklich. Er genoss es, sich in der Nachweihnachtszeit jeden Abend von diesem süßen Zeug vollzustopfen.

„Also Kinder", sagte Karin schließlich „warum sagt ihr der Oma nicht, dass ihr lieber Chips haben wollt?"

„Hää? Geht's noch? Mama, du weißt doch genau, dass die Oma dann total beleidigt wäre", sagte Tina und Tom pflichtete ihr zu:

„Ja genau. Sonst bringt sie uns nächstes Jahr gar nichts mehr... ich meine... hier..." Er rieb sich die Finger und signalisierte, dass es ihm mehr um das Geld ging.

„Mama, kannst Du denn nicht???"

„Kurt. Es ist doch Deine Mutter. Du müsstest doch..."

Der Blick von Kurt ließ Karin verstummen. Dann eben doch Mon-Cherie.

Tja, und dann wusste Karin immer noch nicht, was sie Oma Anita schenken sollte. Ein schönes Marken-Badehandtuch hatte sie ihr erst im letzten Jahr gekauft und vor zwei Jahren ein Nachthemd, das die alte Dame zwar gewaschen, aber noch nie getragen hatte. „Das lege ich mir weg, wenn ich mal ins Krankenhaus muss", hatte sie geäußert. Karin vermutete, dass das Badehandtuch das gleiche Schicksal erlitten hatte.

Am Heiligen Abend, zu dem natürlich Oma Anita und Opa Anton auch anreisten, verlief alles so wie immer. Man speiste aufs Feinste, man gönnte sich einen guten Tropfen, man sang ein paar Weihnachtslieder. Wenn auch die jugendlichen Sprösslinge zum wiederholten Male die Augen verdrehten und das alles ein wenig doof fanden. Dann ging es zur Bescherung.

Karin hatte zwei Tage vor Weihnachten schließlich beschlossen, doch eine Flasche Tosca für Oma Anita zu kaufen, weil ihr partout nichts Besseres eingefallen war. Sie konnte zwar nicht verstehen, wie man das Zeug den ganzen Tag ertragen konnte, aber wenn sie das so gerne mochte ... Während Opa Anton sich lobend über den guten Eifeler Zwetschgenschnaps äußerte, wickelte Oma Anita ihr Geschenk aus dem schleifchenumwickelten Silberglanzpapier.

„Ooh, Parfüm! Oh danke, Karin! Das wäre doch nicht nötig gewesen. Du weißt doch, ich brauche ja eigentlich gar nichts. Ich bin wunschlos glücklich."

Opa Anton schickte ihr einen ungläubigen Blick hinüber. „Ha, den Eindruck hatte ich letzte Woche aber nicht", murmelte er, "als Du über den alten Teppich im Wohnzimmer gemeckert hast. Und über die Tapeten im Schlafzimmer, und..."

Oma Anita strafte ihren Mann mit Nichtbeachtung und überreichte gönnerhaft jedem ihrer Lieben ihre Geschenkpackungen, unter denen rasch die roten Kartons mit den obligatorischen Mon Cheries zum Vorschein kamen.

„Oh, danke Oma", „Ja danke, Mutter."

Wenig später, als Opa Anton sich Toms neuen MP3 Player erklären ließ, flüsterte ihm Tom ins Ohr: „Hey Opa, kannste der Oma nicht mal stecken, dass wir die Dinger da nicht mögen? Sag ihr, sie soll uns lieber ein paar Tüten Chips in die Tüte tun. Aber Chio, nicht die vom Aldi!"

Später, als Oma Anita zu Opa Anton ins Auto stieg, musste dieser sich anhören, wie seine Frau einen seit langem angestauten Ärger an ihm abließ. Völlig aufgebracht schimpfte sie plötzlich los:

„Also wenn mir jemals noch einmal jemand Tosca schenkt, dann schütte ich es ihm über den Kopf. Ich kann den Gestank einfach nicht mehr ertragen."

Anton, der seiner Ehefrau seit Jahren zum Geburtstag das gleiche Parfüm schenkte, war bass erstaunt. „Aber Anita, du warst doch immer so froh damit."

„Ja, soll ich dir vielleicht sagen, ich mag das Zeug nicht, wenn du es mir schenkst? Seit Jahr und Tag schenkst du mir immer das gleiche Parfüm. Und ich benutze es, um Dich nicht zu verärgern. Aber jetzt kommt auch noch die Karin mit diesem Tosca. Ich hasse es!"

„Aber – warum sagst du denn nichts? Woher soll ich das denn wissen?"

„Ich sage es ja – jetzt."

Als Anton den ungewohnten Gefühlsausbruch seiner Ehefrau ein wenig verdaut hatte und gemächlich durch die Eifellandschaft tuckerte, ließ er dann auch die Bitte seines Enkelsohnes los:

„Übrigens, die Kinder mögen auch keine Mon-Cheries. Sie hätten lieber was zum Knabbern."

„Was?" Oma Anita versteifte ihren Rücken. „Und ich dachte…. Aber warum sagen sie denn nichts?"

„Sie haben es ja gesagt. Heute. Ich soll dir das schonend beibringen. Und übrigens: Vielleicht könntest du der Karin mal sagen, dass ich viel lieber eine gute Flasche Rotwein trinken würde als diese Schnäpse? Unser Barschrank läuft bald über von dem Zeug. Wenn nicht mein Freund Franz ab und zu mal einen nehmen würde, könnten wir damit auf den Handel gehen."

Noch bevor Opa Anton und Oma Anita an diesem heiligen Weihnachtsabend beschlossen, das Thema Geschenke im nächsten Jahr ganz offen anzusprechen, versuchte Karin ihrem Ehemann vorsichtig beizubringen, dass sie die silbernen Ohrringe, die er ihr kurz vor Geschäftsschluss am Heiligen Abend noch erstanden hatte, gerne umtauschen würde, weil sie ihr nicht wirklich gut gefielen. Kurt stellte ohne große Emotionen fest, dass die Socken, die ihm seine Kinder geschenkt hatten, höchstens unter seinen guten Anzug passten, den er alle zwei Jahre einmal trug und dass er sich mit Karins knallgelber Seidenkrawatte mit den bunten Blümchen drauf nicht zum Affen machen würde.

„Weißt du was?", sagte Karin, um den Weihnachts-Familienfrieden zu retten „wie wäre es denn, wenn wir die ganze Schenkerei im nächsten Jahr einfach sein lassen?"

„Gute Idee", grinste Kurt.

„Keine gute Idee", meinte Tom, „zumindest nicht…."

Tina sprach aus, was er sagen wollte: „Zumindest braucht ihr uns nichts zu kaufen, wir können uns gerne selbst was kaufen, wenn… ihr wisst schon."

Ja, alle Familienmitglieder hatten ihre guten Vorsätze fürs nächste Jahr. Aber, wie es mit guten Vorsätzen nun einmal so ist, im nächsten Jahr kurz vor Weihnachten wird das ganze Spielchen von neuem losgehen. Denn so ein Weihnachtsfest so ganz ohne Geschenke….